王鹤鸣　沈思越　等　著

中国少数民族
原始形态家谱研究

上海古籍出版社

上海市哲学社会科学规划重大课题

"中国少数民族家谱的整理与研究"

（2011DLS002）

国家社会科学基金重点项目

"少数民族原始形态口传家谱的抢救与整理"

（17AZD021）

目　　录

图版目录

(插图照片主要由王洪治拍摄制作)

前　言

王鹤鸣

　　由本人申报的上海市哲学社会科学规划重大课题"中国少数民族家谱的整理与研究"（批准号2011DLS002）、国家社会科学基金重点项目"少数民族原始形态口传家谱的抢救与整理"（批准号17AZD021），其研究成果名为《中国少数民族原始形态家谱研究》即将付梓，感慨万端。

　　20世纪50年代著名史学家范文澜先生对实地调研少数民族历史文化，曾生动譬喻为寻访"山野妙龄女郎"。何谓"山野妙龄女郎"？

　　事情经过是这样的：

　　20世纪50年代中期，民族学专家刘尧汉先生（彝族）根据家乡今云南楚雄彝族自治州南华县哀牢山沙村的实地调查资料，初步整理，写出一份题为《一个彝族地区底社会经济结构在明清两代迄解放前的发展过程——由奴隶制向封建制过渡之一例》的手稿。刘尧汉先生将手稿并附两篇碑文资料寄请范文澜先生审阅。刘和范老从未面识，但范老却热情地为刘稿写了《介绍一篇待字闺中的稿件》一文，发表在《光明日报》1956年5月24日"史学"专刊上，范称许刘稿为"山野妙龄女郎"。范老在这篇介绍文字里说：

　　　　近来看到刘尧汉同志所著《一个彝族地区底社会经济结构在明清两代迄解放前的发展过程——由奴隶制向封建制过渡之一例》，全稿约三万字，分前言、历史轮廓、经济概况、土地制度、生产关系、剥削方式、经济外强制、社会经济结构之分析、结语共九项。

　　　　刘尧汉先生在前言里说："本文所采用的材料，几全是根据实地调查所得，调查从1945年起到1954年为止，历时十年，作过四次实地调查，最后一次是在1953

年。……所根据的材料几全是取自实地调查,无史籍可稽……"我觉得这篇稿子的妙处,正在于所采用材料"几全是取自实地调查,无史籍可稽"。

我们研究古代社会发展的历史,总喜欢在画像上和《书经》《诗经》等等中国的名门老太婆或者和希腊、罗马等等外国的贵族老太婆打交道,对眼前还活着的山野妙龄女郎就未免有些目不斜视,冷淡无情。事实上和死了的老太婆打交道,很难得出新的结果,和妙龄女郎打交道却可以从诸佛菩萨的种种清规戒律里解脱出来,前途大有可为。刘尧汉先生的文稿,我看就是许多妙龄女郎之一,我愿意替她介绍一下,摘出"历史轮廓"一项,借《史学》的地盘和吉士们会面。

当年,范老撰文称许刘稿为"山野妙龄女郎",有着多层的意思:一是范老高度评价刘尧汉先生对彝族历史文化的实地调查,生动地譬喻为寻找"山野妙龄女郎";二是范老将历史学中的文献资料研究形象地譬喻为老太婆,而将对民族学历史文化的实地调查称其为和活着的妙龄女郎打交道;三是高度评价其对民族学历史文化实地调查的学术价值,"和死了的老太婆打交道,很难得出新的结果,和妙龄女郎打交道却可以从诸佛菩萨的种种清规戒律里解脱出来,前途大有可为";四是称刘稿只是"许多妙龄女郎之一",其意在于鼓励民族学的研究人员做研究工作,不宜只停留在文献资料的研究上,还须走出书斋,进行实地调查,寻觅民族学历史文化在存的活史料,寻访更多的"山野妙龄女郎"。

在范老的勉励下,刘尧汉先生等坚持走民族学历史文化实地调查的道路。特别是十一届三中全会带来了科学的春天,刘先生带领彝族男女青年往返于金沙江两侧滇、川、黔三省山谷间,曾大雨淋漓乘骑入哀牢山,顶烈日爬鲁魁山(属六诏山脉),冰天雪地徒步登乌蒙山,不分冬夏往来于川、滇大小凉山,为的就是寻访"山野妙龄女郎"。真是"山野女郎朱颜在,鬓白男翁志未衰"[曲木约质(彝)《凉山白彝曲木氏族世家·总序》,云南人民出版社1993年版,第6页]。

六十多年前,著名史学家范文澜先生将实地调研少数民族历史文化生动地譬喻为寻访"山野妙龄女郎",对今天田野调研少数民族历史文化仍有着非常重要的现实指导意义。回顾上海图书馆家谱课题组近三十年来走过的历程,也就是首先整理、搜集和开放家谱,然后重点调研汉族家谱文献,再进而深入田野调研少数民族家谱,也即寻访"山野妙龄女郎"的过程。

上海图书馆家谱课题组探索中国家谱近三十年的历程,似可分为三个发展阶段。

一、1995年至2000年：重点整理、搜集、开放和研究家谱。

为适应上海图书馆事业的发展，上海于1993年3月在淮海中路、高安路口的原牛奶公司的地块上奠基建造上海图书馆新馆，1996年12月正式对外开放。新馆建筑面积83 000平方米，是国内仅次于国家图书馆的特大研究型图书馆，拥有1 000万册图书3 000万件资料，其中历史文献370万册（件）。顾廷龙老馆长等历任领导十分重视家谱文献的搜集工作，至新馆开放时，家谱数量达1.2万种10万册，成为上图馆藏的特色文献之一，是全国收藏家谱数量最多的单位。

1995年9月，因工作需要，我自安徽调回上海，担任刚合并的上海图书馆、上海科技情报研究所党委书记。我们将抢救历史文献作为馆所重要工作。1996年1月，上海图书馆即召开历史文献抢救动员会，并于1997年成立历史文献研究所，聘请王元化、顾廷龙任名誉所长，由我与王世伟任正、副所长。我直接抓了上海图书馆家谱文献的整理、搜集、开放和研究工作。

1. 整理、搜购家谱。由于种种原因，馆藏家谱散藏在各书库，有些堆在书库角落里，虫蛀、霉变、尘封。1996年1月，上海图书馆成立家谱抢救整理小组，正式启动家谱的整理、开发工作。这些工作包括：对家谱集中去尘扫霉，重新整理上架著录；组织十余名技工修补破损家谱。至2000年底，上海图书馆共修复家谱三万余册，近六十万页；组织人力赴江苏、安徽、浙江、湖南等地搜购家谱，家谱文献数量已达2万种20万册，遥遥领先于其他家谱文献收藏单位。

2. 开放家谱。1996年12月上海图书馆新馆开放时，专门设置了家谱阅览室，这是大陆第一家对外开放的家谱专题阅览室。家谱阅览室开放后，受到热烈欢迎，数以万计的海峡两岸同胞前来查阅家谱，寻根问祖。上海图书馆新馆开放五年来，三十余位党和国家领导人先后前来视察上海图书馆新馆，参观家谱阅览室。"查家谱，到上图"，成为业内人士的口头禅。

3. 研究家谱。1997年，我申报上海市哲学社会科学规划重大课题"上海地方文献的整理和研究"，组织课题组成员编纂《上海图书馆馆藏家谱提要》，计收录家谱11 700种、姓氏328个、224万字，由上海古籍出版社于2000年5月出版，获第三届全国古籍整理图书奖二等奖。上海图书馆于1998年11月主持召开"全国谱牒开发与利用学术研讨会"，会后出版论文集《中国谱牒研究》。2000年5月主持召开"迈入新世纪中国族谱国际学术研讨会"，近百名来自包括台湾、香港的各省市地区和美国、日本、新加坡、加拿大、越南等国家和地区的专家、学者参加了这次世纪之交的谱学盛会，会后出版论文集《中华谱牒研究》。

二、2001年至2010年：重点调研汉族家谱文献。

2000年10月，我因届年龄，被免去党委书记职务。自此以后，我即以历史文献研究所所长名义，将全部精力、全部时间投入中国家谱的整理与研究工作中。其间，我与上海图书馆历史文献中心的研究团队一起，在家谱资料整理和研究方面主要取得以下研究成果。

1. 编纂《中国家谱总目》。2001年5月，我申报的"中国家谱总目"被批准立为国家社会科学基金项目。在海内外近六百家家谱文献收藏单位、千余名编纂人员参与下，课题经费达三百余万元，课题历时十年。2008年12月，《中国家谱总目》由上海古籍出版社出版，凡10册1 230万字，收录全世界收藏的中国家谱52 401种608个姓氏，是迄今为止揭示海内外收藏中国家谱最完整的提要式专题目录。2014年再版，2019年三版。该书先后荣获2009年度全国古籍整理图书一等奖第一名、2010年上海市第十一届图书奖特等奖、2010年上海市第十届哲学社会科学优秀著作二等奖、2010年国家新闻出版总署第二届中国出版政府图书奖。

2. 编纂《中国家谱资料选编》。该课题由课题组成员陈建华先生主持。陈于2003年申报，该课题列为国家清史编纂委员会项目，历时十年，《中国家谱资料选编》于2013年11月由上海古籍出版社出版，分11卷，共18册，计1 930万字，是一部具有较高利用价值的家谱原始资料集。该书荣获2013年度全国古籍整理图书一等奖、2014年上海市第十二届哲学社会科学优秀著作二等奖。

3. 撰写专著《中国家谱通论》。2008年6月，本人申报的"中国家谱史"被批准立为国家社会科学基金项目。在搜集整理两千余种家谱资料基础上，对绵亘中华五千年文明历史的家谱文化，第一次分为起源、诞生、兴盛、转型、完善、普及和新修七个阶段来进行论述，具有学术开创性的意义。2010年1月，专著《中国家谱通论》（国家社会科学基金项目"中国家谱史"以本书名出版，本人独立完成，60万字）由上海古籍出版社出版。并于次年、2018年以精装本的形式首版、再版发行。2018年《中国家谱通论》列为中华学术外译项目，译为英文、韩文出版。该著2011年11月获国家新闻出版总署第三届"三个一百"原创出版工程奖（文史社科类），2012年获上海市第十一届哲学社会科学优秀著作三等奖。

以上主要是探索汉族家谱文献取得的科研成果。

三、2011年至今：重点调研少数民族家谱。

《中国家谱通论》杀青的时候，我即开始酝酿将家谱研究的重点转为调研少数民族家

谱。2009年8月24日至9月4日,我与家人赴西藏旅游时,在沿途所赋打油诗里,就表露了将家谱研究重点转移的心迹。如:

赴 西 藏
8月25日

老夫今年七十整,决意旅游赴西藏。

并非古稀老来狂,实现夙愿有两桩。

为求灵魂得净化,家谱研究续新章。*

过去从未写过诗,藏景撼情手发痒。

*　以前主要是汉族家谱文献研究,下一步拟对中国少数民族家谱进行调研。

寻觅藏族家谱
8月27日

多年仰慕藏雪域,今日遂愿来这里。

图书馆内查家谱,博物馆里藏文化。

高原反应不足惧,谱牒资料到处觅。

寻得藏族萨迦谱,家谱研究获升华。*

*　入藏第二天,即赴西藏图书馆、博物馆、档案馆等单位,觅得《萨迦谱》《萨迦世系谱》等多种藏传佛教资料,含有藏族家谱信息,大喜。

2011年9月,本人申报的"中国少数民族家谱的整理与研究"列为上海市哲学社会科学规划重大课题,标志上海图书馆家谱课题组的研究已由重点研究汉族家谱文献转为重点调研少数民族家谱。

"中国少数民族家谱的整理与研究"由两个子课题组成:一是编纂《中国少数民族家谱总目》,二是撰写专著《中国少数民族家谱通论》,前者由陈建华先生主编,陈并于2012年将该课题申报国家社科基金项目,后者由本人主持组织撰写。

"中国少数民族家谱的整理与研究"课题于2018年6月结项,被评为优秀。《中国少数民族家谱总目》与《中国少数民族家谱通论》列为国家"十三五"规划重点出版图书,2018年作为"中国少数民族家谱丛刊"由上海古籍出版社出版。

《中国少数民族家谱总目》是《中国家谱总目》的逻辑发展,计收录42个少数民族文字家谱10 231种（因个别少数民族家谱涉及几个少数民族，故本统计数中约数十种为重复统计），是迄今为止海内外第一部有关中国少数民族家谱的目录，它的告成结束了中国少数民族家谱长期以来无专题目录的历史。

《中国少数民族家谱通论》则是《中国家谱通论》的自然延伸。本书按东北内蒙、西北、西南、中南东南四个地区，共论述了24个少数民族的家谱。本书作者大多系从事中国少数民族家谱研究的学者，其中既有汉族研究人员，又有9位少数民族研究人员。他们根据课题要求，积极挖掘资料，深入少数民族集聚地的山寨村落，调研搜集第一手家谱资料，从而写出了各具特色富有新意的家谱论文，体现了中国少数民族家谱研究领域的最新水平，填补了中国少数民族家谱研究的空白。"中国少数民族家谱丛刊"荣获上海市第十六届图书奖二等奖。

2017年11月，本人申报的"少数民族原始形态口传家谱的抢救与整理"列为国家社科基金重点项目，这是申报结项的"中国少数民族家谱整理与研究"课题的深入发展，表明上海图书馆家谱课题组的研究已从文献整理式研究少数民族家谱转为重点深入实地调研少数民族原始形态家谱。

所谓少数民族原始形态家谱，指的是：相较那些体例完整、内容丰富的少数民族书本家谱，少数民族尚保存了大量的比较简单、粗糙、原始的记述家族世系的载体，如口传家谱、实物家谱、单页家谱、石碑家谱等，尽管它们比较原始、比较简单、比较粗糙，但已具备家谱最重要的元素，即血缘世系，系"记述血缘集团世系的载体"，我们称之为原始形态家谱。

少数民族原始形态家谱数量可观、历史悠久，具有寻根认宗、家族优生、资料价值、文物价值等多项重要历史文化价值，是中华民族家谱文化的重要组成部分，是老祖宗留给我们的一笔重要的精神财富。但由于各种原因，老祖宗留给我们的这份珍贵的历史文化遗产，却明显落后于对少数民族其他历史文化资料的整理与研究。

由于少数民族原始形态家谱比较原始、单薄、粗糙、直观、分散，因此容易被人忽视，对其重要价值认识不足，更缺乏顶层的整体的全面整理规划。当下，少数民族原始形态家谱更面临几将失传消亡、亟待抢救整理的紧迫境地：能背诵口传家谱的人越来越少，在城镇的年轻人中几将失传；祭司大多进入甲子古稀之岁，后继乏人；分散在民间的单页家谱、实物家谱和石碑家谱等仅为老人保管，甚至无人保管，濒临散失。也就是说，老祖宗留给我们的少数民族原始形态家谱这份珍贵的历史文化遗产，面临着在我们这一代人手中几将消亡失传的危险境地。我们如不及时对少数民族原始形态家谱加以抢救与整理,上对不起列祖列宗,下对不起子孙后代。为此,我们必须及时将抢救和整理少数民族原始形态家谱的历史重任担当起来。当务之急,是必须抢救、保护、整理好这些濒临失传的珍稀家谱。

由于少数民族原始形态家谱深藏于少数民族居住的山寨村落,甚至是崇山峻岭中,我们必须遵循范文澜先生在60多年前提出的寻访"山野妙龄女郎"的方法,对深藏少数民族原始形态家谱的地方,有计划、有重点地进行田野调研。

实际上,当笔者主持组织研究人员撰写专著《中国少数民族家谱通论》时,遵循的就是范老提出的寻访"山野妙龄女郎"的方法。本著作论述24个少数民族的研究成果,都是研究人员深入少数民族集聚地的山寨村落,调研搜集第一手的家谱资料而取得的。如上海图书馆家谱课题组人员2012年9月赴内蒙古、吉林调研蒙古族、满族家谱,2012年11月赴云南调研白族、纳西族家谱,2012年11月赴台湾调研高山族家谱,2013年6月赴山东调研回族家谱,2013年9月赴新疆调研哈萨克族、维吾尔族家谱,2015年4月赴四川调研羌族、藏族家谱,等等。以上调研活动不仅为撰写《中国少数民族家谱通论》提供了生动的第一手资料,同时也与当地少数民族干部、专家建立了良好的人际关系,为进一步寻访"山野妙龄女郎"调研原始形态家谱积累了丰富的经验。

"少数民族原始形态口传家谱的抢救与整理"于2017年11月列为国家社科基金重点项目后,则开始进一步有重点、有计划地进行寻访"山野妙龄女郎"的调研工作。

据统计,自2011年至2021年的10年时间里,上海图书馆家谱课题组,以调研少数民族口传家谱、实物家谱、单页家谱和石碑家谱为重点,先后有计划地前往少数民族地区调研共26次,每次调研人员多的时候六七人,少的时候一二人,一般每次三人。每次调研前,课题组对采访的重点、采访的对象、采访的路线等均充分做好功课,并事前与当地有关部门联系,得到他们的大力支持。每次调研时间,长的达十三四天,短的仅两天,平均每次调研八天左右,累计采访调研时间达231天(参见本书附录《上海图书馆家谱课题组实地调研少数民族原始形态家谱日记》)。采访时,对整个调研过程,我们都及时做记录、录像、拍照片。调研结束返回上海,及时开会总结、整理资料、采访日记在课题组成员之间传阅。值得一提的是,《文汇报》记者付鑫鑫曾三次随课题组前往内蒙古、东北、云南等地调研,并在《文汇报》《中国民族报》等报刊及时发表了十余篇报道。

在这长达十年的调研时间里,课题组前往东北内蒙地区"白山黑水稽谱源",奔赴西北地区"大漠风沙追谱踪",驱车西南地区"崇山峻岭聆谱音",来到中南东南地区"民族融合觅谱缘",先后寻访了蒙古族、满族、白族、纳西族、高山族、回族、哈萨克族、维吾尔族、羌族、藏族、蒙古族、满族、朝鲜族、彝族、白族、纳西族、傣族、布朗族、佤族、哈尼族、畲族、达斡尔族、珞巴族、达斡尔族、哈萨克族、藏族、羌族、水族、侗族、毛南族、仫佬族、苗族、侗族、满族、锡伯族、鄂温克族、哈萨克族、维吾尔族、蒙古族、锡伯族、达斡尔族、彝族、白族（有些少数民族多次前往调研）等保存或收藏有原始形态家谱的单位或个人，包括党政文教图书档案等部门的干部、教师、专家、知识分子和少数民族的祭司、族长、老人、能人以及热心抢救少数民族历史文化的人士等，或座谈，或个别访问，或通讯采访，甚至邀请有关人员来上海图书馆座谈，共计四百余人次。

由上述可清楚看出，上海图书馆家谱课题组十年来实地调研少数民族家谱文化的历程，也就是奔赴田野寻访"山野妙龄女郎"的过程。

"少数民族原始形态口传家谱的抢救与整理"课题以《寻访"山野妙龄女郎"——中国少数民族原始形态家谱研究》为成果报国家社科基金规划办结项，并即将以《中国少数民族原始形态家谱研究》为书名出版。课题组全体成员积极努力，以使本课题成果不仅在少数民族历史文化实地调研中成为计划周密、突出重点、狠抓典型、载体生动的一部高质量的关于少数民族家谱的田野调研报告，而且在中国家谱文献领域中，成为资料扎实、论述清晰、观点创新、图文并茂，且具一定规模的第一部全面论述少数民族原始形态家谱的高质量的学术专著。

下面，就让我们一起掀起"山野妙龄女郎"的神秘面纱，一睹蕴含在少数民族神秘面纱里的口耳相传的口传家谱、类别多样的实物家谱、色彩鲜艳的单页家谱和镌刻于石的石碑家谱等"芳容"吧！

第一章　中国少数民族家谱概况

中国是一个统一的多民族国家。中华人民共和国成立后，中央政府组织专家学者进行识别，最终确定了56个民族。汉族人口最多，其他55个民族相对汉族人口较少，习惯上被称为"少数民族"。

55个少数民族分别是：东北内蒙地区的满族、朝鲜族、赫哲族、蒙古族、达斡尔族、鄂温克族、鄂伦春族等7个少数民族；西北地区的回族、东乡族、土族、撒拉族、保安族、裕固族、维吾尔族、哈萨克族、柯尔克孜族、锡伯族、塔吉克族、乌孜别克族、俄罗斯族、塔塔尔族等14个少数民族；西南地区的藏族、门巴族、珞巴族、羌族、彝族、白族、哈尼族、傣族、傈僳族、佤族、拉祜族、纳西族、景颇族、布朗族、阿昌族、普米族、怒族、德昂族、独龙族、基诺族、苗族、布依族、侗族、水族、仡佬族等25个少数民族；中南东南地区的壮族、瑶族、仫佬族、毛南族、京族、土家族、黎族、畲族、高山族等9个少数民族。

据2010年全国第六次人口普查统计，大陆31个省（区、市）汉族人口为1 225 932 641人，占91.51%，比2000年第五次人口普查的91.59%下降了0.08个百分点，各少数民族人口为113 792 211人，占8.49%，比2000年第五次人口普查的8.41%上升了0.08个百分点。少数民族中人口最多的是壮族，有16 926 381人，人口最少的是珞巴族，仅有3 682人（2020年全国第七次人口普查有关少数民族人口资料尚未公布）。

中国56个民族分布的特点是：大杂居、小聚居、相互交错居住。汉族地区有少数民族聚居，少数民族地区有汉族居住，各少数民族交错居住。这种分布格局是长期历史发展过程中各民族间相互交往、流动而形成的。少数民族人口虽少，但分布很广。全国各省、自治区、直辖市都有少数民族居住，绝大部分县级单位都有两个以上的民族居住。中国的少数民族主要分布在内蒙古、新疆、宁夏、广西、西藏、云南、贵州、青海、四川、甘肃、辽宁、吉林、湖南、湖北、海南、台湾等省区。中国民族成分最多的是云南省，有25个民族。

中国是由56个民族共同缔造的国家,各民族在漫长的历史发展过程中,相互学习、相互交流、相互促进,建立了休戚与共、相互依存的亲密关系,形成了多元一体的伟大的中华民族。自两千多年前秦汉时期形成多民族统一的中国以来,统一始终是中国发展的主流,各民族为实现和维护国家的统一做出了重要贡献。

图1-1　56个民族代表相逢在第十三届全国运动会上(2017年天津)

毛泽东主席说过:"各个少数民族对中国的历史都做过贡献。汉族人口多,也是长时期内许多民族混血形成的。"(《毛泽东选集》第五卷,第278页)

习近平总书记2019年7月15日访问内蒙古赤峰博物馆时指出:"我国是统一的多民族国家,中华民族是多民族不断交流交往交融而形成的。中华文明根植于和而不同的多民族文化沃土,历史悠久,是世界上唯一没有中断、发展至今的文明。"

在中华民族历史文化发展长河中,各民族创造了各具特色的文化。由汉族和55个少数民族共同创造的记载家族世系、人物、事迹的家谱文化是中华传统历史文化的重要组成部分。

家谱,又称宗谱、族谱等,是记述血缘集团世系、人物和事迹的载体,包括口传家谱、实物家谱、文字家谱等类别。家谱蕴藏着大量有关历史学、民族学、社会学、人口学、民俗学、经济史、人物传记、族规家法、宗教制度以及地方史等方面的丰富资料,不仅有重要的史料价值,而且是海内外华人寻根问祖的主要依凭。

国家编正史、地方纂方志、家族修家谱,构成中华民族历史大厦三大支柱,是中华民族绵延五千年而不衰的重要文化基因。历时数千年的民间持续编修家谱活动,是中华民族特有的历史文化习俗。

第一节　中国少数民族家谱的特点

在中华民族历史文化发展长河中,由55个少数民族创造的少数民族家谱,数量可观,类别多样,内容丰富,是中华民族家谱文化不可或缺的重要组成部分。它与汉族家谱一样,都是中华民族优秀传统文化中的瑰宝。

由55个少数民族共同创造的少数民族家谱有哪些特点呢?

一、数量可观

中国少数民族家谱数量可观。据上海图书馆陈建华先生主编的《中国少数民族家谱总目》(上海古籍出版社2018年版)最新统计,中国55个少数民族中,满族、朝鲜族、赫哲族、蒙古族、达斡尔族、鄂温克族、回族、土族、裕固族、维吾尔族、哈萨克族、锡伯族、门巴族、珞巴族、羌族、彝族、白族、哈尼族、傣族、傈僳族、佤族、拉祜族、纳西族、景颇族、阿昌族、普米族、怒族、独龙族、基诺族、苗族、布依族、侗族、水族、仡佬族、壮族、瑶族、仫佬族、毛南族、土家族、黎族、畲族、高山族等42个少数民族均有文字家谱,达10 231种(因个别少数民族家谱涉及几个少数民族,故本统计数中约数十种为重复统计)。

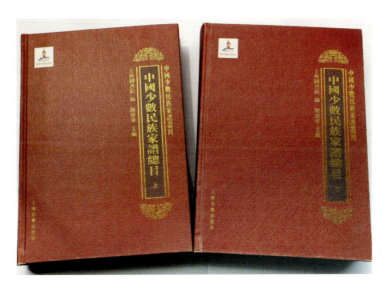

图1-2　陈建华主编的《中国少数民族家谱总目》

各少数民族家谱数量统计如下:

表1-1 《中国少数民族家谱总目》所录家谱数

民 族	数量（种）	民 族	数量（种）
满	2 111	朝鲜	30
赫哲	4	蒙古	407
达斡尔	33	鄂温克	6
回	395	土	8
裕固	1	维吾尔	3
哈萨克	121	锡伯	120
门巴	1	珞巴	8
羌	9	彝	1 473
白	102	哈尼	3 620
傣	22	傈僳	1
佤	21	拉祜	1
纳西	102	景颇	27
阿昌	3	普米	4
怒	6	独龙	4
基诺	3	苗	135
布依	28	侗	66
水	1	仡佬	1
壮	147	瑶	86
仫佬	13	毛南	4
土家	329	黎	2
畲	448	高山	317
古老民族	8		

上述统计告诉我们：中国少数民族家谱达1万种，数量是非常可观的。据2008年出版的《中国家谱总目》统计，海内外收藏中国家谱的总数为52 401种，其中主要是汉族家谱的统计，而不到汉族人口十分之一的少数民族的家谱数量竟相当于汉族家谱数量的五分之一，表明少数民族拥有家谱数量的比例是较高的。

上述统计还告诉我们：各少数民族拥有家谱的数量是很不平衡的。中国少数民族有55个，有家谱收藏的是42个少数民族，就是说，尚有13个少数民族无家谱收藏的记录。即使收藏有家谱的42个少数民族，也是很不平衡的。哈尼族、满族、彝族家谱总数在千种以上，而赫哲族、鄂温克族、土族、裕固族、维吾尔族、门巴族、珞巴族、羌族、傈僳族、拉祜族、阿昌族、普米族、怒族、独龙族、基诺族、水族、仡佬族、毛南族、黎族等19个少数民族收藏家谱数量不到10种，相差悬殊。

中国少数民族家谱的统计是否穷尽了呢？没有，远远没有！列为国家社科基金项目和上海市哲学社会科学规划重大课题的"中国少数民族家谱总目"，历时八年，经过课题组成员积极努力和有关少数民族家谱收藏部门的大力支持，终于首创，整理著录了少数民族家谱达10 231种，这是具开创性的科研成果。但由于可以理解的诸多因素，42个少数民族尚有很多家谱没有收录进来，其他13个少数民族花大力气也能收录到许多家谱，能添加到《中国少数民族家谱总目》中去。如2018年11月22日，上海图书馆课题组成员一行访问四川省汶川图书馆时，就发现该馆收藏有三册藏谱《世代忠贞之瓦寺土司》，由祝世德编著，1945年四川瓦寺宣慰使司宣慰史署正式印刷出版，全书50页，约两万余字，这是重大发现。该馆馆员沈铭珠是藏族，她也保留了口传家谱的习俗，当场为我们背诵了本家族的十代世系。采访沈铭珠的课题组成员无比兴奋。但当时《中国少数民族家谱总目》已经付印，新发现的藏谱等无法一一添加到《中国少数民族家谱总目》中去。由此可见，只要我们花大力气进一步调研，中国少数民族家谱数量将远远超过10 231种。

二、历史悠久

笔者在搜集整理两千余种家谱资料和研读有关资料基础上，历时十年，曾精心打造专著《中国家谱通论》（60万字，上海古籍出版社2010年版），对绵亘中华五千年文明历史的家谱文化，就内容、体例、功能和编修方法等作了综合梳理和系统阐述，在中国家谱文献研究领域中，第一次将中国家谱发展沿革分为起源、诞生、兴盛、转型、完善、普及和新修七个阶段来进行论述，具有学术开创性的意义。需要指出的是，具有五千年历史的中国家谱文化，是由汉族和55个少数民族共同努力、创造出来的。

2018年3月，课题组一行赴贵州雷山县调研，见到了由苗族文化专家唐千武等主编的《蚩尤魂系的家园》（贵州人民出版社2005年版），第一次向世界公布苗族始祖蚩尤与其后裔长达285代的子连父名世系谱等许多第一手的宝贵资料。这份苗族285代的子连父名世系谱就是生动揭示少数民族家谱具有悠久历史的一个实例。

唐千武在该书中指出：西江民间文人侯昌德，从原来鸡讲司会馆档案中，发现清乾隆时期苗族上层人物顾永生在《西江民族传记》（手抄本）中记载的苗族先人代代口传的西江子连父名世系，一直溯及先祖蚩尤。从蚩尤到雍正十年（1732）清朝开辟苗疆"化外之地"将土司治理改为流官治理（即"改土归流"）时，共285代。

世系谱如下：五帝时，谱领蚩尤，蚩尤以下世系为：傍蚩—立傍—树立—水树—尼水—矿尼—金矿—土金—玉土—田玉—生田—秋生—春秋—种春—耕种—尤耕—马尤—鸡马—丑鸡—甲丑—秀甲—花秀—先花—乾先—坤乾—丙坤—乙丙—哉乙—养哉—谷养—山谷—坡山—羊坡—青羊—草青—台草—鲜台—太鲜—仲太—相仲—和相—立和—主立—善主—奇善—穷奇—货穷—盛货—文盛—盖文—亥盖—神亥—思神—考思—河考—沃河—唐沃—力唐—合力—谷合—胡谷—叭胡—喇叭—金喇—元金—哈元—飞哈—虎飞。引虎和莫虎、条虎三兄弟于汉初迁至西江。因此，在西江的虎飞引虎世系，从西汉文帝以后世系是：唱引—和唱—舍和—善舍—虾善—蟆虾—胡蟆—古胡—服古—洛服—屡洛—防屡—方防—引方—王引—农王—利农—舍利—拾舍—楼拾—松楼—柏松—青柏—日青—化日—喇化—嘛喇—西嘛—吉西—些吉—翁些—牢翁—八牢—三八—索三—取索—会取—部会—社部—里社—细里—刹细—七刹—六七—远六—东远—羊东—羔羊—树羔—陈树—侯陈—冬侯—罗冬—树罗—东树—兵东—卒兵—文卒—唱文—糟唱—杜糟—于社—足干—准足—则准—先则—王先—求王—侯求—唐侯—善唐—隆善—启隆—竹启—奇竹—稀奇—恰稀—巧恰—蒙巧—古蒙—完古—宰完—齐宰—姜奇—夜姜—照夜—明照—鲜明—花鲜—华花—友华—宋友—驭宋—才驭—举才—目举—望目—天望—鸟天—春鸟—初春—范初—号范—上号—穴上—弟空—王弟—大王—开大—门开—啥门—呀啥—压呀—八压—万八—流万—完流—氏完—飞氏—蛾飞—园蛾—桃园—梅桃—黎梅—喇黎—果喇—是果—舍是—会舍—五会—盖五—屋盖—强屋—示强—鱼示—由鱼—姜由—志姜—再志—兴再—满兴—专满—嘛专—啦嘛—裘啦—默裘—吉默—贺吉—功贺—庆功—祖庆—荣祖—华荣—贵华—再贵—请再—玩请—塘玩—拾塘—玖拾—愿玖—耳愿—晏耳—腾晏—历腾—神历—圣神—冠圣—天冠—际天—星际—光星—散光—沙散—促沙—向促—根向—南根—北南—西北—东西—灾东—讲灾—顽讲—荷顽—花荷—播花—池播—里池—精里—明精—往明—向往—申向—丙申—岁丙—在岁—山在—中山—唐中—侯唐—杨侯—蒋杨—李蒋—宋李—董宋—梁董—毛梁—促毛—陈促。

整个285代世系是按子父两代连名顺推谱系排列的。其中西汉文帝以前的世系计

图1-3 侯昌德整理的《西江民族传记》(手抄本)封面

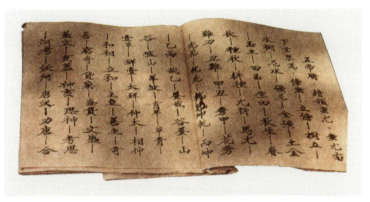

图1-4 侯昌德整理的《西江民族传记》(手抄本)首页

67代,文帝以后世系计218代。

代际传承的关系那么清晰,子父连名的名字那么清楚,真实可靠吗?西汉文帝于公元前179年开始继位,至清代1732年实施"改土归流"时止,共历1911年,其中经历了218代,平均每代仅9年,这是不可能的。可见,此285代世系表,是清代乾隆时期苗族上层人物顾永生依据当时苗族子父连名的习俗而杜撰出来的世系表。

怎样认识此类家谱文化现象呢?我们知道,汉族家谱世系表中,为攀附显贵,有些谱系往往将帝王将相列为自己家族的始祖、始迁祖,甚至尊炎帝、黄帝为自己家族的始祖。此类家谱世系表,其中既有血缘的传承,也有文化的传承。所谓血缘传承,指的是该家谱编修者上溯数代或数十代的世系,因年代离编修者较近,或依比较规范的历届修谱(30年一小修,60年一大修)的世系再行补充延续形成的世系,其世系传承比较可靠真实,此部分世系可称之为血缘传承。所谓文化传承,指的是该家谱数代或数十代世系再往上溯的那部分世系,有的达百代甚至数百代之多,这部分世系或清晰,或模糊,或疏漏,难以信其真实可靠,对该家族来说,这部分世系只能称之为家谱文化中的文化传承了。

《蚩尤魂系的家园》刊载的苗族始祖蚩尤与其后裔长达285代的子连父名世系谱,似也应从血缘传承与文化传承的两个角度来理解。

乾隆时期苗族上层人物顾永生在《西江民族传记》记载的苗族先人的西江子连父名世系,自陈促上溯的数代、十数代或数十代的世系,因年代离编修者顾永生较近,且是依据顾永生同时代西江苗族民间存在的子父两代连名口传家谱的资料整理而成,比较可靠,可视为西江地区苗族的血缘传承。至于陈促上溯数十代以前的世系,纯系编造,则只能视为西江苗族的文化传承了。

尽管不能将285代视为血缘清晰的世系代际继承，但在苗族的"祖先谱系文化"中，此份资料占有重要地位。据伍新福先生和龙亚伯先生的实地考察发现，云南的东北地区和贵州西北地区的苗族至今仍广泛流传着关于蚩尤的古歌传说。如在《相普相娘歌》（即《祖先歌》）中这样唱："苗族的祖先名叫蚩尤，他勇敢无比，他聪明无双，生就了一副铁骨铜头。"（湖南少数民族古籍办公室主编，刘自齐、赵丽明选译《板塘苗歌选·代序》，岳麓书社1992年版，第9页）从这段歌词中足以可见苗族人民对蚩尤的敬崇。而在顾永生《西江民族传记》记载的苗族西江子连父名世系中，开篇即"五帝时，谱领蚩尤"，"五帝"为传说中的上古帝王，一种说法是"五帝"为"太皞、炎帝、黄帝、少皞、颛顼"，都是中国原始社会末期部落或部落联盟的领袖。蚩尤是与炎帝、黄帝同时代的人。

当下有许多学者通过历史文献以及各种考古资料分析，普遍认为蚩尤是苗族的祖先。蚩尤是与炎帝、黄帝同时代的部落联盟首领，其先进的农耕、冶金、巫教文化促进了九黎族的发展。《西江民族传记》记载的苗族先人的西江子连父名世系，从祖先谱系的角度，佐证了蚩尤是苗族的始祖神，他同炎帝、黄帝一样，也是中华民族的人文始祖。《西江民族传记》记载苗族先人的西江子连父名的285代世系，生动地揭示了中国少数民族家谱同汉族家谱一样有着悠久的历史。

图1-5 中华民族三祖雕像矗立在河北省涿鹿县古战场

三、类别多样

中国少数民族家谱种类多样,按其发展成熟程度,大致可归为三类,即口传家谱、实物家谱和文字家谱。中国家谱文化中类别多样的特点主要体现在丰富多彩的少数民族家谱中。

1. 口传家谱

所谓口传家谱,就是心授口传流传下来的反映家族世系的家谱,这是中国家谱文化中形态最原始、最古老的家谱。

这些口传家谱有的在后来被文字记录下来,成为纸质家谱的雏形,有的则仍作为一种习俗流传至今。我国原始先民们的口传家谱的习俗在一些少数民族中,特别是我国西南地区的少数民族中保留得较为明显。据统计,蒙古族、哈萨克族、哈尼族、彝族、佤族、纳西族、怒族、羌族、傈僳族、白族、普米族、独龙族、景颇族、基诺族、拉祜族、布朗族、藏族、珞巴族、水族、侗族、苗族、畲族、高山族等二十余个少数民族均有遗存、保留口传家谱的习俗。

这些口传家谱一般都是连名家谱。这种连名家谱将上一代名字的末一个或两个乃至三个音节,置于下一代名字之前。这种连句的形式便于记忆、背诵和流传。

2. 实物家谱

以实物作为记载家族世系的载体,是少数民族家谱中最具特色的一类家谱,遗留至今的实物家谱主要有结绳家谱、无字精制布家谱、猪下颌骨家谱、刺绣服饰"族谱"等类别。我国东北内蒙地区满族的子孙绳、鄂伦春族的马鬃绳和西北地区锡伯族的丝绳等就是颇具特色的结绳家谱。

3. 文字家谱

文字家谱是在原始形态的口传家谱、实物家谱基础上发展起来的用文字记载家族世系、人物、事迹的家谱,是比较成熟的完整的家谱。但就文字家谱本身而言,也经历了由简朴的单页家谱、刻谱于石的石碑家谱,到成熟的书本家谱的发展历程。

所谓单页家谱,简称谱单,就是从本家族始祖或始迁祖开始,将历代家族成员按世系先后次序或按分支世系先后次序用文字平列记载在一页、一幅或数页、数幅纸、布上,包括他们的姓名、职务等内容。我国东北内蒙古地区的满族、蒙古族、达斡尔族和西北地区的锡伯族、回族以及西南地区的傣族等就保存了形式众多的谱单,平时收藏起来,逢时过节挂在中堂墙上或平摊在长桌上进行祭拜。

所谓石碑家谱,简称碑谱,就是将本家族世系、人物、事迹等宗族资料以文字镌刻在石碑上的家谱。将家谱刻在石碑上的目的很清楚——刻谱于石,以垂永久。碑谱主要保留在我国南方的少数民族居住地区。

所谓书本家谱,就是记载家族世系、人物、事迹的印刷发行的历史图籍,书本家谱体例较完整,内容较丰富,图文并茂,是少数民族家谱发展的高级形态。受汉族文化较早较深影响的蒙古族、满族、朝鲜族、哈萨克族、回族、白族、纳西族、苗族、壮族、畲族等少数民族的书本家谱,发展比较成熟,体例比较完整,内容比较丰满。

四、区域特色

受历史、地理、文化等诸多因素的影响,中国少数民族家谱呈现了明显的区域性特色。

东北内蒙地区的7个少数民族,除鄂伦春族外,其他6个少数民族均有文字书写的家谱,数量达2 591种,占全国少数民族家谱总数的四分之一。蒙古族、满族、朝鲜族等,受汉族文化影响较早、较深,因此其家谱不仅数量较多,类别多样,而且发展比较成熟。特别是满族家谱,从谱单发展到历史图籍,达2 111种,居中国少数民族家谱第二位,而且体例较完整,内容较丰富,在中国少数民族家谱领域居领先地位。本地区有满文、蒙古文、朝鲜文、锡伯文、汉文单种文字书写的家谱,也有蒙古文与汉文、满文与汉文合璧书写的家谱。

西北地区14个少数民族家谱数量为648种,回族、哈萨克族、锡伯族数量较多。回族是我国人口较多、分布广泛的少数民族,他们善于学习,很快仿效汉儒谱学,积极编撰有一定质量和数量的家谱。由两百多个部落和部族组成的哈萨克族,每个部落和部族都有自己的系谱和系谱传记人,表明哈萨克族不仅有悠久的历史,而且各部落都具有口头背诵和用本民族文字记载家族世系的文化习俗。由东北内蒙等地区西迁至新疆察布查尔地区的锡伯族,完整地保留着自己的语言文字和续修家谱的文化习俗,几乎家家户户皆续修家谱,这不能不说是一个民族文化发展史上的奇迹。

西南地区山峦纵横,河流众多,地形垂直变化明显。自古以来,居住在这里的25个少数民族,或居于高山之上,或分布河谷之中,或居于山间盆地、坝区之内,呈立体状分布。由于地理环境比较恶劣,生活在这个地区的众多少数民族,有着强烈的氏族观念与家族观念,该地区的众多少数民族都流传和遗存有心授口传家谱的文化习俗,其中哈尼族、彝族口传家谱数量最多,前者有3 620种,后者有1 473种,居全国少数民族家谱数量的第一、三位。哈尼族的梯田文化举世瞩目,哈尼族口传家谱颇具特色,梯田文化与口传家谱互相辉映,成为中华民族文化发展史上一道亮丽的风景线。彝族是一个善于口传系谱而又十分珍视谱牒的民族,一些重要的民族史难题也能借助彝族系谱的研究得以补证解惑。

中南东南地区有9个少数民族,计有家谱1 346种。壮族人口1 692万人,居全国少数民族人口第一位,本地区壮族家谱数量也比较可观,且类别多样,既有主要记载以土官为核心的官谱,也有普通百姓的民谱,数量越来越多。湖南省的苗族、侗族、瑶族和土家族的家谱成分相互交错突出,不少家谱揭示本族族源时,时苗时侗时瑶时土时畲,或与汉族交错,从而为我们提供了中华各民族"你来我往、我来你往、我中有你、你中有我"相互融合过程的重要资料。

综上所述,中国少数民族家谱具有数量众多、历史悠久、类别多样和区域特色等诸多特点,是中国家谱文化中不可或缺的有机组成部分,是老祖宗留给我们的一份非常重要、非常珍贵的历史文化遗产。

第二节　中国少数民族家谱为中华民族的形成提供了第一手资料

论到少数民族家谱的价值,诸如聚族价值、寻根价值、文物价值、道德价值、文化价值以及对中国历史、经济、地理、民族、宗教、语言、艺术、建筑、民俗、人口、社会、医药等诸多学科提供重要的资料等,可谓汗牛充栋,能列上数十百条,述以数十百万字,受篇幅所限,本节主要从宏观上就少数民族家谱为多元一体中华民族的形成提供珍贵的第一手资料作一阐述。

中华民族不同于欧美那样的由国民或公民直接构成,而是由历史上形成和存在的各民族群体构成,因此是"多元一体的格局"。

中国是一个历史悠久的文明古国,领土广阔,自然地理环境和气候有很大差异,社会历史条件也不尽相同,在千百年的历史发展和演变的漫长岁月中,在不同条件下、不同地域里生活的人群形成了各种各样的民族群体,各个民族群体在长期的交往交流交融的过程中逐渐凝聚为一体,形成了"中华民族"。"中华民族"这个族称在全民族抗击日本帝国主义入侵的过程中,已经得到全民认可,各个民族群体在"用我们的血肉筑起新的长城"的过程中实现了中华民族的自觉——"自觉而称为中华民族"。

金冲及先生在《中华民族是怎样形成的》一文中指出:"中华民族的形成经历了漫长的过程。大体上有两个阶段:前一阶段是几千年来历史的演进,后一阶段是近代以来在反抗外来侵略者的共同斗争中形成了自觉的认识。"(金冲及《中华民族是怎样形成的》,《江海学刊》2008年第1期)

1988年11月,费孝通先生在香港中文大学做了"中华民族的多元一体格局"的重要演说。费孝通提出:中华民族是"由许许多多分散孤立存在的民族单位,经过接触、混杂、联结和融合,同时也有分裂和消亡,形成一个你来我去、我来你去,我中有你、你中有我,而又各具个性的多元统一体"(费孝通等《中华民族多元一体格局》,中央民族学院出版社1989年版,第1页)。费孝通明确肯定了中华民族是由历史上多个民族群体凝聚成的民族共同体,是一个民族实体。

费孝通提出的"中华民族多元一体论"得到了学术界的普遍认可,也得到了党和政府的充分肯定。习近平总书记在2014年中央民族工作会议上的讲话中明确指出:"各民族在分布上的交错杂居、文化上的兼收并蓄、经济上的相互依存、情感上的相互亲近,形成了你中有我、我中有你、谁也离不开谁的多元一体格局。"(《人民日报》2014年9月30日)

2015年9月30日下午,在中华人民共和国第66个国庆日到来前夕,习近平总书记在人民大会堂亲切会见了13位来自内蒙古、广西、西藏、宁夏、新疆的民族团结优秀代表,向他们致以节日的祝贺,再次强调了中华民族是"你中有我、我中有你、谁也离不开谁的多元一体格局"。他指出:"我国是统一的多民族国家,各民族多元一体,是老祖宗留给我们的一笔重要财富,也是我们国家的重要优势。我国各族人民共同缔造了中华人民共和国,都为中华民族形成和发展作出了卓越贡献。""我国56个民族都是中华民族大家庭的平等一员,共同构成了你中有我、我中有你、谁也离不开谁的中华民族命运共同体。"(《人民日报》2015年10月1日)

中国少数民族家谱为各个民族群体在长期的交往交流交融的过程中对多元一体中华民族的形成提供了极其珍贵的第一手资料。

下面按四个地区举例说明。

一、东北内蒙地区举例:蒙古族家谱

东北内蒙地区家谱为多元一体中华民族的形成提供珍贵资料,以蒙古族家谱为例。

蒙古族是中国北方的重要少数民族,主要分布在内蒙古自治区,其余分布在黑龙江、吉林、辽宁、新疆、甘肃、青海、河北、河南、四川、云南、北京等省、市、自治区。

据史籍记载,蒙古族是起源于大约公元7世纪的唐朝望建河(今额尔古纳河南岸)的一个部落,史称"蒙兀室韦"。公元12世纪,蒙古部落首领铁木真统一了蒙古。1206年,铁木真被拥戴为蒙古大汗,号成吉思汗,建立了蒙古国。从此,"蒙古"也就由原来的一个部落的名称变为民族的名称,开始形成现代民族。

福建福州蒙古族萨氏家谱为我们提供了北方少数民族族源、迁徙和文化融合等方面许多重要资料。

福州萨氏的先世为西域色目人答失蛮氏。始祖思兰不花(一作萨拉布哈)、阿鲁赤(一作傲拉齐)父子以军功起家,累著勋伐,深受元世祖忽必烈赏识。元英宗时,阿鲁赤奉命镇守晋北大同路至代州一带。阿鲁赤之子萨都剌就出生在代州的雁门(今山西省代县西北),因此被视为雁门人,后来定居福州的萨氏族人也以雁门为本族的郡望。

萨都剌是元代著名诗人,于至元二年(1336)任福建闽海道肃政廉访司知事,元英宗时被赐姓"萨",后起汉名天锡,号直斋,是萨氏家族受姓之祖。

萨都剌二弟野芝,字天与,曾任江西建昌路总管。野芝子仲礼,字守仁,元统元年(1333)进士,任福建行中书省检校,从此卜居福州,是为雁门萨氏入闽始祖。

福建萨氏的先世为西域色目人。元明时期编印的《萨天锡诗集》序跋均称:"萨都剌,字天锡,回回人。"表明到了明代,已进一步确认萨氏为色目人中的回族人。乾隆时编印《钦定四库全书总目》的《雁门集》条目则称萨都剌为"蒙古人":"元萨都拉撰。萨都拉,字天锡,号直斋,其祖曰萨拉布哈,父曰傲拉齐。以世勋镇云代,居于雁门,故世称雁门。萨都拉实蒙古人也。"[《雁门萨氏宗谱》(清道光三年)、《钦定四库全书总目》]元代统治者将中国分为蒙古人、色目人、汉人、南人四个等级,雁门萨氏虽是色目人,但其先祖思兰不花、阿鲁赤父子以军功起家,深受元世祖忽必烈赏识,就其权势而言,"实蒙古人也"。嗣后,福州萨氏后裔均称自己为蒙古人。

受汉族续修家谱的文化习俗影响,福州萨氏自明至清以及民国先后八次续修家谱。明隆庆元年(1567)始修萨氏族谱;民国三十五年(1946)编修《续编世系稿本》,是为第八次。历时三百年八次续修的《雁门萨氏族谱》,详细记述了雁门入闽萨氏的族源、世系、迁移、人口分布、名人事迹等,内容翔实,体例完备,以第一手资料生动反映了蒙汉民族融合的历史进程。

如清道光三年(1823)《雁门萨氏族谱》卷四《露萧公行述》记载:雁门萨氏入闽始

图1-6　《雁门萨氏族谱》

祖萨仲礼,其子琅事母至孝,以孝行闻名乡里,人称敦孝先生。萨琅子琦,字廷珪,明宣德五年(1430)进士,选翰林院庶吉士,授编修,官至礼部右侍郎兼詹事府少詹事。萨琦"治家一遵紫阳家训","持家训俗,悉革先世色目旧习,凡饮食起居,冠婚丧祭,一本朱文家礼。士论题之,至今闽中称礼族焉"。表明萨氏仲礼,于元统元年(1333)任福建行中书省检校,成为雁门萨氏入闽始祖,历经其子萨琅,再到其孙萨琦,已"悉革先世色目旧习,凡饮食起居,冠婚丧祭,一本朱文家礼"。也就是说,萨氏入闽约一百年,其"饮食起居,冠婚丧祭"等文化习俗已完全接受汉族文化了。

雁门萨氏何许人也?色目人?回族人?蒙古人?汉人?中华民族大家庭成员也!

二、西北地区举例:锡伯族家谱

中国各民族之间的相互交流、相互融合与各民族的不断流动迁徙有着密切关系。中国历史上,各少数民族的迁徙,规模之大,历程之艰难,影响之深远,当首推新疆地区的锡伯族。

锡伯族是我国北方一个历史悠久的少数民族,主要聚居在新疆、辽宁、吉林、黑龙江等地。新疆察布查尔锡伯自治县是锡伯族最大的聚居区。据2010年全国人口普查统计,锡伯族有190 481人。

"锡伯"是本民族的自称,系由其祖先鲜卑音转而来。"锡伯"之称谓与汉字书写最早见于清代,有多种称谓,但未能统一。中华人民共和国成立后,"锡伯"名正言顺地作为一个独立的少数民族而置身于祖国民族大家庭之中。

锡伯族发源于东胡系部族,由东胡—鲜卑(拓跋部)—室韦(失韦)—锡伯演变而来,经过了两千多年的发展历史。

明末,锡伯部被置于蒙古科尔沁部统治之下。1629年,科尔沁蒙古携锡伯等部宣布归属后金。后金在蒙古部实行盟旗制度,科尔沁部被分置为十旗,所属锡伯人也被编入这十旗之中,开始了锡伯族的军制生涯。

清康熙三十年(1691),在清政府的干预下,科尔沁蒙古将所属锡伯同卦尔察、达翰尔一起"进献"给清政府。至此,锡伯部结束了被蒙古族统治400年的历史,直接归满族贵族统治,因其归属较晚,清统治者称他们为"伊彻满洲"(新满洲)。清政府将"赎出"的锡伯族整编为八旗65个牛录。牛录为满语,是清八旗组织基本的户口和军事编制单位,约三百人为一牛录,设"牛录额真"一人管理,"牛录额真"正式成为官名,后改名"牛录章京",汉译为"佐"或"佐领"。

　　锡伯族归属清朝后,在清政府调遣下,不断迁徙,调往新的驻地,规模最大的一次是西迁。

　　乾隆二十七年(1762),清政府在新疆伊犁设立除了阿勒泰地区外,统辖天山南北的伊犁将军府。乾隆二十九年(1764),为了加强新疆伊犁地区的防务,清政府决定"由盛京锡伯内拣其精壮能牧者一千名,酌派官员,携眷遣往"(《锡伯族档案史料》,辽宁民族出版社1989年版,第290页)。这一年的农历四月十八日,清朝政府从盛京(沈阳)等地征调西迁新疆的锡伯族官兵携家属4 000余人(其中官兵1 020人,家属3 275人),和留居东北的锡伯族男女老少,聚集在盛京的锡伯族家庙——太平寺,祭奠祖先,聚餐话别。次日清晨,锡伯族官兵及其家属,告别了家乡的父老乡亲,踏上了西迁的漫漫征程。锡

图1-7　位于沈阳皇寺路的锡伯族家庙

伯族诗人管兴才在《西迁之歌》中描述道:"车辚辚,夜夜餐风露宿;路漫漫,日日劳累已极。""啊!翻越了高耸入云的杭爱山(今蒙古国境内),跋涉那河水纵横的乌里雅苏台(今蒙古国境内)草地,穿过了朔风凛冽的科布多(今蒙古国境内),又往冰雪封冻的塔尔巴哈合(今新疆塔城)进发。"(吴世旭《锡伯族西迁》,辽宁民族出版社2011年版,第224页)经过一年零三个月的艰苦跋涉,终于到达新疆的伊犁地区。现在的察布查尔锡伯自治县就是他们当年的驻地,当地的锡伯人是他们的子孙。

乾隆三十一年(1766)初,迁驻伊犁察布查尔地区的锡伯族官兵,组成了锡伯营,下分8个牛录,成为"伊犁四营"之一。锡伯营设领队大臣、总管、副总管、佐领、骁骑校、领催等官职,受伊犁将军辖制,是集军事、行政、生产三项功能于一体的组织机构。

西迁不仅是一个民族的迁徙,也是一种文化的传播。西迁至新疆察布查尔地区的锡伯族,在长久处于几乎"真空"的自然生存环境里,强化了他们的民族意识,显示了顽强的民族性格,至今还完整地保留着自己的语言文字及浓厚的风俗习惯,和世代延续编修家谱的习俗,以表达思念故乡和不忘祖根的情结。这不能不说是一个民族文化发展史上的奇迹。

西迁至新疆察布查尔地区的锡伯族人,与新疆当地各族人民一起,在边疆地区屯垦戍边,为保卫边陲、建设边疆、平定内乱、抵御外侮作出了巨大的贡献。在风沙弥漫的大西北,勤劳的锡伯族人民凿山筑渠,历时6年于嘉庆十三年(1808)修建完成了长达一百多千米的察布查尔大渠。潺潺的流水使荒漠的原野变成了阡陌纵横、树木葱绿、瓜果飘香、美丽富足的地方。

乾隆二十九年(1764)锡伯族西迁新疆是锡伯族历史上的重大事件,也是锡伯族各家族史上的重大事件,因此各家族家谱谱序上都作了浓墨重彩的描绘:

《八牛录果尔吉氏宗谱》记载:"乾隆二十九年,由盛京所属复州正蓝旗苏尔格纳牛录移驻伊犁。留居盛京的始祖:阿达顺、果诺霍图。移驻伊犁的高祖:佐领阿哈里、披甲多霍。"《八牛录富察氏宗谱》记载:"原系盛京所属金州正红旗吉灵阿牛录人,乾隆二十九年移驻伊犁。留居东北的始祖:披甲恩杜里。移驻伊犁的高祖:色尔吉纳。"《八牛录瓜尔佳氏宗谱》记载:"原系辽宁省岫岩城正白旗关保牛录之瓜尔佳氏,乾隆二十九年移驻伊犁。留居岫岩的祖先:永琐(西林保之父)。移驻伊犁的高祖:西林保。"等等。这些谱序意在告诉本族的子孙后代:我家族的祖籍在何处?始祖是谁?是哪一年迁来新疆的?来疆的始迁祖是谁?留在东北的同宗先祖是谁?这是作为锡伯族家族的子孙后代都必须牢记的家族史上几件带根本性的大事。

为了纪念这次西迁,锡伯族把农历四月十八日定为"西迁节",每逢这一天,全国各地的锡伯族男女老少都要穿上盛装,欢聚在一起,隆重开展各种纪念活动。2006年,"西迁节"被列入首批国家级非物质文化遗产名录。

"西迁节"既是锡伯族民族的传统节日,也是中华各民族交流交往交融的重要节日。

三、西南地区举例：纳西族家谱

西南地区是我国少数民族聚居最多的地区,该地区家谱为多元一体中华民族的形成提供了珍贵资料,兹以纳西族家谱为例。

纳西族是一个有着悠久历史和灿烂文化的民族,据2010年人口普查统计,现有人口为326 295人,主要分布于滇、川、藏三省区交界的横断山脉地区,即云南省的丽江、宁蒗、永胜、中甸、德钦、鹤庆、剑川、兰坪、华坪、贡山,四川省的盐边、盐源、木里、巴塘、攀枝花,以及西藏自治区的芒康、察隅等县市,其中,云南省的丽江纳西族自治县聚居着三分之二以上的纳西族人口。

元朝以前的纳西族社会,基本上处于一种"酋寨星列,不相统摄"的状况,即较为集中统一的纳西民族及其政权尚未形成,可称之为纳西族发展史上的古代社会阶段。元代纳西族聚居地丽江路土官及地方行政区划的设置,在一定意义上标志着纳西民族的崛起。从1253年忽必烈平大理到清朝雍正元年(1723)"改土归流"的四百余年间,元、明、清三代中央王朝直接在纳西族地区推行封建土司制度。值得一提的是,明朝洪武十四年(1381),皇帝朱元璋遣傅友德、沐英等率军远征云南,丽江纳西族土司阿甲阿得于次年即"率众归顺",因而深得明王朝统治者的赏识,被钦赐以木姓。木氏的势力自此开始迅速壮大,云南丽江一带便成了纳西族社会、政治、经济、文化的中心。

木氏土司不仅在政治、经济上占据纳西族重要位置,而且在文化上也处于纳西族领先地位,以汉文书写的内容丰富的《木氏宦谱》就是其突出体现。

被称为《木氏宦谱》的,主要有三种版本。

第一种全名题为《玉龙山灵脚阳伯那木氏贤子孙大族宦谱》,明正德年间云南丽江土知府阿秋阿公尚未袭职时编撰,刊有明正德十一年(1516)永昌张志淳《木氏宦谱序》和明永历四年(1650)鹤庆梁之杰《木氏宦谱重叙》。第二种题为《木氏宦谱》,因各代世系配有画像,简称为《画谱》,刊有明嘉靖二十四年(1545)成都杨慎《木氏宦谱序》,及清道光二十一年(1841)南海陈钊锵《木氏宦谱后序》。第三种是题为《木氏历代宗谱》的碑谱,于清道光二十二年(1842)立在丽江东南的木氏祖茔山上。

以上三种《木氏宦谱》，体例内容基本一致，版本详略不一，各有侧重，但都透露了纳西族与其他民族相互融合的一些重要信息资料。

第一种全名题为《玉龙山灵脚阳伯那木氏贤子孙大族宦谱》的，告诉了我们这样一个故事，说"草羡里为"的弟兄因为乱伦，全被洪水淹没，只有"草羡里为"不乱伦而单独生存下来，并和天女"青挥蒲蒲"结婚，生三子，后来就分成三族，大儿是藏族祖先，老二是纳西族祖先，老三是白族祖先。在丽江地区也有类似的传说：藏、纳西、白族是三兄弟，大哥住土房，二哥住木房，老三住瓦房。"草羡里为"和"青挥蒲蒲"结婚生三子的传说，生动反映了纳西族、藏族、白族三族先民渊源相同、三族同祖的"兄弟"关系。

第二种称为《画谱》的，与《玉龙山灵脚阳伯那木氏贤子孙大族宦谱》最大的区别，就是简介历代世系时增加了许多画像，如《玉龙山灵脚阳伯那木氏贤子孙大族宦谱》刊载木氏家族世系到改土归流时的木德一代结束，《画谱》对木德如同先祖各代一样配有画像，而且木德之后五代皆配有画像。

在《画谱》里刊载了一个有趣的插曲，即木氏"第一代肇基始祖"，画的是一位穿红色袈裟，貌似喇嘛，叫作"蒙古爷爷"的，称他在宋徽宗时乘一香木顺金沙江东下，到丽江白沙上岸，五个木氏支系的村民共推他为首领。《画谱》从宋代开始，除始祖"蒙古爷爷"外，以下各代与《玉龙山灵脚阳伯那木氏贤子孙大族宦谱》完全一致。

这里就涉及木氏家族世系一个重要问题，即木氏家族的始祖是谁？首领是谁？《画谱》认定宋徽宗时乘一香木自金沙江东下的"蒙古爷爷"是木氏的"第一代肇基始祖"，是木氏的首领。《玉龙山灵脚阳伯那木氏贤子孙大族宦谱》则认为："人之初"传说中的第十二代"哥来秋"生四子，即束、叶、买、何，其中叶氏一支就是木氏先祖，木氏"始祖叶占年"，"传至唐武德时，祖叶占年凡七续传秋阳"，"秋阳"就是木氏家族第一世。究竟木氏始祖是宋代的"蒙古爷爷"，还是传说中的"叶占年"？其首领是"蒙古爷爷"，还是唐代的"秋阳"？这有待丽江木氏后人和丽江木氏研究者进一步研究考证，但《画谱》认定"蒙古爷爷"是木氏的"第一代肇基始祖"，有时间，有来历，有身份，有形象，不管最终是否认定其为丽江木氏的始祖、首领，个中却透露了纳西族历史文化发展中的重要信息，即纳西族先民不仅与西南地区的藏族、白族等少数民族先民有着渊源同祖的"兄弟"关系，而且与其他地区的少数民族如中国北方地区的蒙古族等也有着重要的民族往来和融合的关系。

第三种题为《木氏历代宗谱》的是石刻碑谱，简明扼要，脉系连贯，堪称纳西族历史的一个提要，从中为我们提供了纳西族汉化过程的许多重要信息。

《木氏历代宗谱》记载：明朝洪武十四年（1381），朱元璋遣傅友德、沐英等率军远征云南，丽江纳西族土司阿甲阿得于次年即"率众归顺"，因而深得明王朝统治者的赏识，被钦赐以木姓，此事对纳西族的汉化过程有着里程碑的意义。《木氏历代宗谱》有关"二十一世阿甲阿得"前后的记载有着明显的区别：一是二十一世前，木氏家族没有姓，历代世系由长房嫡传父子连名来反映，如二十一世前五代的名字为：阿琮阿良—阿良阿胡—阿胡阿烈—阿烈阿甲—阿甲阿得。而二十一世后，不仅保留了父子连名的文化习俗，而且有了姓与名，还有字与号。如二十一世阿甲阿得，讳木得，字自然，号恒忠；二十二世阿德阿初，讳木初，字启元，号如春；二十三世阿初阿土，讳木土，字养民；二十四世阿土阿地，讳木森，字生蒙，号大林，等等。二是二十一世前，族人去世后无坟墓，草葬玉龙山中，二十一世后，受汉人葬俗影响，棺椁殓尸，择吉日，测风水，入土安葬，并建"墓碑"，将其生殁年月以及孝男孝孙之名完整刻于碑上。对一个家族来说，族人"生"和"死"是家族中最重要的事情，《木氏历代宗谱》二十一世前后有关"生""死"记载的明显区别，反映了明初以后，中原先进的汉文化已加快渗入纳西族地区，促进了纳西族的汉化进程和纳西族地区社会、经济和文化的发展。

图1-8　云南丽江木府88岁木光老人介绍《木氏宦谱》（2016年11月）

上述三种纳西族《木氏宦谱》向我们揭示了：纳西族先民与西南地区的藏族、白族等少数民族先民有着渊源同祖的"兄弟"关系，且与其他地区的少数民族如中国北方地区的蒙古族等有着重要的民族往来和融合的关系；明初以后，中原先进的汉文化加快渗入纳西族地区，促进了纳西族的发展。这一切，一定程度上也代表了西南地区各少数民族互相融合以及与汉文化交融促进发展的历史文化进程。

四、中南东南地区举例：湖南土家族、苗族、侗族、瑶族家谱

中华民族历史上"你来我往、我来你往、我中有你、你中有我"的民族融合过程，湖南地区的土家族、苗族、侗族、瑶族家谱为我们提供了生动的画面。

湖南是一个多民族的省份，有汉、土家、苗、侗、瑶、白、回、壮、维吾尔等五十余个民族。少数民族中世居人口比较多的是土家、苗、侗、瑶族。据1990年统计，土家族有1 794 710人，苗族1 557 073人，侗族753 768人，瑶族458 581人。

土家族、苗族、侗族、瑶族为湖南少数民族中的土著民族，先秦以来即生活在湖南，分布比较广。其他少数民族则主要为外地迁入湖南。如白族为宋末元初自云南迁入，今多聚居于桑植县。回族、维吾尔族、蒙古族多为明初自北方随军迁入，今多聚居于常德、邵阳等市县。满族主要是清初自北方迁入。壮族多为自湘桂毗邻的广西宾州、贺县迁入，今多聚居于江华。畲族则为明末清初自福建、广东迁入，分布于湘东南汝城、桂东等县。

由于各少数民族只有语言没有文字，对本民族的历史往往通过口耳相传而缺乏文字记载。汉族史籍中虽有零星记载却不系统准确，往往以"三苗"或"苗""蛮"统称南方土著少数民族，如《左传》昭公元年"于是乎虞有三苗"，《韩非子》"三苗之不服者"等。"三苗"是其时南方土著部落的统称，并不一定专指湖南现今苗族。唐宋以后的史籍中才出现"莫徭""苗""土人""仡伶""峒""僮""蛮"等专门称呼少数民族的名称，如宋代朱辅《溪蛮丛笑》载："五溪蛮，皆盘瓠种也。聚落区分，名亦随异。沅其故壤、环四封而居者，今有五：曰苗，曰瑶，曰僚，曰僮，曰仡佬。风俗气习，大抵相似。"谭其骧先生在《近代湖南人中之蛮族血统》一文中，依据历史文献，将湖南地区的土著少数民族统称为"蛮族"（谭其骧《长水集》，人民出版社1987年版，第361—392页）。

民国或民国以前湖南少数民族族谱中，只有回族、维吾尔族、蒙古族并不讳言其非汉族，这主要是因为这些民族迁湘日短，其生活习惯、宗族信仰与汉民族都有很大差异，如族中只有礼拜堂而无宗祠，或名宗祠但不设神龛。一时未能完全与汉民族融为一体，且以占领军身份进驻湖南，政治地位自然较其他民族优越，因此也就无法且无必要攀附华夏名流。

而土家、苗、侗、瑶等少数民族则极为讳言土著，无不编造迁湘过程，由土著氏族转变为迁湘氏族。目前湖南所有土家、苗、侗、瑶、白、壮族等少数民族族谱没有一家坦言其为土著，无不称其辗转自江西等迁来。一般说来，湖南少数民族族谱援附中原华胄，伪造

始迁源流主要有两种形式。一为随大流,湖南绝大多数氏族之家谱都称明洪武间自江西迁来,故少数民族族谱也沿袭此说以求他族认同,这主要体现在湘西北土家族、白族族谱中。如1948年《桃源县志初稿·氏族志》中汉族、土家族氏族皆称明永乐二年(1404)自江西吉水拖船埠迁来。二为攀附荒远,自称唐宋间即已迁湘,再以"年湮代远,谱牒散佚"来掩饰,湘南、湘西、湘西南苗、侗、瑶族族谱多持是说。如1922年城步《杨氏通谱·源流总序》称:"居忠唐僖宗乾符元年甲午生,昭宗时奉命守邵州,有贼首贺大王作叛,公单骑擒之,以功封镇国大将军。光化元年戊午岁,家遭回禄,隋朝玉牒被焚。"《新晃蒲氏族谱》称:"先世豫章南昌府丰城县七里街朱氏巷马头寨,至晋洪隋公,为来楚始祖,由楚迁黔,至六龙山、米贡山,见其地山川秀丽,遂卜居于此。至元初添统公,授辰沅总镇,四子:子佳、子臣、子裕、子昆,同徙居晃州西晃山。因昔朝兵火,谱牒无存。"

　　20世纪80年代以来,随着改革开放及海外华人寻根问祖热的兴起,湖南民间族谱纂修活动得以恢复。由于少数民族地位的不断提高,在新修族谱中,少数民族都不讳言民族成分,甚至有一些汉族贪国家民族政策之利而自认为少数民族者。

图1-9　湖南湘西凤凰县城苗族妇女

　　湖南少数民族,无论是历史上编修的旧谱,还是近几十年来新修的家谱,其中都为我们提供了许多中华民族历史上"你来我往、我来你往、我中有你、你中有我"融合过程的实例。

土家族、苗族、侗族、瑶族家谱揭示：土家、苗、侗、瑶四族世代杂居，相互交错，相互交融。许多家族时土时苗时侗时瑶，或亦土亦苗亦侗亦瑶，或与汉族相互交错，相互交融。如渠阳（今靖县）黄氏，其谱称宋时与明、潘、姚、蒙诸姓一并自江西迁来，今靖县、城步等地黄氏为苗族，而分迁鄂西者又为侗族。新晃蒲氏为侗族，而由此分迁怀化者为瑶族，分迁武冈、邵阳者却又为汉族。隆回虎形山奉氏为瑶族，而同源的新化奉氏又是汉族。沅陵莲花池向氏为苗族，而由此分迁湘西、湘西北者多土家族，而迁武冈、新化、安化、邵阳者又为汉族。

湖南少数民族中，民族成分最为复杂者莫过于杨氏。杨氏至今人口数十万，散处湘、黔、滇、桂、川、渝六省（区、市），民族成分汉、侗、苗、瑶、土家、布依、水各族皆有，来源莫辨，皆祖杨再思。

湖南少数民族民族成分的转化不仅出现在少数民族与汉族之间，也同样出现在不同的少数民族之间。如湖南蒲氏以新晃居多，今新晃蒲氏为侗族。在今湖南湘西的怀化、辰溪、溆浦三县交界的罗子山一带居住着两万多瑶族同胞，人称"七姓瑶"：蒲、刘、丁、沈、石、陈、梁。其中蒲姓即自新晃迁来。七姓族谱皆称其原籍为江西吉安府。湖南邵阳、武冈二地至今也生活着大量汉族蒲姓，亦源于新晃蒲氏。

湖南少数民族成分混杂的原因大致有：

一是古代民族区分不细，文献中往往以"苗""蛮"统称湖南南方所有土著少数民族，以致历史上许多侗族、瑶族、土家族等资料都淹没在苗族史料中。许多南方土著少数民族都以"苗蛮"的身份出现，特别是苗、侗二族，由于长期杂处于湖南西南部，基本上难以区分。清人李宗昉《黔记》："洞苗在天柱、锦屏二属。择平坦近水地居之，种棉花为业。男子衣与汉人同。"（李宗昉《黔记》卷三，清无涯有涯斋抄本，第33页）这里所谓"侗家苗""杨保苗""洞苗"，实际上都是指侗族。

二是民国以后，不同族源的同姓民族之间随意联谱，相互援附。如2002年散居于湘、黔、川、渝、滇、桂等六省区市六十八县融合了汉、苗、侗、土家、瑶、布依、水等各民族的数十万杨姓纂修《杨再思氏族通志》。2012年，湘西、湘西北及鄂、黔26县"官府田""廪卡田""大庸田""麻阳田""保靖田""鹤城田"等联修《田氏族谱》，以田完三十五世孙如云公为始祖。

三是20世纪80年代新一轮的民族自治县、民族乡的划定中，一些地方不加鉴定将某一区域人口全部划为某一民族，人为造成少数民族成分扩大化。其结果是将该区域内不是少数民族的汉族划为了少数民族，同时也将该区域内其他少数民族统一划为了某一少数民族。

四是父母一方有一人为少数民族，子女也主动随着划归为该民族。这些都是造成当今少数民族成分混杂的重要原因（本节参考《中国少数民族家谱通论》书中寻霖《湖南的苗族族谱》、蒋江龙《湖南的侗族族谱》、杨佳《湖南瑶族的族谱》等文章资料编写）。

由上述蒙古族、锡伯族、纳西族、土家族、苗族、侗族、瑶族等家谱列举的大量史实告诉我们：中国的各族人民之间经历了很长时间的经济文化交流，不是几年、几十年，而是千百年。这样长久的相互交流，已经结成你中有我、我中有你难分难解的特殊关系，形成一个由56个民族组成的有机整体，也即命运共同体，这就是多元一体的中华民族。

综上所述，中国少数民族家谱类别多样，内容丰富，价值巨大，由55个少数民族和汉族共同创造的中国家谱文化宝库，是中华传统文化特有的历史文献。微观而言，家谱作为记载家族世系、人物、事迹的历史图籍，是家族的百科全书，是平民百姓珍贵的家族记忆档案。宏观而论，绵亘数千年的中国家谱文化贯穿了中华文明的发展史，称得上是整个中华民族的历史记忆档案。

由55个少数民族和汉族共同创造的中国家谱文化是中华民族优秀传统文化的重要组成部分。汉族家谱中主要是书本家谱，而少数民族家谱中，固然已有一定数量的书本家谱，但占重要分量的是原始形态的家谱。相对体例完整、内容丰富的书本家谱，少数民族中保存了大量的比较简单、粗糙、原始的记述家族世系的载体，如口传家谱、实物家谱、单页家谱、石碑家谱等，我们统称之为原始形态家谱。

下面，我们对口传家谱、实物家谱、单页家谱、石碑家谱等分章一一进行论述，这是本著作探讨的重点。

第二章　口耳相传的口传家谱

所谓口传家谱，就是心授口传流传下来的反映家族世系的家谱。在少数民族原始形态家谱类别中，口传家谱最为原始，最为古老，数量最多，分布最广。

我国古代典籍中，记载了文字产生以前时代的家族世系。如《山海经》记载的姜姓炎帝神农氏家谱："炎帝之妻、赤水之子听訞生炎居，炎居生节并，节并生戏器，戏器生祝融。祝融降处江水，生共工，共工生术器。……共工生后土，后土生噎鸣。"记载帝俊的家谱："帝俊生禺号，禺号生淫梁，淫梁生番禺，是始为舟；番禺生奚仲，奚仲生吉光，吉光是始以木为车。"（郭璞传《山海经》卷一八，明成化四年北京国子监刻本，第90页）

这些家谱首先通过世代口传心授流传下来成为口传家谱，然后才被文字记载下来。我国原始先民们的口传家谱的习俗在少数民族中保留得较为明显。

口传家谱的习俗在一些少数民族中一直流传和遗存到近代、现代和当代。近百年来特别是中华人民共和国建立后民族工作者在进行民族调查时，曾经在不少少数民族中，调查到他们世代流传下来的口传家谱。

据上海图书馆家谱文化课题组近十余年来赴各少数民族地区调研，当下，我国仍有蒙古族、哈萨克族、哈尼族、彝族、佤族、纳西族、怒族、羌族、傈僳族、白族、普米族、独龙族、景颇族、基诺族、拉祜族、布朗族、藏族、珞巴族、水族、侗族、苗族、畲族、高山族等二十余个少数民族至今保存、流行着口传家谱的文化习俗。

我们十余年来赴各少数民族地区调研原始形态家谱，搜集各种视频资料、图片资料和文字资料最多的就是口传家谱资料，如一一按族别举例加以介绍，势必会占去本著作很多篇幅，为此，根据少数民族口传家谱的形式和内涵，下面我们将口传家谱分为父系型口传家谱、母系型口传家谱和混合型口传家谱等几大类别来展开论述。

第一节 父系型口传家谱

少数民族留存至今的口传家谱中，父系型口传家谱数量最多，流传范围最广，甚至可以说，存世口传家谱中，绝大部分是父系型口传家谱。

父系型口传家谱是以男子为核心、按世系传承流传下来的口传家谱，是父系社会在血缘传承关系上的反映。

近几十年来，学界关于口传家谱一般都从连名的口传家谱角度进行探讨，但根据课题组十余年深入各少数民族地区调研，进行综合分析，认为口传家谱除连名的类别外，还有一些是非连名的口传家谱，更有一些则是受汉族家谱文化影响按字辈排行的口传家谱。

下面我们就将父系型口传家谱分为父系连名口传家谱、父系非连名口传家谱和父系字辈排行口传家谱分别进行论述。

一、父系连名口传家谱

父系连名口传家谱，就是口传时，将上一代男子名字的末一个或两个乃至三个音节，置于下一代男子名字之前，依次类推，口传家族世系传承。这种连名的形式，就像唐代著名诗人李白诗《白云歌送刘十六归山》中的连句："楚山秦山皆白云，白云处处长随君，长随君，君入楚山里……"（李白《唐翰林李白诗类编》卷一〇，明刻本，第6页）这种连句的形式，既可区分辈分，便于心授，易于记忆，更能朗朗上口流传。

我国西南地区的彝族人口达871万，普遍保留了连名口传家谱的文化习俗。据统计，彝族家谱数量达1 473种，占全国少数民族家谱总数的七分之一，其中绝大多数为父系连名口传家谱。

2016年11月18日，课题组访问云南楚雄彝族文化研究院，在院内从事研究工作的"毕摩"鲁成龙为我们背诵的父系连名口传家谱就很有代表性。

彝族文化研究院创设于1982年，是中国彝族文化的学术研究中心。"毕摩"为彝族文化的承继者和传播者，是彝族宗教祭司和高级知识分子，经常应邀参加彝族各种类型的礼仪活动，穿法衣，行法事，朗读各种经本，传承内容丰富的彝族文化，传承各家族的口传谱系。鲁成龙系彝族"罗罗颇毕摩"，先祖曾居四川西北，系阿皮玛罗的子孙，为楚雄市

图2-1 云南彝族"毕摩"鲁成龙背诵口传连名家谱

树苴乡依七么村鲁氏第13代"毕摩"传承人。鲁成龙"毕摩"应邀在自己开设的酒店门前草地上，内穿黑衣、外披毛皮斗篷，头戴法笠，手持法铃，非常流利地为课题组背诵了他自己家族的父系连名口传家谱，即楚雄市树苴乡依七么鲁氏宗族《家堂祖师经》。其口传谱系为（部分）：

阿皮玛罗—玛罗多伽……罗遮第—第墨呐—墨呐多—多者能—者能娘—娘峨眉—峨眉树—树铺哩—哩罗玛—罗玛迭—迭阿呐—阿呐兔—兔依伽—依伽奔—奔把腊—把腊谢—谢呙背—呙背提—提纹呢—纹呢嘎……共61代，鲁成龙为第62代。

在上述口传家谱中，将上一代男子名字的末一个音节（如第、多、娘、树、哩、兔等）或两个音节（墨呐、者能、峨眉、罗玛、阿呐等），置于下一代男子名字之前，按此规律，不断由上向下延伸世系。正因为有了这些连名，鲁成龙背诵本族家谱时，更加抑扬顿挫，朗朗上口。

普通的彝族成员也有着背诵父系连名口传家谱的文化习俗。2016年11月23日，课题组与云南宁蒗县文化系统干部共进午餐，席间谈到了少数民族口传家谱等问题，在座的县文管局局长张达峰脱口而说："我家也有口传连名家谱的。"于是，我们请张达峰在新盖的宁蒗县图书馆阅览室介绍自己家族的连名口传家谱。

张达峰说：他家是属于大小凉山的黑彝，姓瓦扎，他的彝名叫瓦扎马加，中华人民共和国成立初，瓦扎改为张姓，于是他起了个汉文姓名张达峰。瓦扎家族有70多代，他能背诵18代，说着，就流畅地背诵起来：瓦扎阿霍—阿霍俄足—俄足甘此—甘此阿醋—阿醋井都—井都阿成—阿成比你—比你思顶—思顶阿紫—阿紫工你—工你阿史—阿史伍都—伍都乌多—乌多拉玛—拉玛子迁—子迁伟农—伟农马加—马加子恩。其中17代"伟农马加"是张达峰本人，18代"马加子恩"是他的儿子。

张达峰背诵的上述父系连名口传家谱，是按上一代男子名字的末两个音节置于下一代男子名字之前的规律，由上向下不断延伸世系的。

张达峰介绍：自己从四五岁就开始学习背诵本家族的世系，凉山彝族男子都将背诵本族系谱作为立足于社会的基本条件之一，认为具备了这个条件就能在社会中获得许多方便。张达峰说："别人一听我们的始祖从'瓦扎'开始，就知道我们属于彝族哪一支了。""走遍氏族（家支）的地方，可以不带干粮，依靠氏族谱系，三代都平安。"口传家谱在彝族的社会生活中占有重要地位。

彝族有自己本民族的文字，因只掌握在少数"毕摩"和上层人士手中，因此用彝文编修的家谱只是少数，大多数是口耳相传的父子连名家谱。父子连名，原为古代羌人发明。作为古代羌人分衍出来的彝族，保存了这个文化习俗。《新唐书·南诏传》记载，彝族南诏统治者蒙氏家族世系是"王蒙氏，父子以名相属，自舍龙以来，有谱次可考"，其谱系为：舍龙—独逻—逻盛炎—炎阁（《新唐书》卷二二二上《南诏上》，中华书局2000年版，第4755页）。表明南诏统治者蒙氏家族实行的是父子连名的谱系。父子相连的家谱只记男性不记女性，也就是说，彝族家谱只在男子中传不在女子中传，如成年男子没有生育儿子，那这一支世系就要失传。

纳西族主要居住在云南丽江纳西县及邻近各县，他们也保存了父系连名家谱的文化习俗。2016年11月23日，上海图书馆课题组采访了纳西族和国伟，纳西族称他为"东巴"。和国伟66岁，他是40多岁从表哥那里学习背诵各种经文而成为纳西族的"东巴"的，也被称为"智者""活佛"，是纳西族的祭司和高级知识分子。

我们来到和国伟的家里，客厅的四周墙壁上，挂满了他本人创作的书法绘画作品，色彩鲜艳，和国伟还向我们展示了他在纳西族各种礼仪场合吟诵的诸多经本。

我们直奔主题，请和国伟在自己家里吟诵本家族的口传连名家谱。

和国伟吟诵本家族的口传连名家谱：尤老板读—板读板社—板社久吾—纳子兰—阿民次塔—阿民音勒—今土割补—伟刷伟高—伟高不茸—不茸伟日—伟日伟毛—伟毛伟楚—伟楚伟冒—伟冒伟高—伟高伟志—伟志伟安—伟安伟和—和国伟。到和国伟，共计18代。

和国伟背诵的上述父系连名口传家谱，基本上也是按上一代男子名字的末两个音节置于下一代男子名字之前的规律，由上向下不断延伸世系的，但中间有几代没有按此连名规律延伸。

和国伟滚瓜烂熟背诵自己家族的谱系，他对纳西民族文化的执着，给我们留下了深刻的印象。和国伟讲述，当今在玉龙县十多万纳西族人中，约仍有十个"东巴"，他每年参加各种祭祀礼仪活动达二三十场。

图2-2 纳西族"东巴"和国伟吟诵口传连名家谱

我国少数民族人口最少的是珞巴族，据2010年统计，仅有3 682人。2017年7月，课题组成员赴西藏米林县采访珞巴族时，发现他们也保留了父系连名口传家谱的文化习俗。我们在米林县政府职工之家采访了林勇。珞巴族有很多部

图2-3 西藏珞巴族文化传人林勇

落，珞巴名炅尼·加勇，生于1974年。1987年林勇考上内地西藏班，在湖南岳阳第一中学和河南开封第二师范读书，历时7年。回藏后林勇曾担任米林镇副镇长、县民宗局副局长，现为县旅游局的主任科员。林勇能歌善舞，是珞巴族的代表人物。林勇直言，珞巴族没有文字，所以家家户户只能通过口传把家谱延续下去。家谱的重要功能可以区分不同的部族，防止近亲结婚。林勇背诵了自己的10代父子连名家谱：第一代阿多·邀果，第二代邀果·固炅、邀果·固丁、邀果·固东、邀果·固蒙，第三代固炅·炅尼、固炅·炅约、固炅·炅波、固炅·炅坚，第四代炅尼·尼南、炅尼·尼玛，第五代尼南·南波，第六代南波·巴波，第七代炅尼·波吉，第八代炅尼·吉加，第九代炅尼·加勇（林勇）、炅尼·加东，第十代炅尼·勇聪（林勇的儿子）、炅尼·勇勇（林勇的

儿子）、炅尼·勇欣（林勇的女儿）。

米林县南伊珞巴民族乡才召村副村长达隆西（藏名扎西）介绍："我们珞巴族虽然没有文字，但从我们的族姓来说，我们都能背诵祖祖辈辈的家谱，我就可以背诵自己家族的7代家谱：第一代阿多吉那，第二代吉那那各，第三代那各各东，第四代各东东娘，第五代东娘娘玛，第六代娘玛玛西，第七代玛西西林，我是第七代。"

由上可知，珞巴族的连名口传家谱，基本上也是将上一代男子名字的末一个或两个音节置于下一代男子名字之前，依次类推，口传家族世系传承。可贵的是，与彝族、纳西族的连名口传家谱不同，珞巴族口传代际世系时，不是代际口传单传，而是将同辈分的兄弟姐妹同时口传延伸，这是十分珍贵的。过去学界论述少数民族口传家谱时，尚未涉及珞巴族。这次上海图书馆课题组赴各少数民族地区调研，首次发现中国少数民族人口最少的珞巴族，仍保存、流传着颇具特色的父系连名口传家谱的习俗，从而丰富了中国少数民族口传家谱资料的宝库。

苗族是我国少数民族中人口较多的一个民族，据2010年统计，人口达942万，主要分布在贵州、云南、四川、广西、湖北、湖南等地区。苗族保留了父系连名口传家谱的习俗，贵州苗族的子父两代连名家谱称得上是苗族口传家谱的代表。

2019年3月22日，上海图书馆课题组赴贵州凯里学院，与凯里学院教师李斌、顾永昌等进行交流。与会老师为贵州清水江区域的民族情况和存世家谱提供了若干线索。退休教师苗族顾永昌教授，1933年生，1958年贵州师范学院历史系毕业，是苗族顾氏的第一位大学生。毕业后，任教凯里学院历史系。1979年至1980年至上海师大参加党史培训，后在凯里学院政治系任教党史课程。座谈会上，顾老师介绍了本人10多年来调研整理顾氏家族资料的有关情况，并当场流利地背诵了本家族的子父口传连名家谱，其连名家谱是在14代字辈的基础上形成的。我们当场请顾老师写下来。14代字辈：

1. 邦→2. 松→3. 板→4. 你→5. 雄→6. 迪→7. 当→8. 佼→9. 雄→10. 模→11. 佼→12. 者→13. 讲→14. 福。其中福是顾本人，为第14代。

其口传连名家谱为：

福讲—讲者—者佼—佼模—模雄—雄佼—佼当—当迪—迪雄—雄你—你板—板松—松邦—邦迪。

由上述顾老师背诵的家谱可看出：其14代字辈是按由远（家族始迁祖）到近（背诵者本人）、由上到下的顺推次序进行背诵的，而口传14代的名字则是按由近到远、由下到上的逆推次序进行背诵的，而且每一代名字两个字按先子后父的次序进行背诵，这样便于记忆与流传。因此,顾老师的口传家谱可称为子父逆推连名口传家谱。在调研苗族口传家谱时,我们发现很多苗族家谱按此规则进行口传。

顾老师还介绍:自己十多岁时,由大伯父向其传承口传连名谱,一直牢记到今天。

图2-4 顾永昌(右)背诵14代字辈和子父逆推连名口传家谱

2019年3月23日,课题组赴贵州台江县反排苗寨调研。反排苗寨,苗语称为"方白",意为"住在高山上的村寨",位于雷公山麓,地处贵州台江县城东南面,距县城26千米。反排苗寨有413户2 009人、10个村民组,是全国第一批入选中国传统村落的苗族古村落,拥有木鼓舞艺术之乡的称号。村里节庆达上百个之多,最具特色的是二月二敬桥节、苗族鼓藏节和苗年节。

我们采访的唐卿,男,苗族,贵州台江县反排苗寨人,1989年生,2014年贵州民大艺术系毕业,现为台江报效小学老师,已婚。

在唐家屋后的空地上,赫然立有一块碑谱《酉家家谱碑》,高约二米,宽一米,列有酉家家族世系共19代,是2018年春节立的碑。唐卿苗名往,列其中第18代;子沙,为第19代。谱碑无女性族人。

我们当场考唐卿:你能背几代?唐卿当即背:沙—往—偶—但—报—捏—古,再上去就忘记了。他又说:最初几代:生—偶—匠—酉—雅……也能背,但中间的忘记了。

为何将世系刻在石碑上?唐卿认为,如此可令世系更为清晰,便于后代记忆和背诵。

村里年轻人口传家谱传承情况如何?唐卿说:家族中并未强求族人背诵。年轻人一般都能背四五代。这里年轻人能背诵的情况明显高于城市,这与反排苗寨环境封闭、民风淳厚显然有关。

听说唐卿爷爷辈银雷是反排的"巫师",又称"鬼师",即反排苗寨的祭司,于是我们就赶往巫师所在村庄进行采访。

银雷是苗名,汉名杨通祥,自称已83岁(身份证为1940年出生),精神很好,现居贵州省台江县方召乡反排村。今天是苗族斗牛的节日,银雷作为"巫师"到现场祈祷斗牛顺利进行。

我们表明来意后,银雷介绍,他的家族已有三千多年历史了,经历了一百多代。说着,他当场熟练地将口传家谱背了下来,计38代。我们请陪同采访的贵州民族大学苗族研究生李玲记录并协助我们进行整理,系"子父两代顺推口传家谱":

1. 搭公→2. 盖搭→3. 酉盖→4. 络酉→5. 古络→6. 香古→7. 榜香→8. 鲁榜→9. 各鲁→10. 依各→11. 龙依→12. 里龙→13. 机里→14. 刚机→15. 竹刚→16. 你竹→17. 贡你→18. 往贡→19. 你往→20. 保你→21. 依保→22. 果依→23. 翡果→24. 埔翡→25. 教埔→26. 度教→27. 五度→28. 竹五→29. 络竹→30. 香络→31. 仰香→32. 度仰→33. 荣度→34. 雷荣(杨通祥父)→35. 银雷(杨通祥的本名)→36. 里银(杨通祥子)→37. 九里(杨通祥孙)→38. 往九(杨通祥曾孙)。

银雷说:"家谱口授心记是从父亲那里学来的。"7岁时,其父就要他背家谱,一直牢

图2-5 采访贵州台江县反排苗寨巫师杨通祥(左)

记到今天。苗家口传家谱平时一般不背，到兄弟分家时，就请他出场背家谱，使分家兄弟能记住自己的老祖宗。村中红白喜事、新屋上樑、占卜凶顺等也都要请他到场念经，保佑诸事顺利。

他说，"巫师"是世袭的，自己祖上从度教（口传家谱世系中第26代祖先）开始从事"巫师"这一工作，到他已10代了。我们问："你已83岁了，准备传给谁?"他说，儿子在贵阳工作，已将百分之八十传给儿子了。

从上述苗族口传家谱举例可以看出，苗族口传家谱，总的是属于父系连名口传家谱范畴，但有其明显特点：

一是苗族口传连名家谱有些是在字辈排行基础上进行连名的，每一代一个字，依字序排列世系。如凯里学院顾永昌老师口传家谱的世系字辈就是：邦—松—板—你—雄—迪—当—佼—雄—模—佼—者—讲—福。按此字辈连名口传各代姓名。反排苗寨唐家屋后的空地上立的碑谱《西家家谱碑》，列有西家家族世系共19代，也仅是列的19个辈分字体，至于每一个字辈具体姓名没有展开记载。

二是苗族口传家谱按"子父两代"次序延伸各代姓名。仍以顾永昌老师为例，其口传世系姓名为："福讲—讲者—者佼—佼模"。顾老师为第14代，字辈为福字辈，其在口传家谱中姓名为"福讲"，"福"是本人，"讲"是父辈，姓名由子父两代字辈组成。其父名"讲者"，"讲"是父字辈，"者"是祖父字辈，姓名也由子父两代字辈组成。等等。

三是苗族口传家谱口传次序有两种：一是顺推，所谓顺推，口传世系次序由远至近，由上至下，由口传先祖到口传者本人。如反排苗寨银雷背诵其家族38代世系，其先祖"搭公"为第一代，到银雷为第35代，属"子父两代顺推连名口传家谱"。一是逆推，所谓逆推，正相反，口传世系次序由近至远，由下至上，如顾永昌老师口传谱系为：福讲—讲者—者佼—佼模—模雄—雄佼—佼当—当迪—迪雄—雄你—你板—板松—松邦—邦迪。"福讲"是顾老师本人，"邦迪"是其先祖，是由近及远，由下至上，该谱系属"子父两代逆推连名口传家谱"。

佤族是西南地区的重要少数民族，据2010年统计，人口达429 709人，主要分布在云南省西南部白沧源和西盟地区。佤族没有文字，但几乎家家都有家谱，从前，几乎人人会背家谱。西盟佤族说："地可以荒，水酒可以不泡，祖宗不能忘。"口耳相传的家谱，反映和记载着佤族各个不同姓氏家族谱系的重要历史信息。

中华人民共和国建立初期，对西南少数民族的调查发现，佤族就保留这样一种特殊的口传家谱。佤族在背家谱时总是从自己或自己的儿子开始往上逆推，即在儿子名字后面加上父名,如此为一代。而后再用父名加上祖父名又为一代,如此依序推至始祖。如"散比里、比里松",是一个家谱中的两代。"散比里"标明着散是比里的儿子,"比里松"标明比里是松的儿子。两代相连虽然仅指散与比里两人,但它却标明着三代人的辈分,即儿子、父亲和祖父。

佤族文化名人隋嘎称得上是佤族口传家谱的代表人物。隋嘎原是(中华人民共和国成立前)西盟佤山打洛部落头人的儿子,中华人民共和国成立后当过西盟佤族自治县县长、县政协主席,同时是佤族有名的民间故事家、民间佤文化专家。他从小爱好历史、文化,又总跟着父亲,所以能跟父背85代族谱,他的哥哥们就只能背二十多代。

隋嘎的父亲虽能背85代族谱,但在其父时,有些地方并未完全确定。隋嘎当县政协主席时,在不少政协委员中进一步调查,又曾到中科、埂妥、耿马等地访问不少老人,对他的族谱有了进一步认识。2004年上半年,隋嘎与其兄弟一起到缅甸佤邦总部及岩城一带作了访问调查,终于比较彻底、全面、准确地弄懂了整个族谱。

西盟佤族隋嘎口传家谱就属"子父两代逆推连名口传家谱"。佤族的家谱、族谱子父连名,而且逆推反连,从现在一直背回到司岗里。隋嘎现在的族谱,如果从他孙子隋盟磊开始,刚好有整整100代,即隋盟磊(100)、磊巩(99)、巩嘎(98)、嘎垮(97)、垮堪(96)、堪布勒(95)、布勒捆(94)、捆耍(93)、耍木朗(92)、木朗写(91)、写莱(90)、莱港(89)、港格朗(88)、格朗嘎词(87)、嘎词赛(86)、赛木络(85)、木络家(84)、家章(83)、章勒(82)、勒歪(81)、歪拥(80)、拥抢(79)、抢猜(78)、猜安(77)、安谢(76)、谢来(75)、来三(74)、三江(73)、江窝(72)、窝澳(71)、澳黄(70)、黄莫(69)、莫折(68)、折克里亚(67)、克里亚克伦(66)、克伦埂(65)、埂妥(64)、妥腊(63)、腊图(62)、图棉(61)、棉兰(60)、兰甩(59)、甩日岩(58)、日岩纲目(57)、纲目若(56)、若方(55)、方董(54)、董刘(53)、刘洼(52)、洼案(51)、案给牙(50)、给牙克(49)、克西(48)、西陪(47)、陪克伦(46)、克伦工(45)、工夸(44)、夸莫伟(43)、莫伟捷莱(42)、捷莱苦呵(41)、苦呵佣(40)、拥瓦(39)、瓦冬(38)、冬格(37)、格刀(36)、刀腊(35)、腊秧(34)、秧高(33)、高香(32)、香地亚(31)、地亚赖(30)、赖克露(29)、克露麦(28)、麦荣(27)、荣克也(26)、克也昆(25)、昆明(24)、明板(23)、板仆喂(22)、仆喂宇(21)、宇路(20)、路按(19)、按墨(18)、墨永(17)、永且(16)、且你(15)、你能(14)、能当(13)、当特旺(12)、特旺锡(11)、锡哥拉(10)、哥拉改(9)、改光(8)、光讷(7)、讷俄(6)、俄三(5)、三木络(4)、络佤(3)、佤岗(2)、岗里(1)[以上佤族隋嘎能背100代族谱的资料见毕登程、隋嘎《由隋嘎的族谱看西盟佤族进入父系社会的时间》(《思茅师范高等专科学校学报》2007年第1期)]。

2017年4月12日，课题组一行来到云南普洱市。曾与普洱市图书馆馆长（彝）李光泽和西盟县图书馆馆长李有兰等商量能否采访隋嘎？因隋嘎年事已高等因，未能成行。于是第二天在李有兰馆长安排下，我们采访了隋嘎的弟弟岩兵。

来到岩兵客厅，我们被墙上挂满的各种笛类乐器吸引住了，大约数一下，有百件之多。正如岩兵学生赠送的匾上所指出：一个人就是一座博物馆。

岩兵穿着佤族服装，坐在沙发上接受我们采访。岩兵先介绍了自己的简历：

1946年10月1日出生在西盟县力所乡土地村打洛老寨。1958年进入缅甸。1963年自缅甸回国，主要帮哥哥隋嘎家照顾小孩。1966年开始读书，读了3年，到1969年，因父亲是头人，属"文化大革命"中九类人，就辍学回家当农民。1972年开始任民办小学老师。1975年进师范学校读书，2年后回乡任小学教师。1981年到文化馆从事群众文化工作，直至2003年退休。期间曾到北京、上海等地和泰国、新加坡等国演出吹奏乐器，并制作光盘出售。岩兵60岁时，成为佤族的"东巴"。

岩兵说自己的哥哥隋嘎能背很多代。本人因母亲去世早，主要是由叔父教育而能背自己家谱，能背16代，也是逆推上连。

图2-6 云南西盟佤族文化名人岩兵

西盟佤族的家谱、族谱是子父连名，所以一般公认，从司岗开始，西盟佤族就进入了父系氏族。佤族保留逆推反连口传家谱的习俗与他们同族不能结婚的族规有密切关系。

佤族男女相亲,要背自家的家谱,从本人算起,一代一代往上延伸,追溯到最老的始祖。如果老祖宗是同一人,则不能结婚;如果老祖宗不是同一人,就可以结婚。

二、父系非连名口传家谱

所谓父系非连名口传家谱,是指其家族男子世系各代名字之间不是按照连名的规则而传承下来的口传家谱。父系非连名口传家谱又可分为两大类别,一是家族男子世系各代的名字由两个以上的单字构成而传承下来的口传家谱,一是家族男子世系各代的名字按单字即按字辈排行而传承下来的口传家谱。

先说家族男子世系各代的名字由两个以上的单字构成而传承下来的口传家谱。

蒙古族有着编修家谱的优良传统。蒙古人在有文字以前,就有"世系事迹、口相传述"的习俗。蒙古族早期的原始家谱就是父系非连名口传家谱。

公元14世纪的蒙古史著作《史集》一书,记载了古代蒙古人中口传家谱的习惯:"蒙古人有保存祖先的系谱、教导出生的每一个孩子[知道]系谱的习惯。这样他们将有关系谱的话语做成氏族(millat)的财产,因此他们中间没有人不知道自己的部落(qabīeh)和起源。"(拉斯特《史集》第1卷第2分册第一编《成吉思汗列祖纪》,商务印书馆1983年版,第11页)

在蒙古文字创立仅仅几十年后所形成的《蒙古秘史》一书中,开门见山叙述了成吉思汗以前的二十多代世系:"当初元朝的人祖,是天生一个苍色的狼,与一个惨白色的鹿相配了。……产了一个人名字唤作巴塔赤罕。巴塔赤罕生的子,名塔马察。塔马察生的子,名豁里察儿篾儿干。豁里察儿篾儿干生的子,名阿兀站孛罗温。阿兀站孛罗温生的子,名撒里合察兀。撒里合察兀生的子,名也客你敦。也客你敦生的子,名挦锁赤。挦锁赤生的子,名合儿出。合儿出生的子,名孛儿只吉歹篾儿干。……他生的子名脱罗豁真伯颜。……脱罗豁真生二子,一个名都蛙锁豁儿,一个名朵奔篾儿干。……朵奔篾儿干死了后,他的妻阿阑豁阿又生了三个孩儿。一个名不忽合答吉,一个名不合秃撒只,一个名孛端察儿。……孛端察儿又娶了妻,生了个儿子,名把林失亦剌秃合必赤。……合必赤的子,名篾年土敦。篾年土敦生子七人。一名合赤曲鲁。……合赤曲鲁的子,名海都。……海都生三子。一名伯升豁儿多申。……伯升豁儿多申生了一子,名屯必乃薛禅。……屯必乃薛禅生二子。一名合不合罕。……合不生七子,一名翰勤巴儿合,一名把儿坛把阿秃儿。……把儿坛把阿秃儿生四子。……一名也速该把阿秃儿。……那时也速该把阿秃儿的妻诃额仑正怀孕,于斡难河边迭里温孛答山下生子太祖。……故就名

帖木真。"(《蒙古秘史校勘本》,内蒙古人民出版社1980年版,第913—930页)

蒙古人在没有文字的情况下能记下这连续二十三代、长达六七百年的家族谱系,可见口传家谱在古代蒙古人中的流行程度。蒙古人代际延伸的口传名字是无规则的,属父系非连名的口传家谱,而且是属于世系各代的名字由两个以上的单字构成而传承下来的口传家谱。

自古以来,生活在中亚、哈萨克草原和蒙古高原的哈萨克族先民,"追水草而居",创造出了独特的生活方式和别具一格的文化模式,即"游牧生活""草原文化"和"系谱文化"。

系谱是记载哈萨克部落和部族历史的最主要的载体。由两百多个部落和部族组成的哈萨克族,每个部落和部族都有自己的系谱和系谱传记人。记录、保存系谱的人尊称为"xejirexi(谢吉列西)",即系谱传记人。为了便于记忆,系谱传记人往往把所有系谱改编成诗歌体,能够口头背诵。

给子女传授前辈的系谱是哈萨克人父母应尽的义务。一般情况下,每个哈萨克人都能说出自己7代祖先的名字。能背诵7代以上祖先名字的人被认为是聪明人,受到人们的尊重。只有父母早逝的人才不知其祖先的名字。所以哈萨克有句谚语:"不知7代祖先的名字的人是孤儿。"哈萨克的"系谱文化"也是属于世系各代的名字由两个以上的单字构成而传承下来的口传家谱。

2019年8月21日,课题组采访了新疆维吾尔自治区民宗委古籍办公室副主任胡安。胡安全名胡安德克·阿布旦拜,其中胡安德克是他的名字,意思是高兴,阿布旦拜是胡安父亲的名字。胡安本人出生于当地的文化世家,与很多哈萨克族的文化名人有联系。

胡安介绍:

哈萨克族在很长一段时间中只有语言没有文字,直到20世纪80年代才根据阿拉伯文创造了哈萨克文,所以家谱以及许多哈萨克的民间文学都是靠口传来延续的。每个部落都有专门背诵家谱的人。

在哈萨克族的传统中,背诵世系是一件很常见的事情,成为家庭教育的一部分。哈萨克族的小孩三四岁的时候,他们的父母就开始教子女背诵家族世系,为巩固记忆,父母会随时抽查,如全家吃饭时,父亲会忽然提问:"我们家是哪个部落?从哪里来的?我们的世系如何背诵?"要求子女作答,所以一般的哈萨克人在他们五六岁时便可以背诵至少7代世系。

哈萨克孩童会在五岁或七岁这样的单数岁时进行割礼,割礼会邀请亲朋好友一起观摩,割礼前哈萨克的孩童要背诵自己的家族世系,而后由亲朋好友们送上祝福与礼物,鼓励他勇敢。

哈萨克族男女结婚前,也需要背诵自己家的7代世系,以核对是否是近亲。在哈萨克族的道德观念中,7代之内属于近亲,是不可以结婚的,如果强行结婚,就会被视为道德不端,受到家族成员的歧视。正式婚礼上,背诵家谱也是重要的一环,新郎新娘一般会邀请各自家族的小娃娃背诵7代家谱,向来宾们证明他们的婚姻是正当的。

采访最后,我们请胡安背诵自己的家谱。他的家族属于哈萨克族克列部贾恩塔开氏族,他的父亲经常教他背诵家族的一百代世系,胡安小时候可以背出其中的五十代,如今虽时日已久,但胡安仍然可以背诵十多代世系:加恩塔开—萨曼别特—叶萨哈斯—巴依别特—别根—贾尼别克—苏依尔胡勒—吾特克勒拜—哈尔斯拜—巴加依—哈布丁—阿布旦拜,共十二代。其中阿布旦拜即胡安的父亲。

图2-7　胡安德克背诵口传家谱

经过胡安的联络,课题组与阿勒泰地区福海县统战部门取得了联系,8月25日采访了福海县当地的非物质文化遗产传承人——哈孜木·阿勒曼。

哈孜木自称是1926年出生(身份证登记是1932年),他的父亲是一位宗教人士,十分重视子女的文化教育。哈孜木的父亲不但邀请熟习文化的好友教授哈孜木知识,还在哈孜木稍大后,送哈孜木上了小学,哈孜木在学习中渐渐展露了他过耳不忘的天赋。

20世纪40年代,当时的新疆处在军阀盛世才

图2-8　哈萨克族非物质文化遗产传承人哈孜木

的控制下,抗日战争已经爆发,新疆地区战乱迭起。尽管处于战争环境,但人们的生活还是要继续。每逢婚庆、节假日,都要请当地的文化名人阔克水根·卡廷或是波客依·加哈什演唱哈萨克族的口述诗歌。哈孜木因为有过耳不忘的能力,两位名人每唱一首,他便能记住一首。他就是在这样的氛围下,顶着战争的烽火,一点一点通过这两个文化名人继承了哈萨克的口传诗篇。

哈孜木向我们简要介绍了他的经历后,介绍了哈萨克族的口述诗歌。诗歌主要分为两种,一种叫黑撒,是叙事长诗;一种叫达斯特,是为叙事短诗。这些诗歌据哈孜木说最早出现在12世纪,并在14世纪广为流传。这是因为哈萨克族最早是没有文字的,记事全靠口述,于是这种诗歌就以口头传承的方式传承至今。

随后,哈孜木给我们背诵了一段关于阿勒泰历史的黑撒节选。据陪同翻译的福海县教育局干部,也是替哈孜木申报非遗的扎曼别克补充说,当时为了抢救非物质文化遗产,中国社科院曾经派人来找哈孜木,记录他背诵的口传文献。工作小组请哈孜木每天背诵8小时,结果哈孜木连续背诵了29天,还没有将他所记的诗篇背完。新疆人民出版社曾经整理出版了《哈孜木演唱精髓》一书,共一套四册。

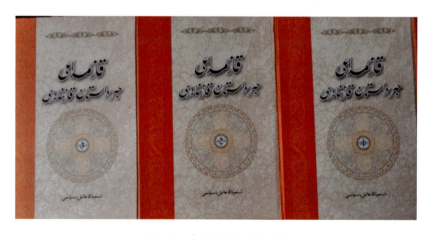

图 2-9 《哈孜木演唱精髓》

最后,我们请哈孜木背诵他自己的家谱,哈孜木背诵道:"坚铁克依—拜杰格提—别克艾达尔—冲阿勒—伙加汗—阿勒曼—马勒格热颜。"这一共是7代人,其中,马勒格热颜是哈孜木的父亲,阿勒曼是哈孜木的爷爷。我们请老人再背一些,老人说背7代就可以了,不用再多了。

哈萨克族人能背诵7代口传家谱的习俗是很普遍的。

如2018年9月20日，课题组成员来到新疆木垒县统计局退休干部哈萨克族朋友毛凯家，毛凯展示了近年参与编写的哈萨克文书本家谱。这本家谱记载了他们扩尼萨达克（匡斯达）家族两百多年前从阿勒泰搬迁至木垒县后14代人的繁衍状况。当问起民间是否有人会背诵家谱时，毛凯说他小时候父亲就教他背家谱，所以他会背诵7代：毛凯—巴特雷林—沙迪克—合木然—塔尼克—阿特巴拜—沙皮。课题组成员采访毛凯结束后，在返回宾馆的公交车上遇到了一位哈萨克族老人。经过简单的交谈，老人说他就可以背诵自己祖上7代的家谱，手机中还存有一些祖先画像的照片。二人的交谈引起了周围乘客的注意，乘客们纷纷表示自己可以背诵自己的7代家谱，其中还包括一名20多岁的哈萨克族青年，足见哈萨克族人能背7代口传家谱的习俗在当地的广泛性。

又如2019年6月18日，为了做好赴新疆调研准备工作，我们邀请原在新疆民宗委古籍办工作、现为上海市民宗委民族一处副处长的阿扎提（哈萨克族）来上海图书馆，向其咨询有关信息。交谈中，我们问他："既然哈萨克族每个人都能背诵祖上口传家谱，那阿扎提先生，你是不是可以背诵一下你的家谱？"阿扎提稍微推辞一番，就背诵了几代。我们又请阿扎提把他的家谱写在纸上，方便我们记录。于是阿扎提就将他家族的9代人的姓名写了下来：杜斯海—阿吾尔—哈尔什哈—蒙克—波力铁克—多萨拜—努尔吾拉—依佐拉—阿扎提，除去他自己，共8代，比一般人家能背的还多了一代。阿扎提在背诵前几代时十分流利，但是到最后两代，似乎有些记不太清了。其口中念念有词，不一会儿，最后两代人的名字也想起来了。阿扎提背诵的也是自上而下的父系非连名口传家谱。

图2-10　在上海图书馆采访阿扎提（左）

由上述四段举例可以看出，哈萨克族至今普遍保留了背诵7代口传家谱的文化习俗，其世系各代名字之间文字是无规则的传承流传，属世系各代的名字由两个以上的单字构成而传承下来的非连名口传家谱。其中，胡克、哈孜木、阿扎提的口传家谱为自上而下的非连名顺推口传家谱，而毛凯的口传家谱为自下而上的非连名逆推口传家谱。

以上主要介绍的是家族男子世系各代的名字由两个以上的单字构成而传承下来的口传家谱，下面我们介绍的是家族男子世系各代的名字按单字即按字辈排行而传承下来的口传家谱。

如佤族既保留了父系连名口传家谱的习俗，如上节《父系连名口传家谱》中举的例子，也有父系非连名口传家谱，且是按单字即按字辈排行而传承下来的口传家谱。

2017年4月13日，课题组采访了云南西盟佤族勐卡镇娜妥坝村非遗历史文化传承人岩聪。岩聪是佤族的"巴猜"（祭司、智者，佤族最有文化的人），中等个子，赤着脚，脸色红通，下颚留一束花白胡须。他穿一身玄色服装，头上包扎一块黑布，颈上戴一个银圈和一个装饰有牛头的挂件，据岩聪自己介绍，这是作为"巴猜"的一个象征。

岩聪在墙四周挂满各种音乐器材的房间内接待我们。岩聪是个能人，墙上挂的锣、鼓、笛、琴等76件乐器，均为他本人制作。岩聪坐在沙发上，首先为我们演奏了7种乐器。名目多样的演奏，时而高昂，时而低沉，时而婉约，时而细腻，让我们领略了丰富多彩、内容深厚的佤族历史文化。作为多才多艺的佤族文化传承人，岩聪不仅自己演奏，还培养了不少学生，有的考取了北京的研究生。

岩聪介绍了自己家族的情况。他的爷爷是佤族的头人，在马撒一带管理7个村寨。我们请他背自己的家谱。

岩聪非常流畅地背诵了自己的家谱：付、聪、章、松、肯、乐、相、雷、车、听、朋、盖、平、克、克勒、捏娘、生、吹、冷、很、配、额、司感、司岗、里……共29代。其中"章"是他父亲，属第27代；"聪"是他本人，属第28代；"付"是他的儿子，属第29代。以上谱系是由岩聪背诵，请当地文化站的同志据读音记录下来的。

由上述谱系可知，岩聪背诵的是非连名口传家谱，是按单字即按字辈排行而传承下来的口传家谱。岩聪背诵时，从本人算起，一代一代往上延伸，追溯到最老的始祖，因此也属于逆推类型的口传家谱。

岩聪告诉我们，他是1960年出生的，到5岁的时候，他爸爸"章"就开始教他背家谱，不断背诵，家族世系就一直印在脑子里。

岩聪介绍：佤族十分重视家族世系的传承，佤族没有文字，有自己的语言，几乎每个

图2-11　岩聪吹奏自己创制的乐器"得"

家庭都会背诵自己的家族世系。

　　上述岩聪背诵的是家族男子按单字即按字辈排行的口传家谱,世系各代的单名名字之间即字辈排行仅是发音的不同,字辈排行的文字之间不存在文义联系。后来随着汉族家谱文化影响不断深入少数民族地区,汉族家谱中带有一定文义的字辈排行的修谱方法也被吸收进了少数民族家谱。汉族带有一定文义的字辈排行主要以文字记载在书本家谱里,但到了少数民族地区,有些少数民族的书本家谱,如同汉族家谱一样,将带有一定文义的字辈排行的方法记载在家族中;另一方面,有一定文义的字辈排行的方法也融入口传家谱里面。

　　上海图书馆课题组在调研中发现,西南地区的水族、侗族、羌族、藏族等都保留有男子世系各代的名字是按一定文义的字辈排行而传承下来的口传家谱。其文义,大致包含安邦治国、荣宗耀祖、尊祖敬宗、家道隆起、修身养性等涵义,或四字,或五字,或七字。

　　2016年1月27日午后,课题组成员在贵州省剑河县南加镇潘先文家见到了水族《潘氏族谱》。此谱共7册,问世于民国二十二年,记录了潘姓55代人的传承关系。族谱目录有圣谕、治家格言、祭祀礼仪、家规、宗谱集记等。此谱将宋朝潘仁美奉为先祖,祖辈从河南荥阳迁至山东,后迁湖南,再迁贵州。潘先文介绍,他们水族各个家庭非常重视家族的传承关系,所以多数人会背诵家族的字辈排行,他随即背诵并写下了字辈表:"应治友顺俊,朝廷文武光。世大开宗显,承先启明良。泰和多言吉,金义广兴昌。汉德生贤达,周康毓瑞祥。华国英才盛,铭勋祖泽长。"潘先文为字辈第17代。

2016年1月29日，课题组成员采访贵州省黎平县平架村侗族文化传人杨昌奇，杨说侗族有记背家族辈分的习惯，应课题组要求，杨昌奇来到当地鼓楼，我们用摄像机记录了杨昌奇背诵字辈谱。57岁的杨昌奇非常流畅地背诵了杨姓14代字辈谱，杨说有两个版本：士永通光昌胜秀，文章华国少书香；另一是：再正通光昌胜秀，文章华国永清隆。当时鼓楼里坐满了人，看到我们的采访，纷纷表示他们也会背字辈谱并且跃跃欲试，于是我们就请了其中3位来背诵。吴学良（58岁）背吴姓7代谱：锦宗仕学通光芝。石开运背石姓10代谱：光成含玉美，世德永明昌。龙万昌（56岁）背龙姓8代谱：成传万庆，永愿新宗。这一切说明黎平县侗族背诵字辈口传家谱的习俗是很普遍的。

2018年11月22日，课题组一行赴四川汶川调研羌族碑谱，在汶川博物馆的有关人员陪同下，终于在茨里村的一座山坡草堆中找到了《汶川威州茨哩沟毛氏谱碑》。碑的反面，讲述了家族源流，来自湖广麻城县孝感乡，且追认战国时代的毛焦（应为茅焦）为远祖，并大量引用汉族儒家的典故为序文增色。可见该家族虽然是羌族，但有浓重汉文化的传承，其祖先可能是汉人，入川以后与当地少数民族杂居，在融入羌族的同时，也把汉族文化带入了羌族之中。

石碑的正面，记录了该家族的十二代世系，上半部分有多字模糊不清，下半部分相对清晰，可见其一代代按"守□明鸿锦彳元启，万世本泰安"等字辈排行命名。

在茨里村，我们找到了毛氏族谱碑这一支的第十五代传人毛运富。毛运富已届古稀，但他仍能背出家族的字辈排行，记录为：手举明洪启，万世本泰安。太运庆昌龙，安帮思治国。其读音与碑谱记载一致，但因毛运富识字不多，所以在具体的文字上，有些许出入，如"手"其实为"守"，"洪"其实为"鸿"。相应地，"龙"实际应为"隆"，"帮"实际应为"邦。"且"鸿"与"启"之间还缺失了三代。从这里，我们认识到，文字家谱固然准确，但容易损坏失传，文字家谱中的石碑家谱有着难以及时延续的问题。而口传家谱相较于碑刻家谱，虽然易有误，但便于子孙传颂，且可及时延续，两者之间可以互相补充、互相印证。

同村毛清富是当地的铁匠，用传统手艺打造农具，他的家族另有来历。我们询问他为什么知道他和毛运富并非一家时，毛清富说道："我家也有字辈，而且与他家不一样，我们两家是可以通婚的。"毛清富家的字辈应该有二十字，前十字已无人能知，后十字为"志鸿福寿发，林登清怀胜"。毛清富为清字辈，其子为怀字辈，孙为胜字辈。由此可见，少数民族即便是同姓，但只要是字辈不同，非是一家，即可以通婚。

在汶川图书馆，课题组成员采访了藏族沈铭珠，请她介绍口传字辈的情况。

图 2-12　采访毛氏碑谱后人毛运富（中）

沈铭珠，汶川图书馆馆员，藏族，老家在四川省阿坝州的金川县。沈铭珠家族的始迁祖沈国俊是由湖北省麻城县来到金川的，当时与他一同来金川的还有他的两位兄弟，但他的两位兄弟只在金川住了几天，就返回了自己的家乡湖北。沈国俊在金川定居后，流传20代字辈。据沈铭珠讲，她15岁时，父亲就教她背宗辈：国登玉发正，金文怀慧铭。众诚孝义重，云祖传世坤。沈铭珠的铭字辈正好是第十代，她表示虽然自己和自己的兄弟

图 2-13　采访汶川图书馆藏族沈铭珠（左）

都还年轻,暂时没有后代,但是仍然愿意遵从祖先的遗制,为小孩按照字辈命名,同时她的旁系家族也已按照字辈命名。现在她们的家族正在撰修新的家谱,但缺乏完整的宗支谱系,只能靠各支派回忆来拼凑。`

在汶川,我们住宿于"阳光谷地酒店"。有一次,偶然询问酒店保安尚贤义是否知道一些关于羌族家谱的情况。巧的是,尚贤义同样能够背诵自己家族的字辈排行。

尚贤义今年64岁,现住汶川雁门乡过街楼村雁门关二组,他背诵的家谱字辈如下:庆毓召先泽,贤钟印仕长。维元传志启,立德致安康。

尚氏家族虽然是羌族,但是坚信自己与汉族有着深厚的联系,追认唐朝尚行武为远祖。尚行武的后代,后来迁至湖北麻城孝感乡,曾出过副丞相,后湖广填四川,当时的尚氏三兄弟一起入川,一留居成都,一迁汶川豆尔坪,一迁汶川过街楼福阳寺,即是尚贤义这一支的始迁祖。

现在福阳寺尚氏的后人,在雁门有百余人,麦地村有二百余人。每年清明尚氏都会去坟山祭祀、烧香、飘纸、放火炮、敬酒,纪念先辈,启发后人。尚氏如今依旧依照字辈命名,已到印字辈,老人的孙子叫尚印恒,孙女叫尚印赢。

图2-14 采访汶川羌族保安尚贤义(中)

2018年11月23日上午11时,我们来到四川省古籍办,向龙彦主任介绍赴汶川调研情况。古籍办的羌族员工杨成凯说道,他也记得祖上传下来的二十个字辈,是为"国正天心顺，玉朋新开发。芝茂成先得，云贵万事兴"。杨成凯是阿坝茂县回龙乡的羌族，传说祖上是由西北而来，但是因年代久远，已经不记得具体的情况了。

2019年3月26日，课题组一行驱车赴贵州天柱县，在县里几位文化局领导陪同下前往蓝田镇调研杨氏家谱。侗族杨氏已修新谱《杨氏宗谱》，72岁的杨仁忠还能背字辈：通光昌家，永明思仁，志学全能，重继有成。

对照《杨氏宗谱》，上述口传字辈与该谱《天柱都甫邦洞通粮后裔光四光苏世系》中的记载是一致的：……家培—永天—明禄—思贵—仁忠—志良……

图2-15　吴建伟采访杨氏族人杨仁培（左）

2019年3月26日下午3时，课题组一行前往天柱县社学村田心寨参观王氏总祠和宗谱。王氏总祠，始建于道光五年，后毁于兵燹，光绪三十一年（1905）重修，2003年又重新修缮。总祠富丽堂皇，门墙画有精美彩图，与徽州、江浙地区祠堂风格明显不同。祠堂门上首，赫然书列"三槐堂"号字样。王氏宗谱，清末编修，近年又续修新谱。在天柱县，王氏修谱建祠，名列前茅。显然，王氏从黄河流域，过长江流域，辗转来到天柱地区，把中原修谱建祠的习俗也带到了天柱。

王氏来到这里，保留了汉族家谱文化的印记，同时与当地土著融合成为侗族，接受了侗族口传文化的习俗。71岁的族长王家湘应我们要求，就比较通顺地背了以下的字辈谱：

图2-16 贵州天柱县田心寨侗族王氏总祠堂

志海通光,昌胜朝秀,太元志通,光昌广学,绍家芳瑞,庆显国邦,宏开文武,盛宗永见,祯祥思德,永先远勋,铭继世长。

族长王家湘为第18代,目前字辈已用到第24代,即"邦"字辈。

由上述介绍看出:含有文义的字辈排行是记载家族世系人名、区别家族成员辈分的用语,原是汉族家谱文化的重要内容,目的是克服"子犯父名""孙干祖讳""叔侄颠倒"等紊乱弊端,随着汉族文化与少数民族文化的交流、交融,少数民族也开始运用含有文义的字辈排行来记载家族成员的人名,区分家族成员的辈分。需要指出的是,汉族主要是在书本家谱中刊载本家族的字辈排行,家族子女一般没有养成背诵字辈排行的文化习俗。但字辈排行传到少数民族时,由于少数民族特殊的历史、地理、文化环境,不仅在书本家谱中刊载字辈排行,而且将字辈排行以心授口传的形式一代一代背诵传承下来,实际上就将中国家谱的字辈排行文化发展到了一个新阶段。

第二节 母系型口传家谱

母系型口传家谱是以女子为核心、按世系传承流传下来的口传家谱,是母系社会在血缘传承关系上的反映。

母系社会是父系社会之前人类社会发展的一个历史阶段。由于经营农业、饲养家畜和管理家务都以妇女为主,又由于群婚,子女只能确认生母,这样就形成了以女子为核心的母系社会,后来被以男子为核心的父系社会所代替。男子在经济上和社会关系上占支配地位的父系社会一直影响到当下,因此在相当长的时期,家谱主要是反映父系血缘关系的父系型家谱。

调研发现,当代少数民族流传下来的口传家谱,也有一些仍是以女子为核心的母系型口传家谱。20世纪五六十年代,宋恩常、严汝娴等先生曾对云南宁蒗泸沽湖地区纳西族中母系制遗俗进行调研,发现被称为"母系社会活标本"的当地,普遍存在这种母女口传家谱。据《永宁纳西族的母系制》一书介绍,永宁纳西人称每个较小的母系血缘集团叫"斯日"。以下就是严汝娴等在1963年在宁蒗泸沽湖地区纳西族益秸"斯日"中得到的一份母系型口传家谱世系表。(严汝娴、宋兆麟《永宁纳西族的母系制》,云南人民出版社1983年版,第57页)

表2-1 云南省宁蒗县永宁乡摩梭益秸家族世系表

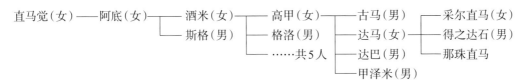

从上述世系表可看出,益秸家族内部只有母亲与子女、兄弟姐妹、舅甥等亲属关系,没有父子、夫妻、祖父与孙子孙女关系。家族女子掌权,家族传承传女不传男,各代掌权传承的直马觉、阿底、酒米、高甲、达马、采尔直马皆为女子,纯粹是一个母系的血缘集团。这是一份典型的以女子为核心的母系型口传家谱。

那么,这种口传母女家谱的习俗今天能否在少数民族中间找到呢?半个世纪后,课题组成员先后于2012年11月和2016年11月两次来到"母系社会活标本"的云南宁蒗县泸沽湖女儿国进行调研。

据了解,居住在宁蒗县永宁乡泸沽湖女儿国的主要是纳西族摩梭人,约有18 000人,此外,也有纳西族、彝族、白族、普米族人等居住在这里,但人数不多。摩梭人有自己的语言、自己的生活习惯,延续的是母系社会的习俗,由老祖母掌权,传女不传男。婚姻实行走婚制:男子晚上到自己的阿注(女朋友)家里居住,清晨即离开女方回到自己家里;子女由女方抚养,姓氏随母亲,当然父亲也要尽些责任,如送些钱物等,多少不论,女方并无苛求;婚姻无书面的契约关系,年轻男女走婚,可能关系不固定,但日子一长,一般都有固定的走婚关系,特别是有了子女以后,走婚关系公开,到农忙时,男子往往要到女方家住一段日子,帮助做些农活;如几个月男子不到女方家,则男女双方心中都有数,男子可寻找新的走婚对象,女方也可接待新的男子,离异自由,男女双方不会责怪对方,没有怨言和嫉恨,他人也无非议。整个婚姻关系不受法律的约束,也不受神权、族权或家规的干涉,双方以爱情为基础,结合自愿,离散自由。

由于泸沽湖地区实行走婚制,男子在天黑以后就可以去女方家走访,在她的单独房间里过夜。次日天明,男子辞别女方,仍然回到自己的家里。因此,如果你早晨站在泸沽湖狮子山上瞭望,有一种奇异的景象会出现在你的眼前:在各个村落之间的道路上,来来往往尽是青壮年男子,他们有些出村,有些进村,而且都是各自单独行走,既不携家带口,也不三两为伍。出村者徒手而行,不拿农具,不背东西,说明他们不是去劳动或赶集。进村的也两手空空,也不像劳动归来。这些男子是从女友处归来,与自己的亲族共进早餐。这种景象在泸沽湖畔天天出现,年复一年。

2012年11月22日,课题组一行采访了居住在泸沽湖女儿国的彩塔家族,来到彩塔家族的老祖母屋。在摩梭人的家庭中,一般都有一间老祖母的房间,平时子女吃饭、活动都在老祖母的房中进行。彩塔家族的老祖母房有三十余平方米,墙上挂着藏传佛教的图像,保持着藏传佛教的生活习俗。老祖母宾玛拉姆已七十余岁,由其在丽江旅游部门工作的37岁的女儿甲茨玛接待我们。据甲茨玛介绍,摩梭人一般家庭都没有文字家谱,包括最原始的家谱。我们问她:"那你们如何记住自己的老祖宗呢?"她回答得很快:"口耳相传呗!"既然如此,我们就请她与其母宾玛拉姆一起回忆,并由我们与她合作笔录了她家族的世系表:

笔录世系表后,甲茨玛叹了一口气告诉我们:"我们这一代,我生了一个儿子(登增扎西),打史拉丛生的两个也是儿子(吉才多吉、次里安都),幸亏娜卡生了一个女儿(次里永宗),否则我们就要断后了。""重女轻男"心态溢于言表。

2016年11月23日下午4时,课题组再次来到了仰慕已久的泸沽湖女儿国。放下行李,我们就在泸沽湖边对两位摩梭人进行采访。一位是汝亨家族的老祖母汝亨·宾玛拉

表2-2　云南省宁蒗县永宁乡摩梭彩塔家族世系表

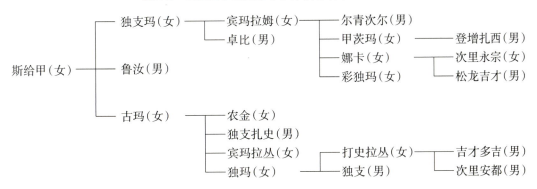

图2-17　在泸沽湖边采访汝亨·宾玛拉错(左)和格则·多吉

错,已七十多岁;另一位是被称为泸沽湖"能人"的格则·多吉,男,五十多岁。

　　他们介绍了摩梭女儿国的一般风俗习惯后,我们请他们介绍家族世系传承情况。他们说:这里由老祖母掌权,传女不传男。虽然没有文本式的家谱,但口耳相传,一般都能记住本家族世系的传承。于是我们就请他们回忆,并笔录了他们两个家族的母系世系传承表:

表2-3　云南省宁蒗县永宁乡摩梭汝亨家族母系世系表

表2-4　云南省宁蒗县永宁乡摩梭格则家族母系世系表

由上述2012年11月和2016年11月两次来到云南宁蒗县泸沽湖女儿国进行调研的三份世系表可看出：

第一，尽管纳西族摩梭人一般没有形成文字的家谱世系，但他们在崇先尊祖心理支配下，"口耳相传"，对自己的直系亲属记忆是非常清晰的，因此，三个家族都能在短时间内将本家族的成员姓名、相互关系，包括每个人的生卒年龄等一五一十地背诵出来。

第二，这是三份深深打着母系社会烙印的母系家族世系表，母权至上，辈分最高的是一位老祖母，家族传女不传男，子女只知其母和舅父，且将自己母亲的姐妹都称作妈妈，比自己母亲大的叫"大妈妈"，比自己母亲小的叫"小妈妈"，但不知其父，或者知其父而世系中没有记载。

第三，婚姻实行走婚制，即使到现在，婚姻夫妻关系仍以走婚为主。甲茨玛告诉我们，她同一辈有四位姐妹（甲茨玛、娜卡、彩独玛、打史拉丛），她因为在丽江旅游部门工作，嫁了一个汉人，所以登记办了结婚手续，并取了个汉族名字"曹新花"，其他三位都是走婚。当今摩梭女儿国的男女婚姻仍以走婚占大多数。

第四，尽管这三份世系表，彩塔家族世系表只记载了5代21人，格则家族母系表只记载了6代20人，汝亨家族母系世系表只记载了6代14人，但却是三份非常重要的母系家族世系表。因为至今存世的七万余种中国家谱世系表，主要是父系家族世系表，即老祖宗是男子，从始祖父开始传子传孙，只传男不传女，按父系计算家族世系。而这三份摩梭家族世系表，均系非常典型的按母系血缘计算家族世系，只传女不传男，这是当今"母系社会的活标本"在血缘传承关系上的反映，因此，这是至今仍保留的三份十分珍贵的母系家族世系表。

居住在宁蒗县永宁乡的纳西摩梭人至今保留了母系社会传女不传男的口传家谱的文化习俗，那么，居住在其他地方的纳西摩梭人是否也保留了此种习俗呢？

2016年11月22日，课题组在云南丽江黑龙潭公园内的东巴文化研究院采访了在院里整理摩梭经文的纳西摩梭"经师"阿公塔。

摩梭人阿公塔，男，44岁，丽江宁蒗县拉伯乡加泽村委会油米村人。他首先依照放在桌面上的经文，为课题组朗读了《纳西摩梭石、阿、杨姓祭祖先经》，该经书介绍了石、阿、杨三姓从宁蒗县迁徙拉伯乡再迁永宁乡的经过，以告诉石、阿、杨姓的子孙是从哪里迁徙过来的，不忘先祖。应我们要求，阿公塔又背诵了油米村自己家族阿氏的世系：尤玛若—古玛应里—贡布—督基扎史—肯若里—督基茨里—布若—阿公塔，阿公塔为其中第8代。阿公塔背诵的并非母系口传家谱，而是典型的父系非连名口传家谱。

可见，并非所有摩梭人都保留有母系社会传女不传男的口传家谱的文化习俗，据目前所知，仅只是保留在被称为"母系社会活标本"的云南宁蒗县泸沽湖女儿国这个独特的历史、地理、人文环境中。

泸沽湖在川滇两省交界处，湖域面积50平方千米，海拔2 690米，平均水深45米，居中国淡水湖第三位。湖水从东南四川的草海流出，经盖祖河流入雅砻江汇入金沙江。泸沽湖的摩梭名称叫作"黑纳咪"，意思是母亲湖。泸沽湖上散落着黑瓦俄、里俄别等大小七个岛屿，零零落落地镶在平静的湖面上。一泓清波，涟漪荡漾，千娇百媚，比"浓妆淡抹总相宜"的杭州西湖更多了一种处子的宁静。从西藏飞来越冬的水鸭安静地觅着食，真是一幅"落霞与孤鹜齐飞，秋水共长天一色"的优美画面。

距泸沽湖5千米是永宁坝，是个四面环山的小盆地，方圆七万亩，集中了大部分可耕地，尽管海拔2 600米以上，但盛产水稻、荞麦、玉米、土豆等农作物，是摩梭人的天然粮库。当年，这里也曾是忽必烈大军远征大理然后统一中原的出发地，那个唤作"日月和"

图2-18　泛舟泸沽湖的纳西摩梭人

的大草坪便是他的屯兵处。几十万大军从这里浩浩荡荡出发,永宁成了忽必烈征服中原大业的开始处,于是这里就有了所谓"开基河""开基桥"。

泸沽湖、永宁坝周围,则由狮子山、石佛山等群山环绕。崇山峻岭,茫茫森林,出没着野猪、獐子、麂子、兔子等动物,山坡上则盛产各种瓜果。

这里真称得上是"世外桃源"。正是温性的山、柔情的水、肥沃的地,养育了世世代代在这里辛勤耕耘的摩梭人,自给自足,丰衣足食。也正是这里独特的自然地理文化环境,使摩梭人将母系社会传女不传男的口传家谱的文化习俗保持到今天。

第三节　混合型口传家谱

顾名思义,混合型口传家谱,指的是涵盖父谱、母谱或者是涵盖父谱、母谱、神谱等多种类型在内的口传家谱。所谓父谱指的是父系型口传家谱,母谱指的是母系型口传家谱,神谱指的是父系、母系之前带有神话传说内容的口传家谱。

哈尼族的口传家谱称得上混合型口传家谱的典型代表。

2010年第六次全国人口普查统计,哈尼族人口为1 660 932人。据2018年出版的《中国少数民族家谱总目》统计,哈尼族家谱达3 620种,占全国少数民族家谱总数的三分之一,居全国各少数民族第一位。哈尼族3 620种家谱主要是口传家谱的文字笔录。

哈尼族的口传家谱是哈尼族神话中关于天、地、神、人、动物之间一套严密谱系的重要组成部分。

这一点,只要对哈尼族在民族发祥、形成时期流传于红河地区的大型古歌集《窝果策尼果》的叙述稍加清理即可看出。

《窝果策尼果》中说,远古时,"世界只是一片黑雾,像漆黑的大锅盖在大海上,世上唯一的生物是一条九千九百九十九庹(1庹约合5尺)长、'七十七个缅花戚里'(一目所及的最大范围)宽的金鱼娘。亿万年后,金鱼娘醒过来,它把天地来生养,生过天地,又生出太阳神约罗和月亮神约白、天神俄玛和地神密玛……""俄玛"是最高最大的天神,"俄玛"又生下人神玛窝,从此开启了人间家族世系连名谱系。

由上简述可知,人间的世系是由天神"俄玛"开启的:天神"俄玛"生下第二代祖玛窝,玛窝生下第三代人窝觉,以下按照连名谱系排列下去,即:俄玛—玛窝—窝觉—觉涅—涅直—直乌—乌突—突玛—玛约—约涅—涅本—诗米乌—乌突里—突里佐—佐梅烟—梅烟恰—恰乞形……一直排列到念诵此谱系的歌手本人,计有八十代之多。这第一、第二代人祖,"他们生着什么脸,他们长着什么脚,肩上扛着几个头,头上生着几张嘴,这些神的事情,最大的'摩批'也说不清,只知他们会用背走路,两代人分不出大小"。第三代"窝觉"虽贵为天神,但愿住到地上来。第四代"觉涅"遍体长毛,鬼脸("涅"即"鬼")。第五代"涅直"仍是鬼。第六代"直乌"从蹲踞状态向直立状态发展("乌"即"活起来")。第七代"乌突"呈连蹲带站状态,还站不稳。第八代"突玛"就是直立行走的人了,所以又叫"阿培突玛",即"直着身子走路的祖先"。但是她很懒、很笨,常常为一些琐碎小事上天去找天神帮忙。神们不胜其烦,就砍掉她的9个头,只留一个好让她专心想事,神又砍断天梯,使其不能再上天。第九代"玛约"已能住进树洞或崖洞("约"即"洞")。第十代"约涅"已稍许聪明一点("涅"除"鬼"外,还有"聪明"之意)。第十一代"涅本"脑筋就开窍了("本"即"开通""聪明"),而且耳朵也听得见别人说的话了。第十二代"诗米乌"已能认母亲了("诗米乌"即"不会吃错奶头")。第十三代"乌突里"已有固定的男女交配对象("乌突里"即"钥匙放进锁洞里",喻男女交合),"银打的钥匙放进金打的锁,男女相交也不会认错,阿爸也会认了,阿妈也会认了,母亲肚子大起来,也会用手把小娃接到世上"。第十四代"突里佐"和第十五代"佐梅烟"就结成了部落("佐"即"部落")。第十六代"梅烟恰"则生殖机能尤其强大,她第一次生出人的直系祖先恰乞形,由此接着排下哈尼祖先的连名谱系。(参见《中国少数民族古籍总目提要·哈尼族卷》,中国大百科全书出版社2008年版,第7—13页)

　　在上述世系中,最重要的是第一代的"俄玛"和第十二代的"诗米乌","俄玛"是最高最大的天神,是开启人间谱系的天神,"诗米乌"的意思就是"不会吃错奶头",即已开始能认母亲了,也就是说,从"诗米乌"这一代开始,已具备母系血缘关系了。表明哈尼族同中华民族中的其他民族一样,远古哈尼族先人从群婚关系进入血缘关系,首先进入的是母系氏族社会。后来由于生产生活资料的所有权由女性转向男性,男性在社会生活中占据了主导地位,因而取得了对社会的统治权。为了巩固父系氏族的主导地位,产生了父子连名谱系。

　　哈尼族几乎每个家族都有心授口传自己家族谱系的文化习俗。杨六金编著的《红河哈尼族谱牒》(民族出版社2005年版)共刊载从九十余份口传家谱中选择出来的56份谱系,而《中国少数民族古籍总目提要·哈尼族卷》一书则刊载口传家族谱系达124份(其中部分与《红河哈尼族谱牒》一书重复)。据这一百余份口传家族谱系统计,其第一代始祖大多就是"俄玛",也有少数以"诗米乌"为第一代始祖的。以《红河哈尼族谱牒》刊载的56份谱系为例,其中将"俄玛"列为第一代始祖的达42份,将"诗米乌"列为第一代始祖的计12份。这一切表明,由于各地历代"摩批"广为吟唱口传大型古歌集《窝果策尼果》,使神话中关于天、地、神、人、动物之间的一套严密谱系深入千家万户,因此使哈尼族各地各家族的谱系大多以天神"俄玛"为第一代始祖,或以已具备母系血缘关系的"诗米乌"为本家族的第一代始祖。

如流传于云南元阳县的《洞浦村朱氏谱系》就以"俄玛"为第一代始祖,其谱系为:"俄玛—玛窝—窝和—窝作—作念—念最—最乌—乌突—突玛—玛永—永念—念毕—阿培送咪窝—窝突里—突里佐—佐莫烟—莫烟铲—铲特史—特史里—里波辈—波辈乌—乌和然—和然聪—聪莫依—莫依最—最堂朋—堂朋沙—沙鲁补—补哈毕—哈毕欧—欧莫佐—莫佐鲁—鲁依波—依波欧—欧练通—练通热—热为毕—为毕聪—聪弄祖—祖毕最—毕最生—生窝车—车空—空批—批主—主楼—楼哈—哈达—达科—科毕—毕忠—忠龟—龟者—者木—木沙—沙最—最弄—弄果—果周—周热—热科—科到—到木—木然—然祖—祖贤—贤呼—□□—□□—□□。"共69代(《中国少数民族古籍总目提要·哈尼族卷》,第72—73页)。本谱系以天神"俄玛"为第一代始祖,已具备母系血缘关系的"诗米乌"则被列为第十三代先祖"阿培送咪窝","送咪窝"即"诗米乌"。这是一份从天神到族人的谱系表。其中,从第一代到第十二代,是从神到人的世系,即是神谱,从第十三代开始,则是洞浦村朱氏家族族人的世系了,即先是母谱,再进入父谱的连名口传家谱。

《中国少数民族古籍总目提要·哈尼族卷》共刊载124份口传谱系,代数最多的是72代,最少的是16代。其中30至39代之间的有5份,40至49代之间的有25份,50至59代之间的有43份,60至70代之间的有49份,平均代数为55代。"哈尼族连名谱系始于何时?由于哈尼族没有文字,口头历史讲述也只说是很久很久以前哈尼族祖先就传下了连名谱系。从哈尼族连名谱系本身看,若按55代计算,一代按人类学公认的为25年,那么,哈尼族连名谱系至今已有1 375年的历史。对此,从汉文典籍来看,哈尼族连名谱系至少从唐代南诏时期就开始存在,至今有1 356年。"[李少军《哈尼族连名谱系的哲学解读》,《中央民族大学学报(哲学社会科学版)》2006年第1期]

按照哈尼族父子连名制的古习,谱系只传子不传女。然而在家族实际传承过程中,也时而会出现只有女而无子、有子但幼时夭折、有子但发育不健全、或男子非正常死亡等状况,遂使这一代没有合适的男子成为继先承后的先祖。为使宗族谱系传承下去,就由舅舅方面(即母系)找人过继到本家族,或者由"摩批"帮助找人过继到本家族,从而使本家族的谱系正常传承下去。家族谱系中,如发生过舅舅方面(即母系)找人过继到本家族,或者由"摩批"帮助找人过继到本家族情况的,在家族谱系中的名字上,也会反映出来。

2017年4月17日,上海图书馆课题组在云南红河州博物馆采访绿春县"摩批"白阿明。白阿明,1944年出生,今年73岁,有4个儿子、1个女儿、11个孙子,是当地的"摩批"歌手。

白阿明说:我三十多岁开始背家谱,是多次参加各种仪式,与别人交流才知道如何举行仪式背诵家谱的。我家家谱有六十多代,其中神谱8代、人谱60代。神谱一般不能背,家谱也是不能随便背的,要举行一定的仪式。今天要我在这里背,我先要告诉一下先祖:因为有远方的客人来,请你们原谅,同意我在这里背诵家谱。

下面我就背。1.培苏米→2.苏米威→3.威推里→4.推里宗→5.宗米烟→6.米烟怡→7.怡七西→8.七西里→9.里宝白→10.宝白伍→11.伍敖然→12.敖然初→13.初木威→14.木威追→15.追挑朋→16.挑朋山→17.山鲁伯→18.伯哈配→19.哈配威→20.威木作→21.木作鲁→22.鲁丙波→23.丙波阿→24.阿里涛→25.涛里优→26.里优偏→27.偏农→28.农阿→29.阿本→30.本多→31.多娘→32.娘董→33.董车→34.车追→35.追曲→36.曲涛→37.布哲→38.哦哲→39.哲机→40.恢吕→41.茶莫→42.莫沃→43.沃仍→44.仍在→45.在老→46.生梭→47.刻崔→48.崔表→49.表缀→50.缀黑→51.黑扰→52.扰阿→53.阿焉→54.焉仍→55.仍龙→56.龙苗→57.苗波→58.波才→59.才目→60.目哲。

图2-19　云南红河州绿春县人大常委会原副主任卢保和(左)和绿春县"摩批"白阿明

白阿明说：家谱平时是不能随便念的，只有家中老人去世时，要举行仪式，邀请"摩批"到场，才能念。要杀牛，或杀猪，至少要杀一只大公鸡，然后开始念。家属念一代，"摩批"跟着念一代。先顺念，自始祖念到当代，然后再倒念，从当代，再一代一代上推到始祖。在念的同时，"摩批"用竹筒不断敲打地面，意在告诉刚去世的老人，不要走到其他歪路上去，要依念的祖先的清白道路，回到先祖那里去。悼念时，如有亲属带上牛、猪、大公鸡前来祭祀，则要重复将家谱顺念、倒念一次。如家属成员非正常死亡，或不到30岁去世，就不必举行以上仪式，人不入谱，将死者推到村外野坟堆里简单处理，成为野魂孤鬼。当然，过节时也要对他们安抚一番，简单在门外先对本家族的野魂孤鬼进行祭祀，然后在家里对入谱的历代先祖再进行隆重的祭祖仪式。

同一天，课题组又在云南红河州博物馆采访了绿春县大兴镇龙丁村"摩批"龙元昌。龙元昌1956年出生，是土生土长的哈尼族人，高中学历，平时喜爱哈尼族传统文化。他说：我们哈尼族几乎家家都有家谱。我祖父、父亲是乡官，我十二三岁读小学时，父亲就教我背家谱。我家家谱：神谱有12代，人谱有48代。

图2-20 哈尼族"摩批"龙元昌背诵口传家谱

他说：神谱只有举行一定的仪式才能背，今天我只能背48代人谱：1. 苏米语→2. 语退雷→3. 退雷宗→4. 宗咪烟→5. 咪烟恰→6. 恰提实→7. 提实力→8. 力保本→9. 保本伍→10. 伍木然→11. 木然撮→12. 撮莫语→13. 莫语咀→14. 咀孔伍→15. 伍里飘→16. 飘莫躲→17. 莫躲谈→18. 谈多数→19. 数莫作→20. 莫作娘→21. 娘松→22. 松古→

23. 古许→24. 许马→25. 马处→26. 处土→27. 土呸→28. 呸觉→29. 觉斗→30. 枇木→
31. 龙仁→32. 仁昂→33. 昂洪→34. 洪汝→35. 汝高→36. 高才→37. 才嘎→38. 嘎黑→
39. 黑伟→40. 伟然→41. 然黑→42. 黑鲁→43. 鲁苗→44. 苗鲁→45. 鲁沙→46. 沙者→
47. 者普→48. 普波。我在上述父子连名谱中，名波忠，属第49代，儿子为第50代。我的名字叫龙元昌，但在连名谱中名波忠，两者是不相同的。

龙元昌说：老人去世后，在出殡前几小时，要背家谱。先要举行仪式，杀一只大公鸡，要请民间艺人"摩批"到场，家人先背一代名字，"摩批"跟着念一代名字，同时"摩批"左手拿带刺的镰刀在棺木上敲一下，背一代敲一下，意思是将历代先祖名字告诉死者，回到祖先那里去。这个过程就是念的"指路经"。

上述白阿明、龙元昌背诵的连名口传家谱，均提到由神谱与人谱组成，白阿明的连名口传家谱中的神谱有8代，龙元昌的连名口传家谱中的神谱有12代。他们背诵的人谱均以"诗米乌"（白谱称"苏米威"、龙谱称"苏米语"）为始祖，也即先是母谱，再进入父谱的连名口传家谱。

由于哈尼族各地方言发音不同，笔录各家族口传谱系刊载时必然会出现许多谐音，因此在众多的哈尼族口传谱系中，"俄玛"还有"奥玛""凹玛""母翁""明翁""咪翁""哦麻""哦玛""奥皮""莫咪"等提法，"诗米乌"则有"司米锐""算米月""思米语""苏咪依""送咪窝""苏咪乌""苏米威""苏米语"等提法。

以"俄玛"为始祖的谱系中，都有"诗米乌"作为本族先祖之一列在各家族谱系里，但其所居世系位置不一。白阿明背诵的连名口传家谱中，"苏米威"列为第9代，龙元昌背诵的连名口传家谱中，"苏米语"列为第13代，其他口传家谱中，"诗米乌"有的列为第6代，或第7代，或第8代，或其他各代，这说明《窝果策尼果》在各地吟唱流传过程中出现了多种不同的版本。

哈尼族在对子女口传心授的教育中，最重要的是要牢记、吟诵本家族的谱系。每个哈尼族男子都要求能熟练地念诵自己的谱系。在哈尼族内部，至今仍保持着父子连名制，每个男子都可以通过背诵家谱来确认多少代前，哪些家庭同属于一个祖先。每个哈尼族家庭都能根据自己的谱系，十分准确地推断出宗族分支，明确亲属间的亲戚关系。家族内的成员之间知道这些，就有了相互保护、援助的义务，在日常生产、生活方面相互协作，如族内搬运木料建房、农事活动、婚丧喜事等，一起前来帮忙，共同参加家族祭祀活动，同时严格禁止家庭成员之间通婚。对谱系的熟练程度，成了衡量一个哈尼族男子学识强度的重要标准和争取社会地位和公众敬意的一种方式。

2019年11月10日,课题组一行前往云南楚雄彝族文化研究院,采访彝族文化研究院何定安先生。因为要请何先生身着法衣念一段彝文,所以事先在宾馆小卖部购买了白酒一瓶前往。

何定安,彝名曲木约质,1964年生,云南永仁县人。1983年毕业于西南民族学院,在楚雄彝族文化研究院工作至今,副研究员,任毕摩文化研究所所长,楚雄彝族文化对外交流协会秘书长,彝族主祭大"毕摩"。

因为4年前曾采访过何所长,此番可谓是故友重逢。见面后,彼此十分热络。

图2-21　采访彝族大"毕摩"何定安(右)

何所长重点向我们介绍了凉山彝族系谱文化的情况。20世纪80年代,刚进入楚雄彝族文化研究院工作的何定安,曾跟随著名民族学专家、楚雄彝族文化研究院院长刘尧汉先生多次赴彝族地区调查。何所长属于四川凉山彝族。据何介绍,凉山彝族大多都能背诵本氏族的系谱,有些人(尤其是"毕摩")还能知晓很多氏族的系谱及其源流,在凉山,妇女也能背诵其夫、其父氏族系谱。这是每个凉山彝族男子立足于社会的基础条件之一。他们自幼在传统习惯的熏陶之下练习熟诵系谱,能将数十代祖先的名字,滔滔不绝地一口气背诵下来,而且知道自己的氏族渊源、分支情况,这样,他们才能在社会生活中获得许多方便,能通晓几个氏族系谱及其源流者更受欢迎。他说,凉山彝族必须会背父母家族系谱才能生存,否则寸步难行。

凉山彝族谚语说:

不会背诵父亲的系谱,氏族就不认你;不会背诵舅舅的系谱,亲戚就不认你。

　　走遍氏族的地方,可以不带干粮,依靠氏族,三代人都平安。[曲木约质(彝)《凉山白彝曲木氏族世家》,第3页]

　　何所长所属曲木氏族是凉山彝族曲涅部落遗裔,属于曲诺(白彝等级)氏族之一,分支为十多个亚氏族或小氏族。据何20世纪80年代的调查,有80%的人能背诵曲木氏族系谱。

　　何所长说:我自7岁就能背诵本氏族系谱。说着,何所长将我们所携白酒作为供奉仪式,虔诚请出藏于箱中的法衣,穿上后席地而坐,用彝文诵读了曲木氏族的口传系谱:

　　都木—木乌—乌罗罗—罗罗布亚—布亚使拉兹—使拉兹曲涅—曲涅曲布—曲布曲遵—曲差木俄—木饿阿俄—阿俄日哈—日哈哩俄—哩俄咿惹—咿惹俄自—俄自尼格—尼格数什—数什纽诺—纽诺阿苏—阿苏吉诺—吉诺尔朴—尔朴沙则—沙则兹尼—兹尼哩尼—哩尼吉尼—吉尼戈兹—戈兹戈尼—戈尼木此—木此琶查—琶查阿伙—阿伙尼额—尼额克克—克克那卓—那卓彼惹—彼惹阶霍—阶霍尼姑—尼姑尔萨—尔萨务机—务机吉日—吉日罗约—罗约体夫—体夫差噜—差噜噜都—噜都古指—古指失哩—失哩约质。

　　何所长解释:失哩约质就是我。我的全名应该是曲木·失哩·约质,"曲木"是本氏族名,"失哩"是父名,"约质"是本人之名,通常略去父名,只在本人名之前冠本氏族名,所以我的名字就简称曲木约质。

　　何所长进一步解释:上列系谱表是由始祖曲涅到我本人的单线父子连名系谱,它是长子的连名,自"吉日罗约"之后,各代均是长子。氏族的主要的核心系谱是长子连名系谱,各个族成员一般都要知道这个系谱。

　　何所长指出:曲木氏族系谱有近四十代,而在系谱始祖诞生之前,还有一些传说的系谱,那就是"母女连名"系谱。这些系谱虽然不列入本氏族系谱来背诵,但说到系谱渊源时,彝老们便滔滔不绝地背诵到她们。

　　彝老们背诵的母系氏族系谱,系谱的形式也像父子连名系谱的记录形式,如民间传诵的史诗《勒俄特依》里说:

　　　　远古的时候
　　　　吾哲施南一代生子不见父
　　　　施南兹额二代生子不见父
　　　　兹额地列三代生子不见父

图2-22 彝族大"毕摩"何定安诵读曲木
氏族的口传系谱

地列苏尼四代生子不见父

苏尼阿书五代生子不见父

阿书阿俄六代生子不见父

阿俄石尔七代生子不见父

石尔俄特八代生子见不父

石尔俄特啊

要去找父亲

要去买父亲

……

[曲木约质(彝)《凉山白彝曲木氏族世家》,
第4页]

上述所摘译的彝族古代创世史诗反映了母
系过渡到父系的系谱。全诗现今仍广泛流传于
凉山彝区。

由上述系谱可看出,石尔俄特之前7代是母系氏族,其传承的是母女连名口传家谱:
吾哲施南—施南兹额—兹额地列—地列苏尼—苏尼阿书—阿书阿俄—阿俄石尔—石尔
俄特。石尔俄特是由母系向父系氏族过渡的人物,他之后生子见父当为父系氏族制,所
传承的当为父子连名的口传家谱了。

彝族口传谱系,先是母女口传连名谱,再进入父子口传连名谱,属于混合型口传
家谱。

云南碧江县怒族流传的口传连名家谱也属于混合型口传家谱。碧江一区九村怒族
人能够背诵41代祖先世系。他们自称"怒江的土著",又称"斗霍族",意译是"住在上边
的人"。传说"斗霍"氏族的始祖名"茂英充",是女性。依据怒族的神话传说,"茂英充"
这一名字包含"从天上降下来的人"之意,而"斗霍族"亦颇以此为荣。"斗霍族"的世系
连名如下:

1. 茂英充→2. 充罗并→3. 罗并者→4. 者茂特→5. 茂特绷→6. 绷喜耀→7. 喜耀维→
8. 维维曲→9. 曲维能→10. 能波赤→11. 赤赤维→12. 维罗别→13. 别下休→14. 下休
达→15. 达局留→16. 局留谷→17. 谷喜有→18. 喜有宾→19. 宾好给→20. 好给抽→21. 抽
那耀→22. 那耀劝→23. 劝下尤→24. 下尤室→25. 室局采→26. 局采奴→27. 奴奴局→28. 奴

局谷→29. 谷娟血→30. 娟血独→31. 独老底→32. 底老乌→33. 乌老求→34. 求老曼→
35. 曼老催→36. 催虐漫→37. 漫额叫→38. 叫走偶→39. 偶同寿→40. 寿砍杜→41. 杜几舟。

"斗霍"人确信世系中最初的始祖"茂英充"是位女性。怒族早期社会是母权制社会，盛行"男子出嫁，女子娶夫"的习俗（《民族问题五种丛书》云南省编辑委员会编《怒族社会历史调查》，云南人民出版社1981年版，第37页）。去其神话的外衣，显现了历史的合理内核：正如男系氏族是从女系氏族发展而来的一样，以男系为主的父系口传家谱是从女性即始祖母发展而来的。上述"斗霍"族的家谱世系，就是一份包含母女口传连名世系进入父子口传连名世系的混合型口传家谱。

下面介绍台湾高山族口传谱系简况。

高山族指的是长期居住在台湾地区的少数民族，包括泰雅、赛夏、布农、邹、鲁凯、排湾、卑南、雅美、阿美、邵人、噶玛兰、太鲁阁、撒奇莱雅、赛德克等14个族群。据2015年台湾当局统计，台湾少数民族人口为540 023人。其中阿美人、排湾人、泰雅人三族人口最多，占高山族总人口的7成。

为了调研高山族家谱状况，上海图书馆课题组于2012年11月19日至12月2日，先后访问了台湾"中央研究院"民族学研究所博物馆、台湾史研究所、傅斯年图书馆、台湾大学图书馆等单位，特别是访问了台湾大学"台湾少数民族图书资料中心"，获得了是年6月刚翻译出版的台湾少数民族研究著作《台湾高砂族系统所属的研究》（1935年日文版）之中文翻译本的信息。是书共两册，内容详述泰雅、赛夏、布农、邹、鲁凯、排湾、卑南、阿美、雅美等九族群及亚群的分布区域、发祥地与神话传说、民族移动扩散的途径、部落迁移的原因与经过，各小社与大社之间的从属关系等。该书系20世纪初期对台湾少数民族调查研究的重要资料，在当下台湾少数民族家族世系研究资料非常有限的情况下，对于我们研究台湾少数民族的家族世系、迁徙、分布、婚姻等有参考的价值。

台湾高山族有自己的语言，没有自己的民族文字，因此今天所存的高山族家谱皆为口传。这些流传的口传谱系尽管类别多样，总的来说，也是属于混合型口传家谱。

《台湾高砂族系统所属的研究》记载了所访问的291个部落以及309份根据当地族人口述整理的谱系资料。其中泰雅人118份（含33份现划归太鲁阁人）、赛夏人5份、布农人36份、邹人18份、鲁凯人14份、排湾人70份、卑南人13份、阿美人33份、雅美人2份。这是20世纪初，由学术界担纲，对台湾地区的少数民族居住区域所做的全面性的访查，是至今可见的对高山族族谱记录最多、最完整的谱系书籍。

　　世系传承是台湾高山族口传家谱的核心内容。上述309份各家族的家谱大多为各部落头目或氏族大家长的口传家谱,由整理者进行记录,刊载了该家族自口述者起上溯的第一世祖先至最新的一代族人世系及相互间的传承关系。

　　因口述人记忆力有限,世系中所记世代不是太多,一般在5代至10代左右。其中最长的谱系长达64个世代,采自居于台东市的卑南人射马干社部落家族;最大的家系多达389人,采自居于花莲秀林乡的泰雅人太鲁阁群(此家族后划归太鲁阁人)古白杨社部落家族。要指出的是,长的世系欠缺准确性,这也是完全可以理解的。最短的系谱,只记录两三个世代,如居于苗栗县狮潭乡的赛夏人坑头社部落家族,共记录了三代人;居于屏东县三地门乡的排湾人三磨溪口社部落家族,仅记录了三代人,每代仅一人而已。

图2-23　台湾日月潭的邵族传人布妮(左)向课题组成员王洪治介绍家族故事(2009年1月)

　　家谱中反映出高山族留存着父系、母系氏族。父系氏族如泰雅、赛夏、布农、邹、鲁凯、雅美等族群,而阿美人则是母系继承,卑南人也有母系继承的倾向。唯独排湾人是长嗣继承,不分男女,只要是长嗣,就可以继承。

　　如果该族群属于父系氏族制度的,那么世系传承则大多由男性担任。如属于父系氏族的五份赛夏人家谱,都以男性族人作为始祖。居于新竹县五峰乡大隘社豆姓赛夏人家族,家族始祖名为Tain-Alao的男性,生有九个孩子,其中老大至老五皆为男性,老六至老八为女性,老九名字不详。口述谱系中,仅保存了长子Raman-Tain和九子之后的几代世系,几位女儿的后续世系则不再记录。以长房长支为例,记录如下:Tain-Alao(泰恩-阿劳)—Raman-Tain(拉曼-泰恩)—Wasao-Raman(瓦骚-拉曼)—Tain-Yubai(泰恩-优拜)—Yumao-Tain(优懋-泰恩)、Aro-Tain(阿罗-泰恩)。(见下图)凡是有女儿的信息只记录至女儿,即女儿后代的信息不再续写。

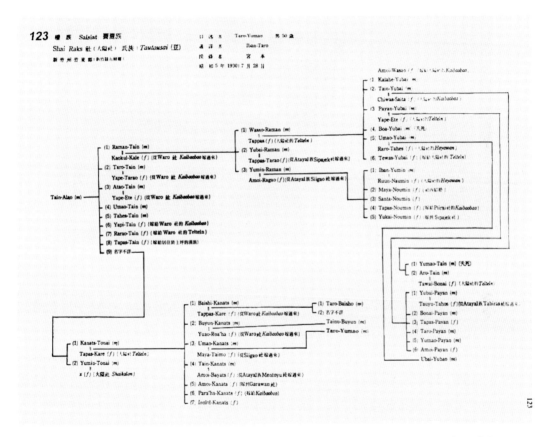

图2-24　《台湾高砂族系统所属的研究》记载新竹县五峰乡大隘社豆姓赛夏人家族谱系

如果该族群属于母系氏族社会,那么世系传承则大多由女性担任,如属于阿美人母系氏族的家谱,大多以家族的女性成员来传承世系。如居住于花莲县光复乡的马太鞍社Tsiwidian家族,家谱共记录了十三代世系,从第一代至第十代都为女性传承,并且大多为长女传承世系。以长房为例:Ongol(昂构尔)—Rahai(拉海)—Pongar(彭嘎)—Ongo(昂构)—Dao(道)—Marai(玛瑞)—Kauro-Tsatso(陶柔-塔莎塔搜)—Uhai-Vude(优海-

伍德）—Ne（妮）—Tarakon（塔兰康）—Ongo-Taran（昂构-塔然）—Ongo（昂构）—Vada（瓦达）。当然，阿美人母系氏族的家谱，大多以家族的女性成员来传承世系，但也会出现到离口述时间近的几代会记录男性后代的情况。

图2-25   居住在台湾阿里山的邹族同胞（2009年1月）

谱系中族人的名字采用连名制。泰雅、赛夏、阿美、卑南等族群实行"亲子连名制"。父系社会的泰雅、赛夏人，儿子名字后面一般连上父亲的名字，女儿的名字后面则连上母亲的名字；母系社会的阿美、卑南人，子女名字后面都连上母亲的名字；雅美人实行"亲从子名制"，即第一个孩子出生后，其父母和祖父母便失去了自己原来的名字，被称为"某某的父亲""某某的母亲"等。如：居住于桃园县复兴乡志继社的泰雅族家族，该族父子连名世系如下：Bangai（班盖）—Batto-Bangai（巴托-班盖）—Marai-Batto（马瑞-巴托）—Watan-Marai（瓦坦-马瑞）—Saiho-Watan（塞胡-瓦坦）—Marai-Saiho（马瑞-塞胡）—Hajun-Saiho（哈俊-塞胡）、Shetz-Saiho（锡兹-塞胡）。可见，世系中儿子名字的第二个字母发音为其父亲名字的首个字母发音。另外雅美、排湾、鲁凯人还有家名，即在个人名字后面附上家名；布农、邵、邹人在个人名字后连上氏族名。布农、排湾、鲁凯人在个人名后面甚至可以连上配偶的名字。此外除了正式的名字外，高山族一般都有绰号，名字还可以改换。卑南、赛夏人在遇到重大的人生挫折时可以改取异性的名字。

　　与汉族家谱女子不入谱的规定不同的是,高山族家族世系不摒弃妻子和女儿,她们的名字也尽可能会在世系图表中有所反映。特别是在那些奉行氏族制度的族群中,还以女性作为家族世系的传承者来传续家谱。另外高山族各族多奉行一夫一妻制,夫妻双方的名字左右并排或上下并列表示。

　　总之,高山族的混合型口传家谱带有自己明显的民族特色。

第三章　类别多样的实物家谱

第一节　概　述

实物家谱，也称实体家谱，就是以某个物体作为记载家族世系的载体，即以某物体来标示家族或族群的世系、世代或源流，这是少数民族家谱中最具特色的一类家谱。

实物家谱与口传家谱一样，出现在文字尚没有普遍使用的年代，历史较为久远，是文字家谱的"前辈"。随着文字的发明、传播，有的实物家谱也会附加一些简单的文字，但仍以实物为主。

中国少数民族众多，所处环境和生产、生活方式不同，其实物家谱自然类别多样，有满族的"子孙绳"、锡伯族的"喜利妈妈"、藏族的"猪下颌骨"家谱、彝族的刺绣服饰"族谱"、苗族的精制布家谱等，体现了我国少数民族家谱文化的丰富多彩。在民族交往、交流、融合的过程中，不同民族的文化相互影响、吸纳，实物家谱也会相互影响，如满族的"子孙绳"与锡伯族的"喜利妈妈"便同属于结绳家谱。

可以想象的是，在民族蒙昧之初，先人们对血缘有不同寻常的重视，在选用

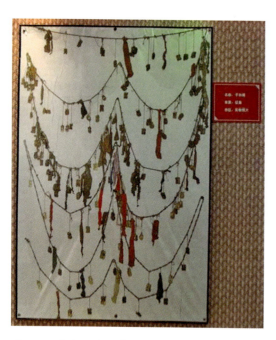

图3-1　吉林师范大学"满族谱牒馆"展出的满族"子孙绳"

实物、赋予寓意的过程中,充分显示了先人的智慧。鉴于文明发达的程度,实物家谱原始而朴实,给人以历史的深邃感。许多民族保留着家祭、族祭的习俗,祖先不仅具有传授财物、精神的地位,还有"保佑后代"的神灵作用。在祭祀仪式上,实物家谱往往更具有仪式感,具有"通灵"的意义。时至现在,文字家谱已经成为主要类型,但许多民族、许多村落仍然保留并使用实物家谱,这无疑与实物家谱具有的民族特性、历史情怀、"通灵"意义有关。

第二节　结绳家谱

人类语言的产生,利于知识、经验的积累和传播,促进了智力的发展,寻找帮助记忆和传播的实物手段,就成为必然。刻石、刻木、堆贝壳、堆石块等记事、记数的方法因势而起,其中结绳记事的方法有着众多优势:绳可有多种材质、颜色,可长可短,易于与其他物件捆扎,易于携带;结可多可少、可大可小、可疏可密。因此,结绳记事成为文字发明前最为先进的记事方法,得到广泛的使用。《周易·系辞下》中说:"上古结绳而治,后世圣人易之以书契,百官以治,万民以察。"(孔颖达《周易正义》卷一三,民国二十四年傅氏藏园影印本,第7页)许慎《说文解字》曰:"及神农氏,结绳为治,而统其事。"(许慎《说文解字》卷一五上,景印文渊阁四库全书影印本,台湾商务印书馆1986年版,第1页)唐代李鼎祚《周易集解》引《九家易》曰:"古者无文字,其有约誓之事:事大,大其绳;事小,小其绳。结之多少,随物众寡,各执以相考,亦足以相治也。"(李鼎祚《周易集解》卷一五,清嘉庆二十三年周氏枕经楼刻本,第15页)这些都向人们描绘了结绳记事有社会治理、契约计数的宏大作用。即便到了近代,我国偏远地区的少数民族,如北方地区诸少数民族、云南哈尼族、西藏门巴族、台湾高山族等依旧有使用结绳记事方式的习俗。所以,结绳家谱顺理成章地成为少数民族采用最多的原始家谱类型了。

结绳家谱,一般是用一根较长的绳子,绳上系物、打结,来标示家族的世系、世代以及族人的情况。中国北方地区的满族、锡伯族、鄂伦春族等民族,都有采用结绳家谱的情况,各自又有不同的特点。

一、满族的"子孙绳"

满族人口在中国55个少数民族中仅次于壮族、回族,居第三位。2010年全国人口普查统计时,满族人口为10 387 958人,主要分布在辽宁、吉林、黑龙江三省,以辽宁省最多,其余相对集中于北京、成都、西安、广州等历史上的八旗驻防地。东北白山黑水的独特地理环境与以渔猎饲养为主、兼事农耕的生活方式,孕育了满族萨满教信仰。

满族萨满教信奉"万物有灵",祭祀神灵时包括自然神祇、动植物神祇和英雄祖先神祇;祭祀仪式分为野神祭和家祭,每年根据不同的节令祭天、祭神、祭祖先,以猪为主要祭品。祭天时,以宅院中常年竖立的"圣物"——索罗杆为中心,索罗杆高约六七尺,顶端有木斗,内盛五谷等食物。祭天仪式中有换新索罗杆、读祭文、撒米、煮"小肉饭"、悬挂"子孙绳"等程序。

"子孙绳"即为满族的结绳家谱。满族素有编修家谱的习俗,一般都选择在龙年、虎年或红鼠年(丙子年)进行,这一方面显示了满族崇尚勇猛威武的民族心理,一方面也是对后代多子多孙、红红火火的祈愿。自努尔哈赤率众兴起,建立大清后,满族的民族凝聚力增强,更为看重家谱的续修。清军入关后,吸收了大量的汉文化元素,同时出于厘清皇室血脉、维护统治民族纯粹性这一重要原因,发展出了一套严谨的谱牒体系,但仍然保留了满族萨满教信仰的习俗和祭祀方式,包括"子孙绳"这一满族特色的记载世系的方式。

在满族,平时口语时也有系绳子的形状,将"子孙绳"称为"索绳"或"索线"的,因"索绳"的满语Siren发音近似"索利""索络",又有"索利条子""索络条子"等称呼。"子孙绳"是用数股棉绳拧成的长绳,绳上系弓箭、布条、嘎拉哈等标示物,两头挂起后,即成一长条林林总总下悬状的"子孙绳"。

2016年9月15日,上海图书馆课题组的调研人员在吉林长春九台市胡家乡小韩村见到了满族结绳家谱"子孙绳"。该村石氏宗族理事会有三位负责人:石文继、石文学与石清友。石文继是位复员军人,在供电局工作,是该宗族理事会的"总穆坤达",即族长。他介绍说:九台石氏宗族,满族老姓锡克特哩氏,属于佛满洲(即旧满洲,指努尔哈赤时期,或清军入关前所编的八旗满洲)正黄旗,是世居清代打牲乌拉地区的古老家族。石氏宗族较为完整地保存了萨满文化的祭祀礼仪,被誉为"中国萨满文化的活化石"。

在石文继的家中,有保存完好的"子孙绳"。这根"子孙绳"长二十多米,由红、黄、白、黑、蓝色线拧成。绳子上系有几十件物件,有彩色的小布条、长短不一的绳子、竹制的小弓箭、猪的后膝盖骨等。石文继介绍,竹制的小弓箭象征男性,凡过去一年家里有添男孩的,家人就会往"子孙绳"上拴挂一个竹制弓箭,以祈求男孩健康成长,且勇武英雄,善于狩猎作战。如果家里添了女孩,则用象征女性的彩色小布条,以祈求女孩健康成长,善于纺织。石文继还补充解释说:"五彩布条可以是红、黄、白、黑、蓝色,但忌讳绿色,八旗

图3-2　吉林九台满族石文继家悬挂的"子孙绳"

里面就没有绿色的嘛! 猪的后膝盖骨,满语称为嘎啦哈,系在'子孙绳'上是表示两代人之间的间隔,但现在家族中的人多了,有时难分辈分,使用就不严格了。"

满族中广泛使用"子孙绳",只是不同家族使用的"子孙绳"样式会有些不一样。如作为主体的棉绳,有的用白、蓝、红三股棉绳拧成,有的用黑、白、黄三股棉绳拧成,也有用红、黄、白、黑、蓝五股棉绳拧成的,因此也流传下了一些不一样的传说与寓意。如三色(白、蓝、红)绳分别象征着满族社会中生活幸福或者困苦的子孙们,而五色(红、黄、白、黑、蓝)绳则象征东、西、南、北、中五个方向,等等。至于"子孙绳"上的装饰物,各个家族也有不同的用法与说辞。有些家族会使用羊骨嘎啦哈,有些家族将嘎啦哈作为女性的象征,因为嘎啦哈又是当地满族女孩颇为喜爱的一种游戏。有些家族则会用铜钱代替竹弓作为男性的象征,似乎反映了民间对男性的期盼由动荡时期的强健善斗发展为和平时期的经济能力。综上可见,各家族对"子孙绳"的制作方式和选材尽管有所不同,但都说明了对"子孙绳"这一传统的坚守和重视。

包括"子孙绳"在内,满族有一整套祭祀祖先的祭具和祭祀规则,嵌套在萨满文化之中。石文继家中,最让人瞩目的是西墙上方正中位置被尊称为"祖爷板"或"祖宗板"的长木板,和木板上放置的被尊称为"祖宗匣子"或"大祖爷"的长木匣子。祖爷板下方悬挂有两到三张挂签。每月初一、十五,均要在"祖爷板"前上官香三支,早中晚三次,祈求先祖保佑子孙平安、家族兴盛。上的香称"年祈香",是每年七月七日采自"年祈花"(杜鹃花)磨成粉特制的一种香。石文继家的"祖宗匣子"有两个,下方一个较大的放置大神案子,上方一个较小的放置家神案子。

图3-3 石文继家的"祖宗匣子"

大神案子为竖幅彩色图画,质地为白色绫,长2米,宽1.5米。由于旧图年代久远,不宜经常取出用以供奉,每当旧图破损较为严重之时,族人便集资请著名画家重新绘制大神案子。大神案子描绘了长白神主和几位已经成神的锡克特哩氏祖先,这几位祖先又被称为"太爷神",简称"太爷"。需要指出,在锡克特哩氏的传说故事中,"太爷"与民间专指长辈的称谓有所不同,更加突出他们"神"的一面,不仅仅是家族的几位已故长辈。《满族历史研究》的作者赵东升曾指出:"《神谱》上的太爷和《家谱》上的太爷是两回事。《家谱》上的头辈太爷倭力和库是小韩屯(包括东哈屯)石姓满族的开山始祖;《神谱》上的头位太爷崇吉德,是一位备受奇克特利哈拉尊敬的大萨满。"(赵东升《满族历史研究》,吉林文史出版社2005年版,第240页)由于锡克特哩氏不同分支对于祖先神灵的认知有所差别,所以对于各辈太爷神尚未形成一致的意见。

家神案子是锡克特哩氏供奉自家祖先神的图像,图像中的主角身份到底是谁,族中老人有不同看法,也导致学者们对此尚有分歧。中国社会科学院苑杰博士指出:"石姓穆昆萨满教信仰体系中还有一位很重要的神灵——家神。家神,顾名思义,就是石姓穆昆的祖先神。据说这位神灵曾经跟随努尔哈赤南征北战并立下汗马功劳,故而死后被封为领兵元帅,满语称之为'朝哈毡爷'(朝哈,满语,意思是"兵""军队";"毡爷"是满语中附加在人名之后表示尊敬的成分)。'朝哈毡爷'的两位随从分别是尼贞布库和巴那额真两位瞒尼神。"(苑杰《满族穆昆与萨满教——以满族石姓为例》,民族出版社2012年版,第67页)赵东升则在《满族历史研究》中指出:"据石氏家谱所载,满族神主居住在长白山(老白山),神主也称神祖,其名称为辍哈占音,通常写作辍哈占爷,他被作为满族唯一的神的首领。在胡家回族乡小韩屯石氏家族供奉的家神案子上，唯一的彩绘神像就是辍哈占爷，在他们烧香、办谱、祭祖的活动中，绘有辍哈占爷的家神案子是首先要悬挂起来的。然后，开始跳家神。"（赵东升《满族历史研究》，第239页）长春师范大学教师谷颖询问锡克特哩氏族人，族人中有的认为穿黄马褂者为老罕王努尔哈赤，旁边两位为不知名武将；也有人认为穿黄马褂者就是辍哈毡爷，另外两位是辍哈毡爷的两个随从尼贞布库和巴那额真。而小韩屯当地人则多认为骑马者为吉巴库，牵马者是王三，最后是帖书杜岱。

谈到吉巴库，石文继又补充说，现在的石氏族人有三大支，分吉巴库、杜岱和东哈，在早年这三支的三个始祖间曾经是主从关系，后来皇帝亲下圣旨，令三人同主人之姓氏，家族成员之间互相不得歧视，只是后二者须比主人低一辈。

"大祖爷"下方是一个现代样式的贡桌，贡桌中藏着祭祀用的香炉、果盆等物和三十余个木质瞒尼神偶。"瞒尼"是满语中英雄的意思，这些瞒尼神偶都是石氏的祖先，他们生前英勇杀敌，死后魂归长白山，化身为石氏族人的英雄神。比如有一个二人并排的神偶，代表着辍哈毡爷的两个随从尼贞布库和巴那额真。

"祖爷板"北侧有一黄色袋子，称作"子孙口袋"或者"妈妈口袋"，"子孙绳"就保管在里面，平时秘不示人。这里的"妈妈"指的是"佛多妈妈"。"佛多"是祭祀时祈求神灵保佑的柳枝，"佛多妈妈"即是以柳枝作为象征的守护神，其能力是保护家庭平安福祉，保佑子孙后代繁衍昌盛，是满族的"始母"与"子孙娘娘"。清代宫廷祭祀中称其为"佛立佛多鄂漠锡妈妈"，民间则有"佛朵妈妈""万历妈妈""瓦立妈妈""歪立妈妈"等多种音译。在石文继家中见到的"佛多妈妈"是东墙上一束系有七张白纸条的柳枝，柳枝是佛多妈妈的象征，以保佑子孙繁盛，七张白纸条象征祖先吉巴库的七个分支。

崇拜柳树是满族古已有之的习俗，有些学者认为这是一种生殖崇拜，因为柳树插到哪里都能成活，到处都可见到，而且春天时发芽早，有许多枝枝丫丫，既旺盛，又长寿，象征着蓬勃的生命力和繁殖力，认为柳树可能是满族早期的氏族象征之一。

满族人家平时将"子孙绳"放在"子孙口袋"

图3-4 石文继家挂在西墙上的"子孙袋"

中,遇重大节庆或家族生子、新房上樑等喜庆大事,则从"子孙口袋"取出挂起来。石文学介绍说:"每年农历十月或十一月,新粮入库时,先要祭祖,族人将家谱供于西墙的'祖宗板'上,摆上供果,烧香拜祭。再从'祖宗板'旁边墙上的'子孙口袋'取出'子孙绳',自西向东,从'祖宗板'挂到'佛多妈妈'上面,或屋外的柳枝上,约有二十米长。参加祭拜的族人从'子孙绳'取一小段灰色的绳子套在自己颈上,以求先祖保佑自己,仪式结束后,再挂回到'子孙绳'上。过去一年家有添人口的,如果生育男孩,就在'子孙绳'上拴一个小弓箭,如果生育女孩,就在'子孙绳'上拴一个红色或黄色等彩色布条。这个仪式被称为'换索',也曾长期被称作'换锁',是满族萨满教的诸多仪式之一。"

　　吉林师范学院的教师们,有幸见证了老石家的换索仪式。该仪式在老石家壬辰年续谱结束后进行,与之先后进行的是跳勃勃神、跳南炕神、跳西炕神等仪式。主持祭祀的"兵恳萨满"祭司先找来一段柳枝,用以象征"佛朵妈妈",再把七张白纸条系在柳枝上,象征先祖吉巴库的七个分支,最后将柳枝拴于厨房东南角的神位上。(孟慧英主编《满族石姓龙年办谱与祭祀活动考察》,社会科学文献出版社2014年版,第156—164页)

图3-5　"佛朵妈妈"柳枝

　　辅助萨满祭祀的祝神人栽力(也可音译为栽力子)们则制作小弓箭,将长条形的薄竹片弯曲形成弓的形状,并将竹片的两头用线系牢作为弦,最后在中间插入一根小薄木片作为箭。这样一副竹弓箭代表了一个男孩。栽力们还准备了红色的小布条以代表女性，并将白、黑、蓝三色线拧在一起，并剪为数段索线，以供后面的换索仪式之用。

一切准备就绪后，年轻的栽力们在家神案子、佛多妈妈、奥都妈妈等神明前磕头上香，并进献"水团子"，接着将"子孙口袋"打开，请出"子孙绳"。"子孙绳"一端系在"子孙口袋"上，一端则要牵至方才萨满请来的佛多妈妈柳枝上。"子孙绳"被悬挂起来后，石氏家族新生儿的家长就会按新生儿的性别，在索绳上拴上对应的小弓箭或者红布条，告诉佛多妈妈，并乞求佛多妈妈对新生儿的保护。

仪式开始后，主祭的"兵恳萨满"与辅祭的栽力们一起，给在场的石氏家族成员与其他姓氏的客人们挂上事先裁剪的白、黑、蓝三色索线，索线挂在脖子或手腕上，并系一个活扣。满族人相信，这根索线中蕴含有保佑健康的神力，是象征生、象征活的，所以忌讳打死结。

随后，栽力们会在家神案子、神树神位前各供奉一只公鸭子，由栽力中的代表穿上神裙，在神案前三跪九叩，用神鼓和神鞭伴奏，唱神歌。换索仪式结束后，接下来还要跳奥都妈妈神，并聚餐吃水团子。吃完水团子后，栽力们将大家先前挂在脖子上的索线取下，搭在"子孙绳"上，再将索绳收起来，一起放入"子孙口袋"。至此，"换索"完成。据记载，也有一些家族会选择在三天后取下，并挂在自己家的西墙上，或保存起来。待下一次再祭祀佛多妈妈时，将去年的索线系在"子孙绳"上，"还"给神明，并将新的索线系在自己的脖子或手腕上，周而复始。

图3-6　围在萨满腰间的神铃

老石家是一个典型,在其他满族家庭中,也保存着类似的古物,执行着古老的仪式。如黑龙江大学满族语言文化研究中心2008年对五常营城子村满族的调研中便能看到。该村付兴洲家藏有"妈妈口袋",会将去世的老太太、出嫁的女儿都添蓝布条在口袋里。赵增钦家也有"妈妈口袋",但用塑料袋装着没有打开,内有刺刀一把。毕恩福家祖宗板的右侧,则有一个用红布盖上的袋子,叫作"老妈妈",里面装的是写有出嫁女子名字的高丽纸和蓝布条。(韩旭、吕浩月、宋冰《五常营城子村京旗满族文化调查》,《满语研究》2009年第2期,第110—115页)

2019年5月26日,课题组在辽宁省博物馆的满族民俗展展厅的第六部分"万物有灵"中,看到了满族的祭祀活动中有一"祭祖先神"的场景模型。众人跪拜在地,呈上整只烤猪,有乐师在供桌左右唱歌跳舞并拍击满族的民族乐器抓鼓,供桌上方悬挂类似谱单的卷轴,房间一侧的床上有一男一女两个人偶端坐,象征祖先神。房间上方斜着悬挂了一根子孙绳,上面悬挂着竹弓箭、竹刀、铲子、布条、嘎啦哈等标示物。

吉林师范大学满族博物馆的萨满文化区中则存放有一根"子孙绳",这根"子孙绳"约有五米长,在展柜中折叠放置,已十分破旧,整体发黑,看不清颜色,但可以清晰地看到

图3-7 辽宁省博物馆"祭祖先神"场景模型

布条、小弓箭、嘎啦哈等标示物。从这根"子孙绳"的情况来看,布条很多而小弓箭很少,推测这可能是因为小弓箭比较难以固定在子孙绳上,时长年久,所以掉落了。可见"子孙绳"作为原始形态的家谱有着不确定性,难以精确说明一个家族的人口具体情况。

　　吉林师范大学的教师许淑杰也在实地考察满族各户的祭祀后,得出结论:竹弓箭、竹刀、铲子、布条、嘎啦哈等标示物的含义,丝线的取色与意义,并非严格的规定,而是各家各有说法。各家在挂索与换索上的规矩也并不规范,只要是表达出向神灵祈求子孙健康成长的意思即可,比较随性,还有些家族并不重视女性,不为女性挂索、换索。

　　陪同2019年5月课题组采访的吉林师范大学教师于洋认为:"子孙绳"诞生之初,并非作家谱之用,而是对神祈祷的一种用具。萨满文化中,西方代表神的居所,北方代表鬼的居所,西墙、北墙是分别通向神、鬼世界的通路。故而,满族人民将藏有记载人名的谱单或家谱的匣子放

图3-8　吉林师范大学满族博物馆馆藏的"子孙绳"实物

图3-9　《文汇报》记者付鑫鑫采访吉林师范大学许淑杰老师(右)

在北墙,而安放"子孙绳"的子孙袋放在西墙,与象征祖先神灵的祖宗板等物件并列,有满语俗语称"(北墙)家谱、(西墙)祖爷不见面"。可见"子孙绳"的主要作用是向神明汇报自己家族的人口变迁,并祈求神明的保佑。

确实,在没有文字的情况下,"子孙绳"难以精确表达一个家族的具体人口状况,为此满族的"子孙绳"也向文字家谱慢慢演化。或许是受到"子孙绳"上布条或挂索、换索时的绳条、布条的启发,辽宁省抚顺市新宾地区的满族人用布条作为家谱材质,发展出了条子式谱,也称"绫子条式"或"发荣条子"。

据吉林师范大学孙明在《东北地区民间满族谱牒形制源流考》中所述:新宾地区的"条子"原先仅仅是六种颜色的布条,据传是白、金黄、绿、红、黄、蓝六色,平时放在神匣内,祭祖时取出,放在祖宗板上。这六条彩带象征着这一家族的始祖、始迁祖等杰出人物,由于当时没有文字,于是以布条代之。随着社会发展,文字进入满族的生活,人们开始在布条上写上祖先的名字,并钉在布匹、牛皮纸、牛皮等材质上。在新宾地区,可以看到满族石姓、倪姓家就存有这样的谱。石姓的条子谱,就是将祖先的名字写在布条上,并钉在一块宽30厘米、长50厘米的蓝布上,长居右,少居左。倪姓的条子谱也按长右少左排序,但子孙在其下,钉在一起成一摞,一摞即为一支人。(孙明《东北地区民间满族谱牒形制源流考》,《东北师大学报》2011年第1期,第102—106页)

可见"子孙绳"是一种特化了的结绳记事法。在最早的时候,满族的各个部族用自己固有的结绳方式,在一根绳子上记载家族大事。这种方式既因为不同的家族传统有所区别,又因为满族有共同的文化体系有很多类似的地方。满族人在祭祀之中,用这样的方式,感谢神灵或祖先之中成神者,即祖先神的恩赐,也祈求神的再次赐予。这诸多大事之中,家族成员的延续与兴旺无疑是重中之重。于是,这根索绳就从只要是大事都记载的结绳记事法,渐渐特化为只记载子孙情况的"子孙绳"。这本可能会进一步演化,但是,随着满族与中原文化的接触,汉族修家谱的概念与体系,直接改变了满族的习俗。而锡伯族、鄂伦春族则是因为和满族生活在一起,各自吸收了满族文化的一些特点,诞生了自己的"喜利妈妈"索绳、马鬃绳等和子孙绳大同小异的索绳。所以说"子孙绳"并不是天然的家谱,却在无意中产生了类家谱的形态,是原始形态的家谱之一。

二、锡伯族的"喜利妈妈"

在中国的东北、西北地区,满族与其他少数民族杂处混居,语言上同属于通古斯语族,文化上相互影响,一些少数民族在祭祖风俗上形成了与满族相似又不尽相同的样式。

在原始家谱方面,一些民族也采用"结绳"方法,其中最负盛名的是锡伯族的"喜利妈妈"崇拜。

锡伯族是我国北方一个少数民族,有着悠久的历史和独具特色的宗教文化,主要聚居在新疆、辽宁、吉林、黑龙江等地,新疆察布查尔锡伯自治县是锡伯族最大的聚居区。据2010年全国第六次人口调查统计,该民族人口为190 481人。锡伯族的起源有两种说法,一说是锡伯族与满族同出一源,都是女真后裔,"清太宗诏谕嫩江锡伯说:我与尔之先世本是同源"(肖夫等编写《锡伯族简史》,民族出版社1986年版,第12页)。另一认同度更高的说法是锡伯族为鲜卑后裔。"锡伯"二字口语称siwe,书面语谓sibe,是该民族的自称,被认为是鲜卑的音转,同为音转或异写的还有西俾、私比、师比、室韦、失韦、失必、实伯、须卜、史伯、西伯、席北、席伯、锡北等二十多种称呼。而"锡伯"二字最早见于清代,中华人民共和国成立后,"锡伯"才成为该民族确定的正式名称。

2019年5月与2019年8月,课题组先后赴沈阳锡伯族博物馆与察布查尔锡伯族文化博物馆,二者均以鲜卑后裔说为主,将古鲜卑人的发源地,位于内蒙古自治区鄂伦春自治旗阿里河镇西北、大兴安岭北段顶峰东端、嫩江支流甘河北岸的噶珊山半山腰上的嘎仙洞,认作祖根。

锡伯族以原始的自然、图腾、祖先、英雄等崇拜融合而来的萨满教信仰为主,信奉万物有灵,流传有各种神谕、神歌,同时锡伯族又受到汉族、满族、蒙古族的文化影响,一方面皈依藏传佛教,兴建"锡伯家庙"太平寺与锡伯营靖远寺进行祭祀,一方面吸纳儒家思想,将儒家经典译为满文或加入满文释文传世,体现了很强的文化融合力。

"喜利妈妈"是锡伯族原始宗教最初形式的自然崇拜,并延续下来。"喜利"在锡伯语中有"继续""延续""繁衍"等意思,"妈妈"意为"娘娘神","喜利妈妈"就是保佑锡伯人子孙繁衍、家宅平安的"子孙娘娘",又译作"希利妈妈""希林妈妈""喜里妈妈"等。还有一种说法将"喜利"与"喜仁"联系在一起,"喜仁"在锡伯语中是"藤、蔓"的意思,认为"喜利妈妈"即是锡伯人的"世系妈妈"。一般认为,"喜利妈妈"就是锡伯族崇拜的掌管生育和家庭的女祖宗,与之相对应的是掌管牲畜的男祖宗"海尔堪"。

"喜利妈妈"的形状,一般是一条两三丈长的索绳,有人根据其保佑子孙的功能称其为"长命绳""子孙绳",也有人根据"喜利妈妈"的神话称其为"天地绳"。不同的家族使用的绳子也会不一样,有红丝绳、九股丝绳、五彩线、两股麻绳、棉线绳等多种情况。丝绳上用黄色或者红、白、蓝等颜色的线,系着不同的小物件。这些小物件按时间顺序排列,有各自的象征含义。其中竹制或木质的小弓箭、用桦树皮做的箭囊、射箭用的扳指等

图3-10　辽宁沈阳锡伯族吴氏家祭的"喜利妈妈"

与骑射相关的物件,通常表示生了一个男孩,家人希望这个男孩能擅长骑射。彩色小布条通常表示生了一个女孩,希望她日后精通女红,成为贤妻良母,有些人家好用红绿色,有些则是蓝紫色,并无严格的规定。沈阳师范大学的袁帅在《非物质文化遗产保护实践的"标准化"——以锡伯族喜利妈妈信俗传承馆为例》中采访了一位锡伯族老人吴吉山。在采访中提到,锡伯族的"喜利妈妈"系男不系女,彩色小布条象征的是战旗。也有的老人说,"喜利妈妈"原本系男不系女,系男也系女是近代以来才有的新变化,原本索绳上只用蓝色的小靴子代表女祖先(男祖先用黑色小靴子)。也有的则说彩色小布条确实代表女性,但是会在女儿长大出嫁后把布条摘掉。为了分清家族中男女的辈分高下,绳子上系有名为嘎拉哈的猪或羊的膝骨、髀骨,这些小骨头又名背式骨,其中"背"取汉字"辈"的音译,即辈分,每生一代人就在子孙绳上系一个嘎拉哈。在两个髀骨之间的小弓箭、彩布条和吊篮的数目,则是该辈男子、女子和儿媳的数目。桦树皮制成的小吊篮象征着娶了一个儿媳,盼望传宗接代早生贵子。缨帽、木锨、铜钱等也各有含义,如果家里有人当了官,便系缨帽;如果今年风调雨顺,五谷丰登,便系木叉或木锨;如果今年外出经商发了大财,便系一个铜钱。这既是记录,也是为今后祈祷所用,希望能延续这种好运气。(袁帅《非物质文化遗产保护实践的"标准化"》,沈阳师范大学2019年硕士学位论文)

　　课题组调查时,在新疆伊犁街头询问锡伯族老人,问他们是否有家谱,他们未必清楚,但是如果问"喜利妈妈",那大多数人都知道。

图 3-11 王洪治采访锡伯族吉连老人（右）

2019年8月课题组成员前往伊宁市，与伊犁哈萨克自治州图书馆马静馆长交流时，在自治州图书馆的会议室里看到一面锦旗，落款是"察布查尔县锡伯族自治县喜利妈妈社会服务中心"，可见"喜利妈妈"确实在如今的锡伯族人中还有很高的知名度。如今保有老的"喜利妈妈"的家族不多见，多是新近制作的，而且锡伯族对于文化习俗的保护很到位，祖先至今是他们需要严守秘密，不得随意外传的，非重大节日，锡伯族人一般是不会轻易请出他们的"喜利妈妈"或谱单的。课题组2019年5月在沈阳锡伯族博物馆、2019年8月在察布查尔锡伯古城中均只能看到"喜利妈妈"的复制件。

沈阳锡伯族博物馆的"喜利妈妈"索绳，悬挂在展示锡伯族民居室内景象的模型上。整根索绳长17.64米，象征了1764年锡伯族自盛京的锡伯族家庙出发开始西迁的年份。索绳上挂有众多的木质小叉子、小铲子等农具，铜钱，羊骨嘎啦哈，竹制小摇篮，竹制小弓箭，彩色小布条，布质小鞋子等。

察布查尔锡伯古城的"喜利妈妈"索绳展示在锡伯文化风情园内的锡伯族文化博物馆的习俗展厅。讲解员介绍，挂绳是讲究方位的，挂"喜利妈妈"索绳必须以西端为开始，东为结束，因为按照锡伯人的习俗是以西为尊，在锡伯族的居住习惯上，也是老年人住在西屋，与汉族不同。索绳上的象征物不是谁都可以悬挂的，一般是要多子多孙的人来悬挂象征物的，这样才能保佑子孙健康成长，多子多孙。

图3-12　沈阳中国锡伯族博物馆

图3-13　沈阳锡伯族博物馆中悬挂的"喜利妈妈"

关于"喜利妈妈"的传说有很多,其中最详尽的是《沈阳锡伯族志》,有十余页的篇幅描写"喜利姑娘降旱魃"的传说。故事梗概为:

很久以前,大兴安岭脚下呼伦贝尔大草原上,有一支打牲部落,他们猎兽捕禽,捉鱼摸蚌,过着有福同享有难同当的群居生活。一年夏天,部落中的成年人集体出动,前往深山打围,留下的都是老幼病残。聪明美丽还能弯弓射虎的喜利姑娘和她的"阿谋"(父亲)为了照顾体弱者也一并留了下来。时间一天天过去,出去打围的人一直没有回来。喜利姑娘前去寻找,发现火山爆发、地动山摇,出去打围的人们恐怕是回不来了。族中的老人因为食物匮乏与思念亲人纷纷离世,最终只剩下了喜利姑娘和她的"阿谋",以及九对童男童女。

喜利姑娘与老阿谋无力狩猎大型动物,只能捉兔子和野鸡,采集野果和松子度日。可这样的日子也没能持续多久。火山爆发后,天空中没有一点雨一丝云,山川与草原全都热到发烫,植物纷纷枯萎,动物不是死亡就是迁移,就连各路神明也像消失了一样,不再回应喜利姑娘的祈祷。

正在喜利姑娘绝望到愿意用生命换取族群延续的时候,一位白发苍苍的老人家骑在一头四不像身上出现了。他告诉喜利姑娘,是独脚的火魔旱魃在火山口中兴妖作怪,才导致了这一切。要杀死旱魃,必须要上天宫求玉帝才行。

喜利姑娘杀死旱魃拯救族群的决心感动了飞禽走兽,喜利姑娘乘着仙鹤,在无数喜鹊与乌鸦的牺牲下,穿过了雷暴与冰雹,终于见到了玉帝。玉帝见喜利姑娘没有被天宫的奢华所诱惑,就将九股"缚魔锦带"赐予喜利姑娘。喜利姑娘在取锦带时又战胜了护宝神鹰,得到了玉帝的小儿子下界牲畜之神海尔堪的欣赏。海尔堪说,他因私自赠龙驹麋鹿给黄帝之后"毛"(应是前面提到的骑四不像的老人。锡伯人自认是拓跋鲜卑的后代,此处的"毛"应该是拓跋鲜卑的开国皇帝拓跋毛),让他找到了大兴安岭这块宝地,故而被玉帝惩罚看守宝库。海尔堪不但赐予喜利姑娘"清凉玉带",还答应日后前往大兴安岭,让那里的牲畜变得更为健壮。

回到人间的喜利姑娘,向火山口前进,可即便把"清凉玉带"包在头上,也难以完全抵消旱魃的魔火,喜利姑娘顶着灼烧的痛苦,爬到火山口前将"缚魔锦带"投向旱魃,却不想魔火卷起热浪将锦带吹了回来。喜利姑娘抱着必死的决心,手持锦带纵身一跃,跳进喷着火焰的火山口中。锦带终于发出了威能,旱魃被紧紧捆住,倒毙在火山口中。

旱魃一死,雷公电母、云君龙王、山神土地纷纷现身,将大火扑灭,使万物复苏,大兴安岭森林和呼伦贝尔草原更加生机勃勃,郁郁葱葱。锡伯族的九对童男童女得救了,老阿谋也活了下来。在锦带与玉带的保护下,喜利姑娘幸存了下来,她把九股锦带中间的赤橙黄绿青蓝紫七色送还玉帝,成为彩虹,而两侧镶边的天带、地带留了下来,与腰间系着的"人带"拧成一根宝绳拴在洞中。

后来,老阿谋活了九十九岁,九对童男童女结成九对夫妻,组成九个小家庭,又各自生下九个儿子、九个姑娘。后来,每当族人外出渔猎时,就把孩子装在摇车里,拴在宝绳上,以免野兽伤害。外出回来,男人们把弓箭、女人们把包头巾挂在宝绳上。喜利姑娘主动为他们照看着,就这样照看了一代又一代。因她保护锡伯人有功,玉帝认她为女儿,封她为"喜利妈妈",保佑锡伯人繁衍昌盛。

再后来,这根宝绳成为驱妖辟邪、消灾免祸的传代圣物,锡伯族人在这根绳子上挂上九个男人的弓箭、九个女人的头巾和九个孩子的摇车来纪念喜利姑娘。

这一传说很详尽地解释了"喜利妈妈"索绳上一些特征的由来,如九根丝线就象征了神话中提到的九对夫妻和他们所生的九儿九女,在制作过程中将九绺线分为两个四绺半并相互缠绕,或用两股麻绳相互缠绕,象征了玉帝所赐的天绳和地绳,这也是"喜利妈妈"的别名之一"天地绳"的由来。这一神话很明显受汉族文化的影响,如旱魃的形象是"独脚魔怪,只能一步一步跳着走路,可它却能从嘴里喷火",这与汉族旱魃的民间形象如出一辙。旱魃最早的形象是《山海经》中法力失控的落难天女,《山海经·海经·大荒北经》记载:"有人衣青衣,名曰黄帝女魃。……蚩尤请风伯雨师,纵大风雨。黄帝乃下天女曰魃,雨止,遂杀蚩尤。魃不得复上,所居不雨。"并记载不能重回天界的魃被黄帝迁居至赤水之北后经常外逃,逃亡的沿途便发生旱情,百姓称之为旱魃,为了驱除这个祸患,要事先清除水道,疏通大小沟渠,并祈祷:"神,请向北方去!"

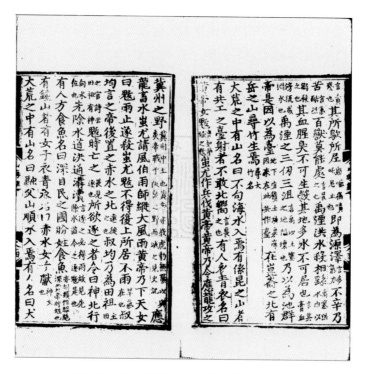

图3-14 《山海经》中关于女(旱)魃的记载

　　后来，旱魃的形象逐渐转变，至晚到清代已由黄帝请来的青衣天女变成丑陋的僵尸或妖魔，如袁枚的《新齐谐》中便记载乾隆二十六年，京师大旱，有人向官府献策，说是旱魃作祟，并称旱魃分为两种，一种是缢死僵尸所化的鬼魃，一种是"猱形披发一足行"的兽魃。后，果然掘出一女僵鬼魃，"焚之，次日大雨"。纪晓岚的《阅微草堂笔记》中对此也有提及。这一则锡伯神话中的旱魃，突出了兽魃只有一只脚，只能一跳一跳的特征。可见这里的旱魃并非是翻译人员将汉族词汇套用在锡伯族神话中，而是确实有相同的因素。喜利姑娘寻求乌鸦与喜鹊帮助时也提到，每年七月初七，是乌鸦与喜鹊在天河上搭起鹊桥，使牛郎织女相会的这一汉族七夕的神话故事。可见其中所出现的玉帝、风伯雨师、云君龙王、山神土地等神明，并非是单纯的萨满教自然神，而是带有汉族神话的影子。

　　另一神话"喜利妈妈救皇帝"则有两个版本，第一个版本中的皇帝是努尔哈赤。说努尔哈赤曾经是李成梁的仆从。一天，努尔哈赤给李成梁洗脚时，看见李成梁脚上有三颗红痣，便自夸说自己脚上有五颗红痣。不想李成梁得知脚上有五颗红痣是天子之兆，决定杀掉努尔哈赤。这件事被李成梁的小妾喜利妈妈知道了，喜利妈妈偷偷给了努尔哈赤一匹大青马。努尔哈赤说，如果我真能一统天下，绝不会忘记你的恩情。努尔哈赤骑马逃走，躲在山中。追兵没找到他，就放火烧山。可狗用身子沾了水，把努尔哈赤淋湿了，所以火烧不着他。火灭之后，又有一群乌鸦落在努尔哈赤身边。追兵认为努尔哈赤已死，乌鸦在分食其尸，所以就回去复命了。努尔哈赤逃过此劫，果然一统女真各部，建立后金。可当努尔哈赤派人去找喜利妈妈时才得知，喜利妈妈已吊死在西北角的榆树上了。为纪念喜利妈妈，努尔哈赤就把她的供牌放在房间西北角，上面写"喜利妈妈之位"。锡伯族不吃狗肉，满族喂乌鸦吃馒头的习俗也是这么来的。

　　这一说法和满族人崇拜的奥都妈妈基本一模一样，显示出锡伯族深受满族文化影响。支持这种神话的锡伯人显然更加认同锡伯满族同源说。从某种意义

图3-15　满族家中悬挂的乘坐大青马的"奥都妈妈"

上来说,这应当也是清政府为稳定少数民族所为,用历史和文化同化锡伯族。

　　另一版本的皇帝指拓跋毛,是一统索头鲜卑部落的领袖,被北魏道武帝拓跋珪追认为北魏前身代国的开国皇帝,谥号"成皇帝"。《魏书·序纪》记载其"聪明武略,远近所推,统国三十六,大姓九十九,威振北方,莫不率服"。相传西汉宣帝年间,平陵侯范明友发现家奴毛毛脚心有五点红痣,这是真龙天子之兆。范明友初时欲奉其为主,可后来受夫人鼓动,欲将毛毛押往京城请功。这番议论恰被奴仆喜利妈妈听见,喜利妈妈急忙将此事告诉毛毛,并对他说:"我们都是鲜卑族拓跋氏人,十年前,范贼征北,俘我山民上千,归军中为奴,你祖辈为酋长,均被范贼杀害,我把你收为亲子,才免于难。"并叫他"起兵南征,雪此仇恨",帮毛毛越墙逃走。范明友发现毛毛逃走,派兵去追。毛毛急躲入路边村舍中,藏在柴洞内,得一只黄狗将洞口遮住,才得以脱身,逃至伍原道的大草原上。却不防范明友手下军师能掐会算,再度派兵来追。毛毛见四面空旷,避无可避,只得趴卧在一土坑中,幸有乌鸦飞来遮挡,再次逃过一劫。毛毛回到鲜卑部落后,被推举为"大鲜卑国"的大可汗,亲带兵马到范平陵侯府接喜利妈妈,不料喜利妈妈已然离世。拓跋毛悲痛万分,下诏封喜利妈妈为福神,永为供奉。又封家犬为神犬,族人不得伤其身、食其肉。

　　这一说法和前一说法对比,只将李成梁换为范明友,李成梁的小妾替换成了范明友的奴仆,努尔哈赤换成了拓跋毛。其实,范明友去世于公元前66年,拓跋毛去世于公元前204年,二人并非同时代的人。这个故事仅是一个神话传说,但从中可以看出锡伯族的一种自我民族认同,认为自己与满族并不相同,是更久远鲜卑族人的后裔,所以在前一神话的基础上进行了改编。

　　另有一些神话,虽简短,但也从中看出"喜利妈妈"的可能来历。一则神话说锡伯族在大兴安岭老家时,以打猎、采集为生,把小孩装在皮口袋里,挂在树杈上,由"喜利妈妈"照看着。锡伯族供奉"喜利妈妈",是求个吉祥,是保护小孩的。又有一则神话说,锡伯族过去没有文字,往往刻木以记事,因天长日久,记事的木头腐朽散失,无法长久传承下来,而且也不便携带搬迁,后来人们就想出了在绳子上系东西记事的方法。渔猎生活中,男人们都外出狩猎,年轻的妇女也需要外出采集,家里只剩下老奶奶看守。锡伯族中,女性的地位是很高的,尤其是老奶奶这样有着很多生存经验的年长女性。相传锡伯族的先民被异族打败,只剩下一个男孩,是他的姑姑将其抚养成人。后来他生儿育女,使该民族避免了灭绝之灾。因此,锡伯族对姑姑特别尊敬,在给祖先上供之前要先敬姑姑,姑姑在家说一不二,家里有大事要请姑姑回来拿主意。从锡伯族对姑姑的崇拜,可以清楚地看到原始母系社会在该民族中所留下的痕迹。正是母系社会对女性崇拜的遗风,使他们把一切与生育、人口有关的东西都加以崇拜，加上老奶奶在看护养育下一代过程中不可或缺的作用，久而久之，人们就把记事的丝绳和看护家门的老奶奶连称"喜利妈妈"了，象征着保佑家宅平安和人口兴旺的神灵。

郭德兴在《锡伯族家谱及其价值》中则称，在民间广为流传的《喜利妈妈的传说》中说："很早以前，锡伯族的祖先就生活聚住在大兴安岭地区，以打猎和捕鱼为生。他们没有文字，记一件事情，就在木头上刻个符号。锡伯族盛行祖先崇拜，他们为了传宗接代，也把祖先的辈数刻记在木头上。但是天长日久，记事的木头慢慢腐烂散失，后辈很难记清自己先祖的名称、辈数。后来，人们在劳动实践中想出了一个很好的办法，在屋子对角拉一条绳子，锡伯语叫'喜利'，每生一子添一小弓箭、箭袋，每生一女添一小吊床、小布条，而增添一辈人就系一块羊背式骨。这样一代接一代，从不间断。后辈对自己先祖的情况就一目了然了。"（郭德兴《锡伯族家谱及其价值》，《中共伊犁州委党校学报》2009年第2期，第51页）

从锡伯人对"喜利妈妈"的崇拜来看，它已是一个被完全母性化了的神，而且它的地位也明显高于锡伯人所崇拜的其他诸神，如男祖宗"海尔堪"等。中华人民共和国成立前，锡伯族人广泛信仰释迦佛、宗喀巴佛、关羽等各路神明；中华人民共和国成立后，尤其是土地改革拆除寺庙后，其他的神明渐渐没有人信奉了，唯独"喜利妈妈"的信仰依旧存在于民间，庇护着锡伯族人口兴旺。

总之，"喜利妈妈"最早是用来记录家族人口多少的一种简单的方法，后逐渐发展成为一种形象的实物家谱。这是因为人口的不断增加，为了区分性别和辈分，就把原来随意性的悬挂物，以约定俗成的形式固定下来了。在这个过程中，象征男性的小弓箭和象征女性的各色布条，以及猪背式骨、小摇篮，在众多象征物中渐渐地取得了主要地位，成为"喜利妈妈"的基本组成部分。

随着生产力的发展，由于文字的产生、普及，以及实物家谱诸多不便的因素，"喜利妈妈"的家谱作用逐渐被文字家谱所替代，其作为家族人口记录载体的作用随之淡化。与此同时，"喜利妈妈"的象征意义则越来越大。人们不再仅仅把它看成一个简单的实物家谱，而是把它视为一个能够保佑家室平安、子孙满堂的女神了。

供奉"喜利妈妈"，对锡伯人来说，是庄重圣洁的大事。制作"喜利妈妈"所需的物件，必须到人丁兴旺、几世同堂的大家庭去祈求赐予，并邀请家族中年纪最大、德高望重、子孙满堂的老年妇女来完成，以求吉利、灵验。九股丝绳从中间分开，用反劲往两头搓，长一丈九，或两丈九。两端各绑一个树杈，表示天地绳吊在两树之间。立"喜利妈妈"要举行隆重的仪式,杀猪宰羊,请全族人参加祭祀,置酒席款待。如果分家,则必须另立"喜利妈妈"。

"喜利妈妈"的神位,在房间的西面,一般会被放在西屋的西北角。锡伯族人会在西北墙角钉一块木板,平时将"喜利妈妈"收拢,放在一个纸袋或无底纸筒中。纸要选择质量良好的纸张,如牛皮纸、白毛头纸,或有象征意义的黄纸等,有些考究的人家还会在上面贴上"福"字,并在木板下面粘上象征神位的挂笺。每逢除夕和腊月十六("喜利妈妈"的生日)都要请立"喜利妈妈",即从堂屋的西北角拉扯到东南角,以保佑子孙平安,来年丰收。直至农历二月二,"喜利妈妈"才能归位,收回西北角。在此期间,有着焚香、摆贡、行礼、杀纯黑太平猪、请族人吃祭祀猪的"神余"等一系列祭祀活动。

第三节 "猪下颌骨"家谱

藏族是中国西南的少数民族,据2010年第六次全国人口普查,中国境内的藏族人口有628万人。藏族依据分布地区划分,有康巴藏族、安多藏族、嘉绒藏族三个主要分支。嘉绒藏族,主要分布于嘉绒地区,即四川阿坝州内金川、小金、马尔康、理县、黑水和汶川部分地区,以及甘孜州、雅安地区、凉山州等地,长期居住于这一带的藏族人被称为嘉绒藏民,讲藏语方言嘉绒话。嘉绒藏民在1954年前被认为是独立民族,称为"嘉绒族"。中华人民共和国成立后对全国各民族进行识别,经地域、文化、历史渊源、血统、语言、宗教诸方面考证,确认"嘉绒族"是古老藏族的一支系,1954年第一次全国人民代表大会上宣布将"嘉绒族"识别为藏族。此后,为方便便称"嘉绒藏族"。

嘉绒藏族中的一支,居住在黑水县色尔古藏寨的色尔古寨族人,有着用猪下颌骨记录家族世系的习俗。色尔古是藏语,"色尔"意为豹子,"古"则为狼,可见当地曾经森林茂密、环境险恶,时常有豹子和狼等野兽出没。色尔古藏寨依山而建,位于青藏高原的东南边,横断山脉的中端,如今隶属于四川省阿坝州黑水县。该寨西汉时属蚕陵县地,其最古建筑距今已有1 300多年历史,1933年松潘大地震发生,古蚕陵县城沉陷于叠溪海子的岷水中,由此,色尔古藏寨成为旁证古蚕陵县存在的唯一所在。

色尔古藏寨硬朗、威严、幽森,俨然一个险要的军事要塞,透露出历史上全族皆兵的景象。藏寨依山修建,居高临下,为碉楼式。寨内的房屋墙体坚固,全寨建筑布局似八卦迷宫,外人走在寨子的巷道中,会突然之间迷路,弄不清前面的转角是路口还是寨民的家

图 3-16　四川黑水县色尔古藏寨

门,跨进门去也可能是一条望不见底的暗道,暗道里又有不少分路口。古朴的水渠绕寨而筑,战时的水渠就变成了抵御外敌的人员调动通道和防御工事。寨子耸立在山脊上,分上寨、下寨和娃娃寨三部分。居高防御最突出的要数娃娃寨,整个寨子的屋顶连在一块,无论上到哪一家的屋顶都能将全寨走完。全寨复杂的地形,地面、暗道、屋顶连成一体的攻防体系,可谓天罗地网,让敌人望而生畏。

　　色尔古寨处于藏、羌、汉三个民族集聚的相交地带,独特的地理位置,使色尔古寨受多种文化影响。唐朝曾在该地区驻兵 500 人,与吐蕃进行拉锯战,州城被吐蕃攻陷。明朝平定云南后,色尔古进入了土司制度时期。色尔古寨有着鲜明的嘉绒藏文化特色特征,被誉为"中国嘉绒藏族第一寨"。

　　色尔古寨族人信奉万物有灵和死后灵魂能上天,虔诚地尊崇历代祖先,有牢记世系的情感和观念。色尔古寨族人信奉一种白石文化。相传色尔古的祖先在进入这一区域时常常受到其他部落的侵扰,有一天晚上,寨中人同时做了个梦,梦见一位老者告诉他们用白色的石头能击退入侵者。梦后,人们按梦中老者的说法做,果真击败了侵扰者,捍卫了家园。从此白色的石头代表着居住权的符号,被镶嵌在寨中房屋的屋顶、窗檐、门楣上。他们还有在家门口挂鸡蛋壳,表示这家有不足月的新生儿的习俗,约定任何战争和

图3-17　色尔古藏寨地标

争斗都不得伤害到这一新生命。

2015年4月23日，上海图书馆课题组在黑水县旅游局副局长张杰陪同下，采访黑水县色尔古藏寨。时黑水县色尔古藏寨全寨157户人家590多人。其祖先大部分来自西藏。

中华民族各族人民都有尊崇祖先、寻根问祖、牢记世系传承的文化传统，并通过记载本家族世系、人物事迹的历史图籍或反映本家族世系传承的各种原始实物载体将这种尊崇祖先的情感表达出来，前者如书本家谱、谱单等，后者如结绳记载本家族世系的结绳家谱等。生活在色尔古藏寨的嘉绒藏人以什么方式来表达自己尊崇祖先、牢记世系传承的情感呢？挂在门楣上首的猪下颌骨！

色尔古藏寨的嘉绒藏人都有在门楣顶上悬挂猪下颌骨的文化习俗。色尔古藏寨一百五十多户人家中，就有数十家门楣上首挂有猪下颌骨，其中有些人家因地震损毁了房屋门楣上悬挂的"猪下颌骨"没有重新安置，至2015年4月课题组调查时，尚有16家挂有"猪下颌骨"。一块"猪下颌骨"代表一代，门首上挂几块猪下颌骨，表示本家族世系传承已达多少代。这些猪下颌骨必须是没阉割过的公猪，表明尽管色尔古藏寨嘉绒藏人生活习俗中尚有一些母系氏族社会的遗留痕迹，但社会生活中男子已占据了主导地位。

色尔古藏寨中历史上较有地位的土司、头人等，其门楣上首一般都挂有"猪下颌骨"。

据黑水县旅游局副局长张杰介绍，白金头是色尔古藏寨土司的后人，他家门楣上首共悬挂两排共38块"猪下颌骨"，已被烟熏得看不出本来的模样，旁边放有几块能看得出颜色的"猪下颌骨"，是近百年悬挂上去的。38块"猪下颌骨"，表明他家族从西藏阿里地区迁到色尔古藏寨已有38代，已经一千多年，他是家族第38代传人。

图3-18　色尔古藏寨白金头家门楣上首放置的38块"猪下颌骨"家谱

　　白英钢的祖先是色尔古藏寨的头人，他家大门上首挂有6块"猪下颌骨"，表明他家族可记忆的世系已有6代，他是家族第6代传人。

　　每年除夕、春节，各家族都要在门首挂"猪下颌骨"的地方贡物上香祭祖。这不是自己想挂上去就能挂上去的，必须新一代的传承人结婚以后，并由这个家庭的当家人主持隆重的仪式，才能正式悬挂上去。

　　猪曾是狩猎的对象，后来又成为饲养的对象，是我国古人的重要食物。生活在色尔古藏寨的嘉绒藏人以悬挂猪下颌骨的方式来表达自己尊崇祖先、牢记世系的情感，反映了古代色尔古藏寨嘉绒藏人对猪的神化与崇拜。色尔古藏寨嘉绒藏人独创的这种"猪下颌骨"家谱，为我国原始家谱类别增添了一个新的品种。

　　6年后，即2021年4月28日，课题组成员再次来到黑水县色尔古镇，住藏寨宾馆。当老板娘得知我们来寻找"猪下颌骨"家谱后，立刻说寨子里有，并且联系景点讲解员带我们去查看。

　　讲解员泽朗拉姆，女，藏族。她说：藏寨目前只有两家老房还在门楣上保留着"猪下颌骨"家谱，一家是色尔古村下寨78号的白金头，另一家是色尔古村下寨48号保生。在泽朗拉姆的带领下我们先后来到白金头家和保生家。

　　时过6年，课题组再次来到色尔古藏寨采访白金头。泽朗拉姆据身份证介绍：白金头，生于1959年7月15日。

　　白金头的房屋低矮，门厅狭窄，光线极差，他没有住在这里。虽然用了手电照明，但拍摄效果不佳。在保生家，课题组看到了保生夫妇，他们非常热情，分别与我们进行了交流。保生家的"猪下颌骨"显示8代，保生是第7代。

图3-19　保生家石砌门楣上的"猪下颌骨"家谱

图3-20　王洪治在保生家门口采访保生
　　　　妻子何成英（左）

　　29日，我们来到白金头的新住处（色尔古村2组下组11号）见到了他。白金头正在摘樱桃装箱。我们说明来意后，他欣然接受了采访。

　　白金头今年61岁，初小文化，身体健康，他很自豪三个子女都有出息。白金头一再强调劳动致富，才能过上幸福的生活，他除了种地照看果树，还兼做保安。谈起猪下颌骨家谱，他说旧时寨子里只有那些有地位的家庭才有。

　　30日晚6点，我们再次来到白金头家中采访，凑巧白金头的儿子白明富（29岁）自驾车从马尔康回到色尔古家中，他在马尔康广播电视部门供职。白明富说他自己是第39代，而"猪下颌骨"家谱只有38代，按以往的规矩，要等他的父亲去世后举行一定的仪式，他才能入谱。不过白金头则说，现在只要待儿子白明富结婚后，就可以举行第39块"猪下颌骨"的悬挂仪式。到时将会邀请诸亲好友参加祝贺，庆祝白明富成为家族第39代传承人。

据闻，如今色尔古藏寨已开发成了旅游景点，已经是3A级景区。他们把"猪下颌骨"家谱作为民族文化的一个热点向外界展示，这对于保护和宣传"猪下颌骨"家谱是非常有意义的。色尔古藏寨已有1 300年历史，目前而言，国内少数民族中有"猪下颌骨"家谱的仅发现这一处，是浸润民族风情的实物家谱的独特一例。遗憾的是，如果早几年引起有关部门的重视，那今天访问参观"猪下颌骨"实物家谱的景点就不只有2家，而是有16家。

图3-21　白金头（右）和白明富父子介绍"猪下颌骨"家谱

第四节　刺绣服饰"族谱"

2018年11月由上海古籍出版社出版的《中国少数民族家谱通论》在"实物家谱"一节中曾有一段文字简介"绣片"家谱："云南楚雄彝族自治州禄丰县中村乡阿勒村彝民藏有家谱，但他们的家谱不是写在纸上，而是绣在色彩鲜艳的'绣片'上。这个'绣片'上绣了若干朵鲜花，并且有一条'根'，'根'按一定方向蔓延，表明这个家族的'根'在何处，是按照一定的迁徙路线，经过若干代到达中村乡阿勒村的。这个'绣片'保存了彝民对历代祖先的记忆，可称为'绣片'家谱，这也是一种实物家谱。"（王鹤鸣、王洪治等《中国少数民族家谱通论》，上海古籍出版社2018年版，第22页）并配以一幅精美的插图。

《中国少数民族家谱通论》简介"绣片家谱"的文字图片资料来源，主要是依据2013年5月由中央电视台制作播出的《远方的家——百山百川行》系列栏目第23集《寻古山岭间》的内容。《远方的家》节目组的采访人员在云南禄丰县中村乡阿勒村对彝民进行采访的报道，被课题组无意中看到及时辑录且吸收到《中国少数民族家谱通论》一书中。

本章《类别多样的实物家谱》一节对什么是"实物家谱"作了如下表述："实物家谱，

图 3-22 云南禄丰县中村乡阿勒村彝民的"绣片"家谱

也称实体家谱,就是以某个物体作为记载家族世系的载体,即以某物体来标示家族或族群的世系、世代或源流。"上述被当地彝民称为"家谱""族谱"的绣片,究竟如何以绣片这个实体来"标示家族或族群的世系、世代或源流"? 近几年,一直成为课题组需要解惑的一个重要问题。

为此,我们曾将以上资料及调研要求发云南省图书馆王水乔馆长,由我们资助课题费请云南省图书馆派员前往禄丰县调研有关问题。2019年7月,恰逢禄丰县举办彝绣展览会,王水乔馆长抓住机会,派遣图书馆古籍保护中心的同仁,前往禄丰县恐龙山镇侏罗纪小镇进行彝族绣片的考察调研工作。并将调研资料及拍摄照片发到我们微信。尽管数十张彝民刺绣服装非常鲜艳,尽管照片文字均笼统称禄丰这些彝绣为"家谱""族谱",但仍然没有回答"究竟如何以绣片这个实体来标示家族或族群的世系、世代或源流"这一疑惑问题。

机会来了。2019年11月7日,课题组两位成员应贵阳师范学院邀请,赴贵阳参加第四届哲学社会科学智库名家贵州学术年会暨中国山地民族家谱文化研究前沿论坛。我们决定会后即顺道赴云南禄丰调研有关问题。

11月9日上午,我们自贵阳飞昆明后,即乘坐汽车,大约下午1点半,顺利抵达了禄丰浚琪林大酒店。禄丰县图书馆馆长陈丽燕已在酒店大堂等候。安顿完行李后,2点,由陈馆长指引,我们与禄丰县文旅局副局长李应聪见面,一起驱车前往中村乡峨山村委会。中村乡既是李应聪的老家,也是他曾工作多年的地方,所以对当地十分熟悉。

经过将近一个半小时的颠簸车程,我们终于抵达了海拔2 200米以上的峨山村委会德古老村李金美女士所开设的杂货店。李金美今年37岁,家里有婆婆、丈夫、儿子,共4

图 3-23　王鹤鸣与李应聪（左）、陈丽燕（右）商量调研事宜

口人。她热情地帮我们倒水，并拿出了自家种的核桃招待我们。

　　在杂货店门口桌子上，我们就看到了李女士所绣的各式服饰、绣件，琳琅满目。李女士介绍，她从小学时就跟母亲学习刺绣。一般彝族女性都在这个年龄开始学习刺绣。

图 3-24　在杂货店门口穿着彝族服饰的李金美

　　李副局长陪同我们观看各式绣品,并进一步介绍:在滇中地区的云南五台山群岭,在楚雄州东北片区的禄丰、武定、元谋三县结合部的禄丰中村、一平浪、高峰和武定猫街、元谋羊街区域居住着彝族的一个红彝族群,有21 000多人,他们自称乃苏。1958年成立楚雄彝族自治州,划分为13个彝族支系,居住在禄丰等地的彝族同胞被划分为乃苏支系,汉语称红彝,彝语称"红彝乃苏人"。

　　红彝乃苏人的刺绣服饰、绣件与火草有着密切关系。火草彝语称"蹈摸",顾名思义,就是造火用的草。火草属野生草本植物,生长在海拔1 800米至2 600米之间的稀疏松树林下。所谓火草造火技术,就是用白马牙卵石相互摩擦起火(后来用铁件制成的火链与白马牙卵石摩擦起火),摩擦到高温时用干燥揉绒的火草在石头上燃火,火草燃起暗火后一吹就点燃明火。红彝乃苏人的先民们就这样一天天、一年年、一代又一代地在民间将火草造火的技艺传承了下来。

　　红彝乃苏人与火草结下了不解之缘,火草在红彝乃苏人的生产生活中具有崇高的地位。火草叶三四寸长,叶子背面有一层洁白的薄膜,每年立秋前后成熟,红彝乃苏人家妇女就开始上山采摘,将薄膜搓纺成线,通过水煮后织成布。由于火草布厚实、耐用,而且越洗越洁白、厚实,是缝制绣饰品的上等布料,心灵手巧吃苦耐劳的红彝乃苏人家妇女便把火草纺成线,织成布,缝做衣服、马褂、绣品,且把马樱花、山茶花等崇拜图案缝制在各式服饰上。

　　在李金美女士开设的杂货店里,我们向李副局长请教:云南各地的彝民,都有穿着色彩鲜艳的彝族服饰的习俗,但没有听说他们穿着的是含有"家谱""族谱"意义的服饰,为什么只有红彝乃苏人是一个把"家谱""族谱"绣在服饰上的族群?

　　李应聪介绍,称红彝乃苏人是一个把"家谱""族谱"绣在服饰、绣件上的族群,这是在特定的历史文化地理环境中形成的。红彝乃苏人属于红彝人,绝大多数居住在海拔2 200米左右的禄丰、元谋、武定三县的交界处,这里盛产造火用的火草,千百年来,居住在这里的数

图3-25　李应聪(左)介绍红彝乃苏人服饰
　　　　上相同的勾连线花边图案

以万计的红彝乃苏人，逐渐在生产生活中，形成了以当地盛产的火草作为纺织原料，刺绣出马樱花、山茶花等图案的服饰、绣件的习俗，并一代一代传承下来。这里最关键的是，他们刺绣花边的图案式样是完全一致的，即每一件服饰的袖口花边花纹、领口上的花边花纹、绣件上的花边花纹图案都必须有一根相同的勾连线相连，一面向左，一面向右，寓意开花结果。居住在禄丰、元谋、武定三县交界处的红彝乃苏人，数百年来，一代一代传承下来的就是这一相同的勾连线花边花纹图案。如服饰、绣件上的勾连线花边花纹图案相同，则表示是同一个族群，即为红彝乃苏人，如不同，则不属红彝乃苏人的族群。据说有些服饰专家曾想改良服饰上的勾连线花边花纹，但红彝乃苏人并不认可。在服饰、绣件上，是否具有这一相同的勾连线花边花纹图案，是确认是否是红彝乃苏人的重要标记，也是唯一的标识。至于云南其他地区的彝民虽也穿着华丽的服饰，因没有以上特定的以火草原料织成且传承数百年的这种相同的勾连线花边花纹图案，自然不具有"家谱""族谱"的含义。

图3-26　两件服饰上相同的勾连线花边花纹图案

我们顿开茅塞。由上述李应聪的介绍,称红彝乃苏人是一个把"家谱""族谱"绣在服饰、绣件上的族群,是有一定道理的。多年来积压在脑中的疑惑问题终于得到了解决,我们心情十分愉悦,虽处海拔2 000米以上的高原,并无高原反应。但进一步思考,所谓"家谱""族谱",即使是原始的实物家谱,必须具有标示家族、宗族世系、世代的功能,而上述红彝乃苏人的服饰、饰件虽有特定的以火草原料织成且传承数百年的相同勾连线花边图案作为共同特征,但此图案并不能显示一个家族、宗族或者整个红彝乃苏人族群的世系、世代,而仅仅只是标示该红彝乃苏人族群的归属。因此严格地来说,不能称红彝乃苏人是把"家谱""族谱"绣在服饰、绣件上的族群,而只能说红彝乃苏人是把本族共同标记绣在服饰、绣件上的族群。当然,通俗点讲,广义而言,也可称彝绣是红彝乃苏人穿在身上的"族谱"。

尽管红彝乃苏人的织绣只是族群标识,但有着重要的历史文化艺术价值。红彝乃苏人利用当地盛产的火草作为纺织原料,刺绣出色彩鲜艳、式样繁多的服饰、绣件,是千百年来居住在这里的数以万计的红彝乃苏人的天才创造;数百年来,居住在云南禄丰、元谋、武定三县交界处的红彝乃苏人,一代一代传承以相同的勾连线花边花纹图案作为服饰、绣件上的装饰,具有重要的聚宗凝族功能;红彝乃苏人创造的火草绣花披布、火草绣花马褂、火草绣饰品等当作传家宝,传承数代人,成为彝族人家最上乘的装饰品和馈赠珍品,具有重要的工艺美术价值。

如今,会纺火草线、会织火草布的民间艺人非常稀少,这一传统民间工艺已濒临消失亟待抢救的危急局面。欣慰的是,云南禄丰县等有关部门已开始重视这个问题。

如禄丰县民间艺人张兰仙,从小心灵手巧、很有悟性,从十一二岁就向母亲及村中的彝族妇女学习剪纸、刺绣手艺,由于受到母亲的影响,她绣的剪纸精细,彝绣花纹、色彩搭配精美,她的刺绣技艺在当地具有较强的代表性,走出了一条红彝乃苏人的织绣"在发展中传承、在传承中发展"的新路子。2012年,张兰

图3-27 李应聪、张兰仙夫妇穿着彝服合影

仙被评为禄丰县非物质文化遗产传承人。2013年9月,张兰仙缝制的火草衣荣获"楚雄州2013年百佳旅游特色商品"荣誉称号。2016年,张兰仙被评为楚雄州非物质文化遗产传承人。现在,张兰仙在禄丰县金山镇新河社区自己的房子开了个"禄丰县金山镇新河社区红咪兰秀坊店",不断传承红彝乃苏剪纸、刺绣和各个年龄段的彝族刺绣装饰品、彝族服饰。

巧的是,张兰仙就是李应聪的夫人。于是,我们一起来到"红咪兰秀坊店"参观。店里的墙上、桌子上挂满了各式服饰、绣品、挂件,琳琅满目,目不暇接。李应聪取了一件颜色较灰暗的服饰向我们介绍,这件衣服是清代刺绣的,有数百年了。我们不禁对这件色彩不太鲜艳的彝裙刮目相看:这件彝裙不仅有着重要的工艺美术价值,显然,也有着重要的历史文物价值。

第五节 "无字精制布"家谱

苗族是我国少数民族中人口较多的一个民族,据2010年全国人口普查,苗族人口近943万,居少数民族第5位,主要分布在贵州、湖南、云南、重庆、广西、四川、湖北、广东等地。苗族有一定的宗族制度,有自己的语言,但没有文字,直至清代末年以后,一些汉化较早、族中人文较盛的苗族家族、支系或村落,才开始仿照汉民族宗族制度修谱,诞生了苗族的文字家谱。在此之前,一些苗族村落,将密藏在小竹筒内的一块无字的精制布作为铭记家族世系成员的载体。这种"无字精制布"家谱是苗族家谱文化的特色。

"无字精制布"家谱最早刊载见于2004年湖北民族学院民族研究所周兴茂教授发表的《湖北苗族的"无字族谱"》一文(《贵州民族学院学报》2004年第4期)。文中记载2000年湖北民族学院"苗族课题组",在湖北恩施土家族苗族自治州宣恩县的小茅坡营村、苗寨村和湖南湘西土家族苗族自治州花垣县的夯寨村等苗族居住地区调查时,发现当地保留着一种文化习俗:即将密藏在小竹筒中的一块无字青布或黑布称为"表"(biao,苗语,平声),将它视为家族的最高信物,每逢人口出生或死亡,都要举行隆重的入"表"、出"表"仪式。

为进一步调研有关"无字精制布"家谱的情况,2021年3月25日,课题组飞往重庆拜访了周兴茂教授。周教授通过由其参与编撰、制作的《湖北苗族》一书及《湖北苗族》纪录片,向课题组呈现了当年小茅坡营村所藏"表"的形状与出入"表"的仪式过程。

图3-28 采访周兴茂教授（右）

图3-29 《湖北苗族》一书中"表"的照片

从图片和视频上可见，"表"是一条长约三尺、宽约三寸的青布，两端缝有小竹篾。平时，"表"被卷起来，密藏在一尺长的竹筒内。在苗族人看来，全族人的灵魂都藏在这神秘的竹筒里，只是生者附于"表"上，死者的灵魂虽然要出"表"，但仍居住在竹筒之中。故有人出生或死亡时，要请苗族的法师"苗老师"（也称苗先生、苗老司）主持入"表"出

"表"仪式。如是婴儿出生,则举行入"表"仪式,苗老师将"表"顺时针缠绕在左手上,左手平举在胸前,右手绕左手正转数圈,一边转,一边念诵经文将新生儿纳入"表"中;如是族人去世,则举行出"表"仪式,苗老师将"表"逆时针缠绕在左手上,左手平举在胸前,右手绕左手反转数圈,一边转,一边念诵经文,意将亡者的灵魂从"表"上引导入竹筒中,并上告祖先神明,"家神位上有他(她)的位置,和你们一样享受子孙祭祀"。

周教授通过当地苗民背诵的口传家史判断,小茅坡营苗民是两百多年前因苗民大起义时,随战败的苗族从湖南湘西自治州花垣县董马库乡夯寨村迁居过来的。当时,周教授为了证实自己的推测,将湖北苗族的村长龙光荣带去湖南。尽管湖北恩施和湖南湘西两地相距300千米以上,分属两个省,两村苗民已有两百多年未曾谋面,但当龙光荣到达夯寨村后,发现两处苗族语言相通,习俗相同,特别是他们都完整地保留了"无字精制布"家谱,很快就确认彼此确实是一家人,湖北小茅坡营的苗民成功认祖归宗。

图3-30 纪录片《湖北苗族》中的"表"

周兴茂教授说,这一"无字精制布"家谱,折射出苗族曲折悲壮的历史与独特的家族传承。苗族先民可追溯到与炎黄同时代的蚩尤九黎部落和三苗部落,他们同炎黄部落共同开发了黄河流域和长江流域,为中华文明奠定了基础,但蚩尤的九黎部落与炎黄部落为争夺中原爆发冲突,蚩尤在河北涿县兵败被杀,整个部落被逐出黄河流域,开始了颠沛流离的生活。一路苗族逃亡至山东,后迁至洞庭湖一带,由洞庭湖再向湘西以及武陵山区等地继续迁徙;一路则往西北,经陕西到甘肃一带,再到云南、贵州、四川的部分地区。

经过长途跋涉流浪至湖北的苗族显然是后来者,势单力薄,常常受到排挤和攻击,所以苗族居住的地方往往在崇山峻岭之中,环境十分险恶,苗族会百户、千户聚群而居,共同应对外敌。而同在湖南、湖北交界处聚群而居的土家族则是本地的土著民族,他们早早就占据了平原平坝这样优渥的地区,整体实力也很强,因为长期没有敌人,土家族多是散居,且与汉族相近,汉化程度很深。不断的战争和颠沛流离,使苗族既要保持家族的血缘关系,使民族的血缘不至于中断和混乱,又需对外族人保密,不使自己的敌人发现任何依据。这件被苗语称为"表"的信物就起到了家谱的作用。

根据周兴茂教授提供的线索,课题组前往湖北的小茅坡营村和湖南的德夯村,希望可以一睹"表"的真容。在小茅坡营村,村支书冯大华向课题组介绍:苗族确有这样的习俗,且延续到了今日,但小茅坡营的苗人中已没有懂法术的苗先生了。如汉族人过世,举办汉式丧礼,尚可从本地请一些道士作法(此处的道士,也可能指道师,即客家人的法师,客老师。当地苗老师、客老师和土家族的土老师在法术、仪式、服装等方面都有差别,却又相互包容吸纳)。如果苗人要举办苗族式的丧礼,就只能请贵州或湖南的苗先生了。

在冯大华引荐下,我们采访了村民冯有德。冯有德说他家曾有一个竹筒,但目前已烧毁了。竹筒是冯有德父亲冯发益的遗物,冯发益告诫冯有德,竹筒内部封印了那些没有善终的人的魂魄所化成的妖魔鬼怪,以防他们为祸世间。故此,这个竹筒一般只有每

图3-31　沈思越采访冯有德(右)

年的正月初五才能打开,将其中的灵魂释放出来,在外面活动一天;平时如有需要,必须由掌握法术能沟通神鬼的苗先生开启。因为父亲的告诫,他从来没有打开过那个竹筒,只是听说里面有他们家的家谱,但不是书,没有字。

　　冯有德的二伯父就是一位苗先生,遗憾的是他已于20世纪60年代去世了。二伯父在去世前,本欲将法术传授给冯有德的堂兄(其大伯父之子),由于当时"破四旧"等正如火如荼地开展,其堂兄只学了几天法术就不得不中止。最终,二伯父只得将整套苗先生的法器传给了冯有德的父亲冯发益。十几年前,冯发益过世以后,冯有德就将竹筒等法器烧毁。鉴于此,我们没能看到"表"的实物,只能遗憾地离开了小茅坡营村,赶往湖南省湘西自治区花垣县董马库乡夯寨村。

　　辗转赶到董马库乡夯寨村,方知该村已和周围的乡、村合并,改名为双龙镇鼓戎湖村夯寨片区。在一间民居的火炕房中,我们见到了石绍宗老先生。石绍宗今年85岁,一生务农。他曾于1954年在吉首市上过学,有文化,因此能识字会书写。"文化大革命"时期,石绍宗曾担任当地的革委会主任,因此保护了家族中所藏的"表"。石绍宗老先生告诉我们,如今"表"保存在他的弟弟,今年76岁的石绍文那里。老先生带我们到了石绍文家。

　　石绍文从法坛上取出了装有"表"的竹筒。竹筒长约二十厘米,筒口大小如一元硬币,通体呈现棕色,外面刻画了竹子的图样,竹筒开口的一端塞了一小团青布将竹筒封

图3-32　石绍宗(左)、石绍文(右)兄弟展示竹筒和无字族谱"表"

住。从竹筒里取出的"表",与周兴茂所拍摄的小茅坡营村的很像,也是一长条青布,一端缝有小竹篾,方便将青布卷起。青布上有花纹,花纹很有规律,看来是从一块大青布上裁剪下来的。

石绍宗介绍,"表"可以说是苗族人的无字族谱,对苗族人而言,无字族谱有三个含义:第一是象征着家族的血脉传承,第二是维持上下辈分,第三如同汉族的祠堂一样,是一个祖先的敬奉之物。石绍宗还强调,苗族人不仅敬奉男性的老祖宗,还敬奉女性的老太太。入"表"出"表"是苗民中的大事,举办仪式时,全家族的人都要到场,围绕在火炕周围,见证一个家族成员的出生或死亡,同时也是借此相互熟悉,这样即便没有文字家谱,大家也能团结在一起。而火坑象征苗族居家生活的中心,因为火可以吓走豺狼虎豹,也可以抵御土匪强盗,一家人在火炕周围的时候,是最安全、最团结的时候。

"表"是村中共用的,一村只有一个,如别家要用,就需要到苗先生处借用。苗先生可以主持苗族人的祭礼、丧礼等仪式。为了在举办仪式时和远祖沟通,苗先生需要学习古苗语。石绍宗虽然学了客家人的法师客老师的本领,会上刀梯等一些法术,家中也设有法坛,但因为没有学古苗语,不会苗先生的本领,所以由兼学了客老师和苗先生本领的弟弟石绍文来保管"表"。随后,石绍文穿上客老师的衣冠,手持整套法器,向我们表演了客老师在举办仪式时的一段作法动作。

图3-33 石绍文表演作法,背后为苗族法坛

据石绍宗、石绍文介绍,这套青布竹筒已有六百多年的历史,是明初他们的祖先迁入此地时带过来的。石姓可以说是夯寨村的大姓,自迁居到此后,已发展十一代了,村中几乎百分之九十的家户都姓石。在两位老人的带领下,课题组前往参观了位于村寨附近排达连水库(该水库兴修于1972年,修成于1979年)的夯寨石氏祖坟群。

石氏祖坟群中的始迁祖名叫石仕古,墓地坐东朝西。石仕古坟前原有的墓碑设立于嘉庆壬申年(1812),如今除了嘉庆壬申几个字尚可辨认,其他字都已模糊了。1996年,石氏族人集资为这位先祖重新修了一块墓碑,并将此次集资修碑事件刻录于一侧的石碑。石仕古墓地的周围,是大大小小的族人墓,苗族人的墓地并非都是坐东朝西的,而是根据每个人的生辰来判定合适墓葬的风水朝向。

图3-34　石仕古坟包左后方的为老碑,中间为新碑,右侧地上平放的为功德碑

传承六百多年的"表"究竟是如何出现的? 村中老人所知并不甚详。从查阅苗族的历史资料中可知,"表"或许是苗族系魂布"闭"(Blul)的延续或分支。传说在古代,苗族由于不断迁徙、作战,经常被迫穿越原始丛林。前有毒蛇猛兽,后有围追堵截,苗民的衣服被树枝、荆棘撕扯成烂布条,肌肤被污血染成青紫色。行进途中,但凡遇到高坡、悬崖,人们还要将破布条与藤蔓相接,将人与人系在一起,你拉我,我牵你,齐心协力,渡过难关。为了纪念这份苦难中的团结,湘西地区的许多苗老师穿紫色的法衣,用烂布条来

系铜铃等法器,还将青、红、棕、紫等颜色的布制成系魂布,用以保护家族成员的灵魂。在《民国时期湘西苗族调查实录·椎牛卷》《湘西苗师通书诠释》《苗学与文化自觉研讨会论文集》等著作中,描述了几种系魂布,其描写与"表"十分相似。

神秘系魂布"闭"　　　　　　　　　　收系魂布"闭"

图3-35　《民国时期湘西苗族调查实录·椎牛卷》一书中"闭"与"圣竹(筒)"的图片

《民国时期湘西苗族调查实录·椎牛卷》一书对系魂布的描述最为详细。椎牛是苗族大型风俗仪式,完整的仪式共需作二十三堂法事,每一堂法事又有若干个小节步骤。系魂布在拉直系魂布、捆系魂布、培竹、收系魂布4个小节中都有出现。文中称系魂布是一块约长一尺二寸、宽三寸八分的布条,平时被装在一节竹筒之中。其苗语发音为"闭"(Blul),与"表"音相近。而装"闭"的竹筒则象征着直起腰杆、顶天立地。(石启贵编著《民国时期湘西苗族调查实录·椎牛卷》,民族出版社2009年版,第403—454页)

而收录于《苗学与文化自觉研讨会论文集》的《苗族宗教文化核质是中华"和谐"文化之源——以苗族宗教"芭黛熊"教义研究为例》一文则提到,一些苗民家族将一匹7.2寸宽幅的完整棉麻织物,自中间等分处,通过祭祀仪式制成用于保护阳人活魂的"阳魂布"(苗语发音"nex biub")与保护阴魂的"阴魂布"(苗语发音"ghongx biub")。(张子伟、石寿贵《湘西苗师通书诠释》,湖南师范大学出版社2015年版,第103页)

由上可见,无字族谱"表"与系魂布"闭"有着密不可分的联系,"表"应是"闭"的一种,或由"闭"发展而来的。可以想见的是,苗族在四散到各地的过程中,同出一源的法器经过本身发展,向别的民族借鉴、融合之后,发生了形态、仪式、意义上多种多样的变化。

第四章　色彩鲜艳的单页家谱

第一节　概　述

单页家谱,简称谱单,是初始的文字家谱,一般是在一幅或数幅纸张或布匹、锦缎上,从家族的始祖或始迁祖开始,按世系先后次序,或按分支世系先后次序,用文字简单记载历代家族成员的姓名、任职等信息,是无文字的实物家谱向书本家谱演化的过渡形态。我国东北内蒙、西北、西南、中南东南等地区的少数民族都遗存和流传有谱单,东北内蒙地区尤盛。

谱单大多是垂丝宝塔型,即始祖或始迁祖的名字列在宝塔尖,子孙后代名字似宝塔结构,自上而下展示家族世系次序,一层表示一个世系辈分,即始祖或始迁祖的名字为第一层,第二代名字并列作为第二层,同层属同一代,第三代名字并列作为第三层,依次类推,如有15代,就列15层,各代之间传承关系,用直线或折线连接起来,整个谱单上下连接线如垂丝,人口代代增多如宝塔,就成为一幅垂丝宝塔形的谱单。此类谱单代际传承关系清晰,续写方便,逢时过节也可非常方便地挂在房屋中堂墙上或平摊在长桌上,供子孙后辈进行跪

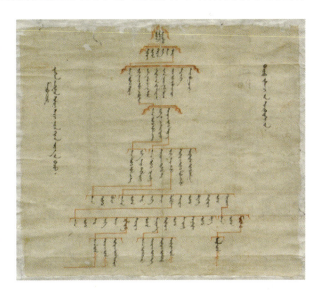

图 4-1　蒙古族《巴图蒙克达延汗三子巴斯博罗特始十九代家谱》的首幅谱单

拜祭祀。

　　谱单的类型也是多种多样的。2016年9月14日,课题组在吉林师范大学的"满族谱牒馆"中看到两幅类型很别致的谱单。一幅是辐射形谱单,始祖名字列在辐射圆形图中心,子孙后代名字围绕中心一个圆圈一个圆圈辐射展开,展示家族世系次序,一个圆圈表示一个世系辈分,同圆圈内属同一代,系同宗兄弟关系,此幅谱单共有9个圆圈,即有九代人,人名全部用满文书写。另一幅是树根形谱单,始祖名字记载在谱单中间,其子孙后代名字如树枝一样,不规则地向各个方向展开。这两种类型的谱单型式别致,但续写很不方便,我们仅在东北内蒙地区发现。

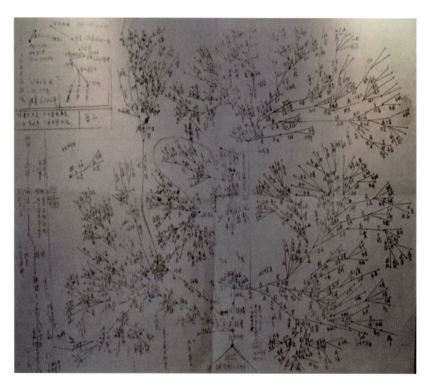

图4-2　树根形谱单

　　从民族文化圈的角度看,少数民族的谱单大致可分为三类:

　　第一类是满族与受满族影响较深的少数民族,如蒙古、锡伯、达斡尔、鄂温克等民族的谱单。这类谱单主要出现在中国的东北内蒙地区,并流传至西北地区的部分少数民族中。其特点是相对于谱书、谱碑等形式的文字家谱,谱单数量较多,在民族文化中的地位较重。这一方面是北方的少数民族大多是游牧民族,受生活方式、经济条件和文化程度的限制,无力编修、印刷或妥善保管系统而复杂的谱书,只得优先编写易于携带易于制作的谱单,由此形成了习俗。另一方面,这些少数民族本身就与满族生活在一起,文化上受到影响,比如锡伯族的喜利妈妈,就与满族子孙绳有很多相似之处,锡伯族的谱单也接近满族谱单。政治上则受到管理与制约,如清政府对蒙古族实施盟旗制度,这都影响了这些民族的修谱与否与修谱方式。

而其中对北方少数民族影响较为深远的要数哈拉莫昆制度。这一制度是满族、锡伯族、达斡尔族、鄂温克族等共有的社会制度。"哈拉"的满语写作 ᡥᠠᠯᠠ,转写作 hala,是姓氏的意思。"哈拉"早期是表述地域的概念,一个"哈拉"以某一处山川为名,即代表这里是他们的狩猎场所与势力范围,之后"哈拉"的概念向部落、向姓氏组织演化。哈拉的分支是莫昆,满语写作 ᠮᡠᡴᡠᠨ,转写为 mukun,意为氏族。一般认为莫昆的来源是金代女真人的猛安谋克制度。女真人以三百户为一谋克,十谋克为一猛安,作战时就是军事单位,平时为行政单位,是一种军民合一的社会组织,类似于满族的八旗制度,"莫昆"就是"谋克"音译的汉字的不同转写。在满族这样人口较多的民族中,"哈拉"相当于姓氏,"哈拉"内部的事务往往由各"莫昆"的代表或长老商议。相比之下"莫昆"的组织更严密,每个莫昆都有一个"莫昆达"(mukunda,氏族长),由族中辈分高、德高望重的长者担任,管理族中的事务。

满族的莫昆一般建有自己的堂子(庙),作为萨满教信仰所寄托的圣地,不但被用作满族祭神、祭天的场所,还供奉释迦牟尼佛、观世音等佛教神灵,关帝、七仙女等道教神灵。满族俗语中有"堂子破则哈拉穆昆灭"之说。每个民族的哈拉莫昆的称呼和具体制度上均有差异,但修谱往往以哈拉、莫昆为单位进行。这是因为"哈拉莫昆"制度的一大特点是"哈拉"外婚制,即同一"哈拉"内部不准通婚,更严禁"莫昆"内部通婚。为了遵守同姓和近亲不婚的规定,就必须清楚各哈拉、各莫昆的世代延续情况,这在客观上促进了各哈拉或莫昆均编修有满文、锡伯文、汉文,或满汉合璧书写的家谱。

第二类是受汉族影响较深的朝鲜族、回族、畲族、傣族等民族的谱单。这一类谱单散布在各个村落,但数量较少。这些民族往往受汉族文化影响较深,且以农耕为主,家族式地生活在固定村落,易于采集信息,认为谱单过于简单,转而兴修谱书为多。从某种意义上说,入关后满族的修谱习惯也深受汉族影响,官方档案中有大量的谱书如《八旗满洲氏族通谱》等,但私人,尤其是民间仍以谱单为多。

第三类是未受其他民族影响的谱单,如纳西族,因地处偏远,发展出了独具特色的东巴文化和东巴文字,也诞生了与汉族、满族不同的修谱习俗。

各民族的谱单平时都会被小心收藏,到了逢年过节的时候,就挂在中堂,或平铺在长桌上,进行丰富多彩的祭拜及续修活动,即便在已编撰有书本家谱的今天,一些少数民族仍延续谱单的撰写,将其视作家族文化的象征之一。

第二节　满族谱单

满族的家谱经历了从入关前的口传家谱、结绳家谱到入关后有文字的谱单乃至谱书的发展,一脉相承,既保留有满族文化特色,也接纳了汉文化影响。明神宗万历二十七年(1599),清太祖努尔哈赤意识到文字、文化对一个民族的重要性,命额尔德尼和噶盖二人参照蒙古文字创制满文,俗称无圈点满文或老满文。三十多年后,清太宗皇太极于天聪六年(1632)令达海加以改进,形成有圈点满文。新满文成为清入关前主要的官方文字,名门大户就有用满文记录族系的,产生了最早的一批谱单。清军入关取代明朝入主中原后,为了增强族人的血脉情感和团结,维护统治民族的特殊利益,清政府开始完善八旗制度,并效仿中原文化习俗,倡导编修家谱。尤其是乾隆九年(1744)80卷本《八旗满洲氏族通谱》的问世,促进旗人私家编修家谱蔚然成风,所以现今满族家谱以满洲旗人家谱为主,存量较大。

满族现存的谱单多数为纸质的谱单,纸张都选用质量较好、较为细腻的麻纸,这种纸便于书写也容易着色、绘画。民间有需用较多纸张的谱书,考虑到经济原因,不得已会使用糊窗户的窗纸,或制作冥币的纸。另一部分俗称布谱单,是写在棉布、绸布、白布等布料上的谱。布谱单相对于纸谱单来说更坚实耐用,而且也可以在上面绘画,如吉林市土城子乡东岗村尹海涛家的布谱单上就绘制了宗祠的外观景象,且在谱单四周绘制了回字形边框。这样的布谱单会在逢年过节或祭祖时张挂,平时则由家族中的指定人员保管,也称"神轴""轴子"。此外,还有写在牛皮上的谱单,只是数量原本就少,也不便于保存,较为稀见。

各家族的谱单体例不一,规模不等。有些内容比较简单,记载的人口也较少,一张纸、一块布就囊括其中,甚至不足1平方米。有些家族人口增多,编修技术成熟,谱单中会加入谱序、字辈排行、修撰时间、绘画等,样式也趋于精美。吉林九台的尼玛察氏杨姓谱单达四十余平方米,需要较大的空间才能展示、祭祀。也有些谱单分撰在多张纸上,以折子的形式保存,能拼接形成总谱单。

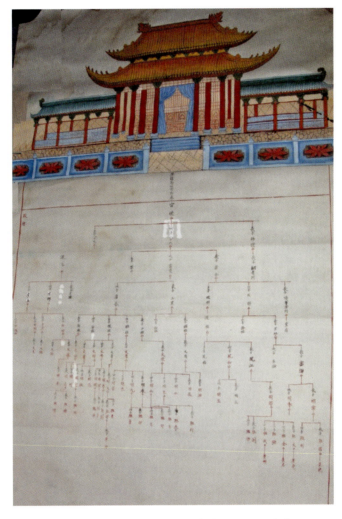

图4-3　吉林九台关姓2010年修撰的汉文谱单

一、吉林师范大学的收藏

2018年9月，吉林师范大学满族文化研究所的于洋先生向课题组成员介绍了该校满族博物馆的谱单藏品，其中三件谱单最具代表性。

第一件是满族吉林徐氏谱单。该谱单是较为少见的纯满文谱单，字体用色也与众不同。一般的满族谱单用黑色字书写死者，红色字书写生者，故整张谱单上的世系呈现上黑下红。而该徐氏谱单，则出现黑色与红色同用于一个人的情况。于洋老师解释道，这张谱单其实仍然遵循死者为黑字、生者为红字的修谱规律。但在每个人的名字前用黑色

图4-4 于洋(左)向沈思越讲解满族谱单

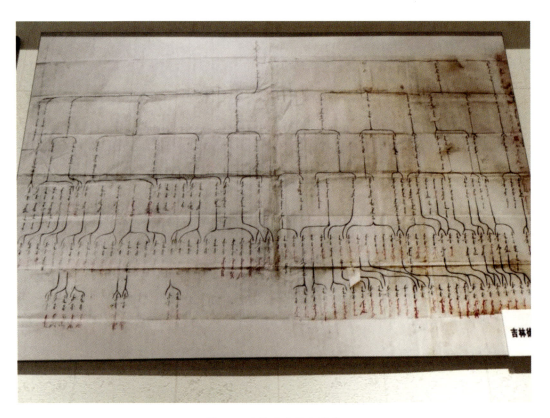

图4-5 吉林满族徐氏谱单

满文标明他是家中的长子、次子等排行。该谱中,长子居一家兄弟的最左边,因为满族以左为大。

　　用满文书写谱单,应该是证明族系纯正的方式,纯满文谱单稀少是源于民族融合的加快。现存的纯满文谱单均撰写于清道光、咸丰以前,年代久远,难以保存。咸丰以后流行的是兼有满汉两种文字的谱单,有些是满汉对照。

　　如修于光绪二十一年(1895)的盛京依克唐阿家谱,其世系人名的满文部分居于右侧,汉文音译部分在左侧,修谱时间及修谱人也以满汉文形式分列世系人名的左右两侧;或是一式两份,一份写满文,一份写汉文,如吉林市徐氏宗谱,最早是全满文谱,其后又将满文谱翻译成汉文谱,以汉文标注满音。至清末民国时期,汉文谱单渐渐占据了主要地位,其中有些是用汉文将满文谱单音译成谱。吉林乌拉街旧站村佟德林、佟永刚所藏谱单,就以汉文将世系中的满文人名音译,如乌勒舒伦、穆通阿、萨凌阿、库勒库等;有的则完全用汉文来修订谱单。从时间轴上,可以清晰地看出,满族文字在与汉文字融合的过程中,逐渐被汉化。乾隆后期,清政府曾多次令满人不要放弃"国语骑射",这也从侧面说明"国语骑射"在当时已渐式微,许多满族人已不会读写满语了。所以,满族谱单中像吉林徐氏谱单这样纯满文书写的谱单就稀有了。

　　第二件是九台董氏谱单。在该谱单的左右两块屏风中写着:"原籍小云南大槐树

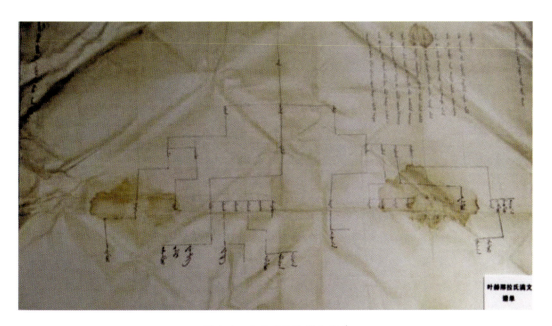

图4-6　叶赫那拉氏满文谱单

底……大明燕王扫北,迁移……顺天府丰润县……董家庄。二次迁移关东,流连至此,数七代。"从中反映了八旗制度创立以后的一段史实,即随着清政府统治的巩固,大量的汉人、蒙古人、朝鲜人加入了八旗,佐证了史书关于设立汉八旗、蒙八旗的记载,后来划定族别时,把满族八旗和汉军八旗都归入了满族,而情况相似的蒙古八旗、朝鲜八旗则分别归入蒙古、朝鲜族。九台董氏谱单是一份汉军旗的谱单。

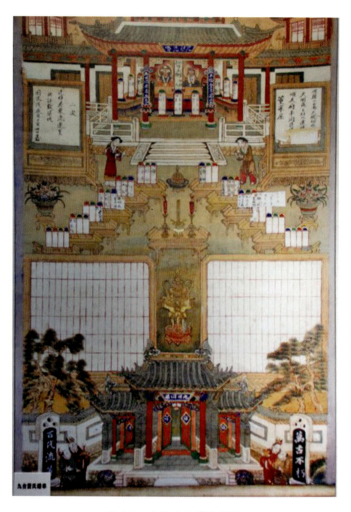

图4-7 吉林九台董氏谱单

吉林师范大学收藏了不少汉军旗谱单,这类谱单的绘画十分华丽,犹如一个手绘的祠堂祭祀现场,先祖名称写在形似表格的牌位,或直接写在牌位画上。这种图画式的谱单在满八旗中也较为通行,满族人会将神明、风景、建筑、风俗等元素绘制在谱单上,赏心悦目，当时的生产、生活情形跃然纸上。如伊通谱单，上面绘有野猪等各种动物，是满族先民们渔猎生活的写照。吉林乌拉街旧站村佟德林、佟永刚家谱单的上面绘制了供奉先祖的莲花式楼台，每个楼台内各供奉一位先祖。这些楼台的最上端是围墙，围墙上还有一些拱门，楼台的下方是相对比较简单的，用莲花衬托着的先祖牌位，谱单的四周镶衬着牡丹花式的图案，该谱单图文并茂，内容丰富，表现生动形象。

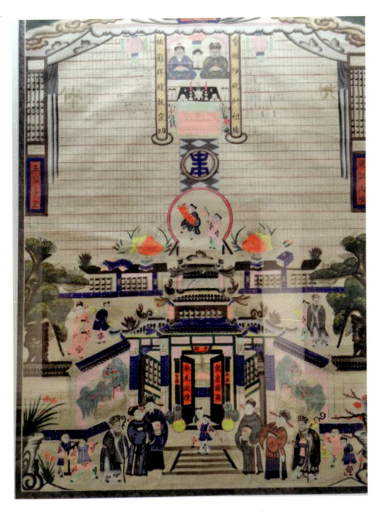

图4-8　宽甸汉军旗王氏谱单

　　第三件是九台张氏神谱。该谱单已不单纯地用于世系的记载，兼有了神谱的功能，已向用于萨满教祭祀的用品演化。谱单中间罗列了先祖的名字，四周是方块彩绘，上方是神灵，如关公等，下方是萨满教中制造病痛的恶鬼，如抽筋鬼、抽肠鬼等。萨满教相信

图4-9 吉林九台张氏神谱

如果一个人抽筋了,那是抽筋鬼作祟,须作法将鬼驱走。

　　这张谱单反映了萨满文化与家谱文化的相互渗透。家谱的作用之一是满足生者对逝者的祭祀需要,萨满教顺应这种需求,在萨满主持下举行具有神学意味的祭祀仪式。许多满族家谱都受到一定的萨满文化的影响,专列篇目对祭祀的神歌、礼节、仪式,甚至安放祖宗牌位的方位、所用物件等都详加记述,固化为祖先成例约束后人的祭祀活动。1944年那寿山编《那氏族谱》中就专门列出《大祭祀所用物件草图》《本族冬腊月祭祀祖上礼节》两篇,对大祭祀所用物件做出明确说明,祭祖的礼节事无巨细都有规定。

二、采访满族后裔赵东升

2016年9月14日,课题组人员来到吉林长春市,采访了满族纳齐布录后裔——赵东升。赵东升是吉林师大满族文化研究所的兼职教授,吉林省民俗学会名誉理事长,虽年至耄耋,但精神矍铄,侃侃而谈。

赵介绍说,纳齐布录活跃于明永乐初年,祖上原为大金名将完颜宗弼,后在纳喇河滨自成部落,改姓纳喇氏,"以地为氏是我们女真人的习俗"。

女真时期,满族贵族就重视家谱的修编。当时明朝对少数民族地区执行以夷制夷的羁縻政策,基本承认原有的管理体制,将女真卫所设为卫所制度的一部,其官员均由满族中的贵族担任,并是世袭制,所以,充当卫所官员的女真首领或女真贵族就十分重视家谱。到了清代,为了维护礼教、保持血统等原因,修家谱的风俗由贵族首领渐渐传播到了民间,以至于清代、民国时期,满族几乎家家有家谱。

由于谱单的撰修已不是单纯的家族行为,是与官方政策挂钩的,所以续修谱单时,首先要"上档子",即各家家长先向本族族长汇报近几年的出生情况,由族长统计,登记在档册上。这一档册除了成为谱单书写的根据,还会向官府呈报,一方面当时的清政府鼓励生育,会向新生儿的家庭赠予钱粮(这种制度在光绪末年、宣统时期渐渐消失),一方面也作为日后抽调民力的依据(因而在家族成员死亡后,也需要销档子)。而后,才是第二步"上谱子",族长根据档册,命人在谱单上添加家族人员的姓名。

据赵东升了解,满族谱单主要分布在辽宁和黑龙江一带,吉林地区极少,但赵东升的家族就有修谱传统。赵东升的家族本姓乌拉纳喇氏,祖居吉林,从始祖传至今已经有二十余代了。赵东升家原有7部家谱、6部谱单和1部汉文谱书,最早可追溯至清顺治年间。"文化大革命"时期"破四旧"毁了6部,如今剩下唯一的谱单是光绪末年所修,记有15世代200多人。

赵东升将他保存的谱单平摊在卧室的大床上。这是一张长3.2米、宽2.2米的布制大谱单,谱单上方绘有青山绿水和几个先祖画像,俗称"谱头";往下则有几所形似墓碑的亭子,亭子两边各有一个约A4纸大小的屏风,屏风上从右依次写有历代修谱主持人的官衔、名字,再往下则是由"弓字纹"连接的历代世系表,整体呈宝塔形格局。

这张乌拉纳喇氏谱单是为汉字布制谱单,是光绪年间1比1仿制的顺治老谱单,制作华美,更超他谱。这块谱单主要分为两个部分,上半部分是彩绘谱头,下半部分是世系。彩绘部分以画的形式绘出赵家历代先祖的牌位碑林,同时也是赵家历代先祖的世

图4-10　赵东升保存的乌拉纳喇氏谱单(局部)

系图。每一块石碑的位置和式样,都有不同的寓意,显示该先祖在众多祖先中的地位,比如该家族的始祖那其佈禄(纳齐布录)即在整张画的中上方,一间华丽的庙宇的最高处,显示其一家之祖的地位。下方是其子多拉胡其(多尔和其),而后左右排列的是多拉胡其之子佳妈喀(佳玛喀)和撮托兄弟,其历代后裔按照辈分,分列各色祥光之上。而其中最引人注目的是布彦(布颜),他的牌位在整张画像的最中央,形制十分华丽,因为他是传说中乌拉国的国王,也是乌拉城的建造者,其后世子孙无不为其先祖的英雄事迹而骄傲。

"文化大革命"时,这份谱单被糊进别人家的天花板,才躲过一劫。自1988年开始,赵东升担任穆坤达(族长),分别于1988年和2000年主修过两次谱单。2012年,赵先生纂辑的《乌拉纳喇氏家谱全书》,已是一册内容丰富、稍具规模的书本家谱了。

赵东升介绍,家族的谱单平时不能轻易给外人看,此次允许课题组人员拍摄局部已是特例。这不仅仅是他个人的意思,更是家族对祖传文化的保护。家族内的一位亲属出钱购置了一套房子,专门用于存放家族的家谱。在之后的行程中,我们了解到,修建"谱房子"专门存放家谱,是满族的一项习俗,可见满族人对祖先、家族、家谱的重视。

《文汇报》记者付鑫鑫参加了2016年9月14日对赵东升的采访,并将有关内容整理成《我国现存少数民族家谱6796种》一文,2016年12月28日在《文汇报》发表。

图4-11　赵东升观看刊载自己接受采访的《文汇报》

三、石姓家族的修谱习俗

吉林九台小韩屯的石姓家族至今依然保持着修谱的传统习俗,堪称家谱文化的活化石。2016年9月和2019年5月,课题组人员曾两次前往小韩屯,做了详细考察。

九台石姓家族积存了丰富的家谱。最早是修撰于道光十八年(1838)五月二十日的谱单,长三米,宽两米,谱单上画有最早几位祖先的像。满族人将画有祖先像的谱单称为影像谱。由于石姓家族人丁兴旺,谱单难以容纳,就又修了谱书。总谱书从先祖吉巴库一直写到第四代先祖,还有七个分支的谱书,从各分支太爷一直记录到现在。石姓家族先后举行多次修谱仪式,并于1951年、1984年、1988年、2000年、2012年的修谱仪式中,对谱书进行了多次续修。除了家族的家谱,族人石文林等还有个人收藏的家谱。

石姓家族的影像谱制作华美,谱单两侧有"福如东海长流水千古永久,寿比南山不老松万年长青"的对联,顶端匾额上是"永言孝恩"四字。该谱绘制的背景左上角悬有太阳,右上角悬有月亮,空中烟雾缭绕,鸟雀飞翔,往下是长白山地区图,标注的河流有鸭绿江、一步三江、爱辉河、胡敦河、辉发河等,河中央有船只通行,河边有鹿、狼等野生动物。石文林家的影像谱虽然久远陈旧,有些字迹难以辨认,但左边可以看到"寿比南山千年苗裔受祖恩"的字样,其绘制的背景也是有日月山川,有飞禽走兽。

石姓家族的修谱习俗是十分庄重的,它包括亮谱、拜谱、续谱在内的一系列仪式。石文继、石文林等族人为课题组人员详细介绍了该家族的修谱习俗。石姓家族的修谱选在

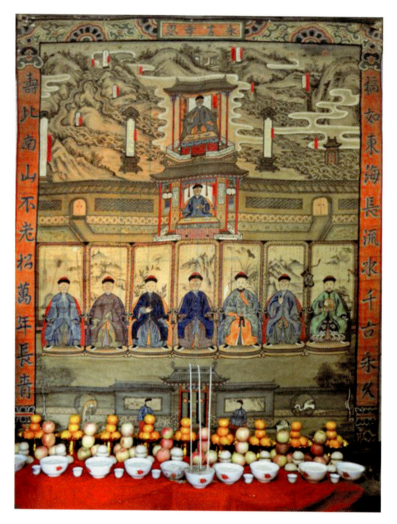

图 4-12　吉林九台石姓的影像谱

龙年、虎年或者红鼠年进行。因为龙、虎象征着子孙生龙活虎，勇猛善战，老鼠则预示着多子多孙，后代兴旺。由于虎的生育较少，所以虎年只亮谱，不续谱。最近一次修谱，选在 2012 年，是壬辰龙年。修谱有以下仪式。

1."接谱"。习俗上，修谱的第一项仪式是"接谱"。那时，放置家谱的谱匣子和谱箱子由族人轮流供奉。接谱这一天，家族的首领总穆昆达要在太阳升起来以前，带领各分支的穆昆达到几家供奉家谱的族人家中接谱。接谱时，众人在穆昆达的带领下，按辈分长幼依次给家谱，也就是对祖先磕头，然后用满语说："您的后辈子孙时刻不敢忘记先祖的恩德，如今旧月已过换新月，在此吉日良辰，特来请祖先到某地享祭。"仪式结束，几位

图 4-13　吉林九台石姓的藏谱房子

穆昆达才能将谱盒子或谱匣子抬走。这时，供奉家谱的族人必须全过程跪拜，直到家谱出门，起身相送。改革开放后，族人石文炳出资，为家族新建了专门用来供奉家谱的谱房子，从此石氏家谱、大神案子、家神案子和许多祭祀用品等，就一起存放其中，接受族人的供奉，各项仪式也主要在谱房子进行，也就不需要到族人家中去接谱了。

2. "亮谱"。此次"亮谱"仪式在 2012 年大年三十举行，由萨满祝神人栽力石清真主持。下午两三点，总穆昆达和七大分支的穆昆达洗净双手，将影像谱从谱匣子中请出，悬挂在谱房子的北墙上，然后向谱单磕头跪拜。这时，谱房子外鞭炮齐放，气氛浓烈，象征祖先热热闹闹重回人间，与子孙后代团圆。栽力石清真则在"祖爷板""南炕""佛多妈妈""奥都妈妈"的神位前点"年期香"，呈上馒头等供品。每份供品前放一个香碗，所有香碗前还有一个"主香碗"。香碗中装满大米，点"汉香"，也称"长香"。

3. "拜谱"。画有祖先的影像谱悬挂在谱房子北墙之后，住在村内的族人要在当天大年三十的晚上，前来拜谱，给祖先像磕头。第二天一早，族人们还要再次到谱房子，给祖先拜年。拜完祖先，才能给家中的长辈们拜年。常年散居外地的族人，也会在仪式期间陆续回来，聆听穆昆达对仪式的安排和相关事宜，在穆昆达引导下，向悬挂的影像谱磕头"拜谱"，礼毕才能给阔别已久的长辈亲朋们拜年贺喜。为了迎接远道而来的游子，穆昆达需要一直守在谱房子中，引导拜谱，讲述家族历史与祖先故事。不续谱的年份，拜谱仪式持续到正月初三上午十点，之后举行"收谱"仪式。2012 年则延续到续谱的日子。

图4-14　2012年吉林九台满族石姓祭拜家谱

4."续谱"。"续谱"仪式于正月初六举行。影像谱前的供台上摆供着橘子、苹果等供果,五个馒头一份,摆了九份。族人相信"佛一神三鬼四"的说法,所以在每个香碗中点着三根汉香。"祖爷板""佛多妈妈""奥都妈妈"等神位前也都点着"年期香"。

早晨八点,栽力石清真主持全族人拜谱。拜谱的顺序按辈分进行,当时最高的辈分是"连"字辈,"连"字辈以下,按石姓家族谱书记载有"清文宗继盛,庚兆咏明良,璞蕴祥微玉,昆衡宝润方"20个字辈。所以,石连英的老伴先拜谱,然后是石清帅、石清真等接着拜,先是拜"祖爷",然后拜"家谱"。各个辈分的男性依次完成了"三拜九叩"后,接着是石姓家族外嫁出去的姑娘拜谱。本次续谱族人们议定了新的规矩,即石姓家族外嫁出去的姑娘也可以上谱。这些回家的"姑奶奶"拜谱完毕,才由石姓家族的儿媳妇也按辈分依次拜谱。拜谱的时候,"谱房子"外面鞭炮齐鸣,庆祝这次壬辰龙年的修谱活动。拜谱的时候,与石姓家族有"姻亲"关系的,或者关系友好的外村的满族姓氏也会来参加,除了拜谱还会送上"礼钱"。

拜谱结束,穆昆达石文学抬出了谱箱子。深红色的谱箱子长一米、宽五十厘米、高四十厘米,显得陈旧,颇具历史。石文学将各分支的谱书分发给各支的穆昆达,要求穆昆达们在原来谱书的基础上添上新增加的家族成员,故去的人用黑字表示,在世的人用红字表示。特别之处是,家族中的"神抓萨满"(家族中认为已故萨满被前代祖先神所

"抓",即选中成为神的)故去以后,仍然要用红字表示,他们相信这些萨满死后会成神,回到长白山上修炼,所以他们死去不能火化,棺椁外也不上"寿钉"(为故去人的棺椁上所钉的铁钉)。

谱书发出,初六上午的拜谱仪式就结束了。之后的两天,各分支的穆昆达组织家族成员续谱,并在正月初八中午之前将续好的谱书交给总穆昆达,经总穆昆达石文学审核无误后,放到谱箱子中收起来。此外,每户人家要交200元修谱钱,交钱家户的名字写在红纸上,贴在谱房子外。

5."收谱"。正月初八举行"收谱"仪式。仪式中有献神猪环节,石家的男性成员一早就在谱房子前搭锅灶,劈柴火,女性成员则切酸菜、淘米饭,预备"杀猪菜"。栽力石清真采用"走托力"这一古老的萨满教占卜法,算出中午12点以后是收谱的吉时。

中午12点,先是给影像谱前的各神位上香,点香人员先三拜九叩。锅头石宗海和几位年轻人将猪从外面"请"进谱房子,绑好放在供台前面。老栽力石清真开始主持仪式,男女老少按照长幼的辈分顺序跪下,由于人多,一直跪到了谱房子的外面。老栽力石清真和穆昆达石清帅跪在最前面,所有成员向影像谱磕头三次。石清真老人用满语在影像谱前念诵献祭词、祭文,所有成员都跪在地下倾听老人念诵。念诵完毕,穆昆达石清帅在谱前祈祷:"石氏家族的列祖列宗们,今天你的子孙聚集在这里,为你续延子孙万代家族筹集喜猪一口,希望你们笑纳。"石清帅端起一碗净水慢慢地倒进猪耳朵里,猪的耳朵抖动起来,这象征祖先领受了献祭的神猪,族人们站立起来后高呼"大喜",这时鞭炮炸响,一片欢乐。

随后,人们把一张圆桌放在供台前,当众杀猪放血,投入屋外的滚烫的锅里褪毛、切块。之后,将切下的猪头和猪左前蹄放在供台上,在两个猪鼻孔中各插一根汉香,又在猪鼻子上横一根汉香,用于上供。下午2点,全族人聚在一起开始热闹地享用"杀猪菜"。能上桌吃饭的主要是家族的男性成员、年长的女性成员以及石姓嫁出去的姑娘们,家族的年轻媳妇们则忙里忙外,端菜盛饭。

饭后,众族人在影像谱前做最后一次叩拜。石清真老人让小栽力石宗波再次在影像谱前上香磕头。等汉香燃尽,石宗学和石宗义轻缓地将影像谱从下至上卷起,装入谱匣子。供台上的馒头、橘子、苹果等供品,以及香碗、酒盅等器具从供台上撤下后,族人们纷纷抢食供品,相信吃了这些供品,尤其是摆在顶部的"供尖",可以使人身体健康、生活顺利。

除九台石姓外,也有一些家族保留续谱的习俗。2018年5月,课题组人员前往吉林

图4-15 吉林张荣波手持家法

市拜访汉族八旗后人张荣波先生。张先生家有很多祖上流传下来的文物，比如"打牲乌拉弓匠通张氏族印"，该印由玉石打造，四面有蝙蝠纹路，印的顶端雕刻有缠藤葫芦，另有家法一根，木质长条，上书"威严族章，以儆效尤"八字，家法顶端有一圆孔，据说是用于穿绳索，防止用家法惩戒时用力过猛把家法打飞。

张荣波的家族本来是汉族，为贩卖人参迁入关东，后作战有功，加入了汉八旗编制。张荣波作为老谱续修的参与人和新谱续修的主持者，对续修谱单的流程和习俗都很熟悉。张家现存有两件谱单，一件收藏于吉林档案馆的文物库房，另一件由其他族人暂管，我们只能从照片窥见其风貌。新修谱单长宽都超过3米，谱头中间有亭台松鹤，左右两面屏风写着张氏第一代谱序和字辈，左边的屏风下方有此次新修的谱序，为张荣波撰写。

张先生认为即便目前的谱单有越修越大、越修越难的趋势，但仍然应该以修谱单为主，撰谱书为辅。在新修谱单中，张先生为每个人著录了完备的眉传，即将家族成员的官位用小字记录在名字旁边。可贵的是，张荣波保留了当年续谱时，族长向众家分发关于续修家谱的传单，堪称研究谱单续修的宝贵资料。

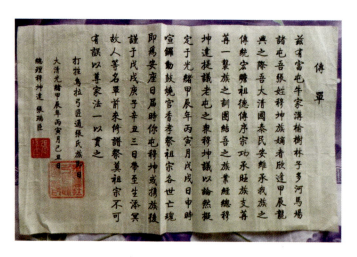

图4-16 吉林张氏通告续修家谱的传单

张荣波还展示了此次修谱的草稿勾抹谱折。所谓勾抹即勾销涂抹的意思：修谱人先将上一次修谱的世系写在勾抹谱折上，然后按照家族成员新提交的世系材料对旧有世系进行增补与修改，期间即便有笔误，也可勾销涂抹，如纸张不够大，可用新纸粘贴。待整张谱单整理、核对以后，再以此为底本用更好的材料进行正式书写与印刷。

图4-17 张荣波（中）展示勾抹谱折

第三节 蒙古族谱单

现在的蒙古族是以铁木真、成吉思汗所在的尼鲁温蒙古部落为中心，由蒙古高原诸部落融合发展而来的。尼鲁温蒙古的先世是一个被称为"蒙兀室韦"的部落，根据《旧唐书·北狄传》引《通典》文字的补充内容记载，该部落并非世居草原，而是在唐代活跃于望建河（今额尔古纳河）流域山林地带的渔猎民族，直到统治蒙古高原的突厥、回鹘诸汗国先后崩溃，"蒙兀室韦"才得以迁入蒙古高原定居，不断壮大，成为主事游牧的草原民族，并在后来分化为尼鲁温蒙古和迭列列斤蒙古。《辽史》《金史》中均有对这两个蒙古部落的记载。

公元12世纪，铁木真领导的尼鲁温蒙古部落东征西讨，一统蒙古高原诸部落。1206年的斡难河"忽里勒台"大会中，铁木真被推举为蒙古大汗，号"成吉思汗"。铁木真建立蒙古汗国后,政治上,利用新的千户制体系分封人口,将战败的塔塔儿、克列、乃蛮等部落打散,吸纳进各个千户中;文化上,以合木黑蒙古方言作为基础的蒙古语,以粟特体突厥文(畏吾儿文)字母书写的畏吾儿体蒙古文作为诸部落的共同语言文字;军事上,发动大规模的对外扩张战争,形成一横跨欧亚的大帝国。那些被打散吸纳的,本就是以蒙古高原为共同地域的蒙古诸部落后裔,由此产生了民族认同,"蒙古"也就由原来的一个部落的名称变成一个民族的名称。如今,蒙古族依旧是中国北方的重要少数民族,主要分布在内蒙古自治区,其余分布在黑龙江、吉林、辽宁、新疆、甘肃、青海、河北、河南、四川、云南、北京等省、市、自治区。

蒙古族在没有文字时,就有"世系事迹口相传述"的习俗。13—14世纪,蒙古文字创立之初编写的《蒙古秘史》中,就以口传家谱为原材料,叙述了成吉思汗以前23代、长达六七百年的家族谱系。而蒙古族大规模兴修文字家谱,则在17世纪后。那时,清政府控制了蒙古诸部,为了有效监管蒙古诸部这一强大力量,清政府实施盟旗制度,设立专门处理蒙古事务的理藩院,并下旨令属于成吉思汗黄金家族的贵族们兴修家谱,将自己的世系详情记录、上交,由理藩院核实并保存,以便处理有关继承或争端的问题。当时普通百姓不允许修谱,但修谱的风俗最终还是漫延到民间。

从图书馆收藏的情况看,蒙古族谱单的修撰时间晚于谱书的修撰。国家图书馆馆藏最早的蒙古族谱书是《博尔济吉特世谱》四册,修于清乾隆四十六年(1781);内蒙古自治区图书馆收藏最早的蒙古族谱书《蒙古博尔济锦氏族谱》三册,是清乾隆四十八年(1783)罗密裔孙博清额在罗本基础上续修重纂的。而较早的谱单是内蒙古自治区阿拉善盟阿拉善左旗档案馆藏的清嘉庆二十年(1815)朱墨毛笔写本《哈萧诺颜洪古尔至玛哈巴拉家谱》、内蒙古社会科学院图书馆蒙古文古籍库藏的清道光十五年(1835)写本《鄂尔多斯右翼后旗巴图蒙克达延汗三子巴斯博罗特始十七代家谱》等,集中于内蒙古鄂尔多斯、通辽等地区,这也佐证了《乾隆朝内府刻本〈理藩院则例〉》关于编修蒙古贵族家谱的规定直接促进了蒙古族家谱的编修工作,应是城中的王公贵族最先响应《理藩院则例》兴修谱书,而位于草原上的小贵族因难以纂修谱书,故而使用谱单。

蒙古族现存谱单有数百份,这些谱单总体来说形态较为单一,主要记载一个家族的历代人名、职爵等内容。书写的形状一般为垂丝宝塔型,始祖的名字列于垂丝宝塔顶端,始祖子孙后裔的名字(包括职爵等内容)按世系先后一层一层地排列在下面,一层表示一代,子孙世系衔接则按直系血缘关系用线条上下连接起来。在文字用色上,蒙古族谱单与满族谱单相似,凡新生的子孙名字用红字写在谱单上,去世后则用墨笔描成黑字。改名时用黑笔将新名写于纸条上,贴在旧名之上。

数量众多的蒙古族谱单,具有以下主要特点。

修撰时间间隔较短。相较于汉族家谱30年一小修、60年一大修的传统,蒙古族谱单的编修较为频繁,每次续修相隔5年或10年左右。内蒙古社科院图书馆馆藏的《巴图蒙克达延汗三子巴尔苏博罗特始家谱》从十五代所修的第一套谱单,到二十代时续修的最后一套谱单,一共保留有19套。从能确定时间的几套谱单来看,该家族在1835年、1855年、1865年、1875年、1897年、1907年、1924年、1935年、1945年都纂修过谱单。两次修谱时间相隔有不少都是精确的10年。蒙古族谱单的这一特点与《乾隆朝内府刻本〈理藩院则例〉》关于"蒙古王等家谱,原定五年一修,今将留内收贮者撤出,应改修者改入,嗣后著十年具奏一修"的规定一致。

大量谱单修成于同一年。《中国少数民族古籍总目提要·蒙古族卷》国家图书馆收藏的25种蒙古族谱单中,有24种都修于1901年,如《喀尔喀札萨克图汗部札萨克图汗兼多罗郡王索特诺木喇布坦家谱》,为清光绪二十七年(1901)毛笔写本,1幅,30×51 cm;《喀尔喀札萨克图汗部右翼左旗镇国公衔札萨克一等台吉玛尼巴扎尔家谱》,清光绪二十七年(1901)的毛笔写本,1幅,30×51 cm;《喀尔喀札萨克图汗部车凌多尔济旗辅国公述什车林家谱》,清光绪二十七年(1901)的毛笔写本,1幅,30×51 cm。这很可能是与清政府的管理要求有关。

谱单上常见朱砂印章。内蒙古社会科学院图书馆馆藏的鄂尔多斯地区的132份蒙古族谱单中,有7种钤有满文"信章"印,63种钤有满文、蒙古文"鄂尔多斯某翼某旗管旗扎萨克印"等印章。扎萨克也写作札萨克,是蒙古语"执政官"的音译。清政府在蒙古族施行盟旗制度,将蒙古族按地域划分为内属蒙古和外藩蒙古。外藩蒙古又分漠南、漠北、漠西三部分。漠南蒙古(大致为今日内蒙古自治区与蒙古南部部分地区)被划分为六盟二十四部五十一旗,统称"内札萨克旗"。札萨克即是一旗的旗长,通常由蒙古族的王、贝勒、贝子、公等贵族担任,管理辖旗的军政司法,受理藩院等清政府机关监督。谱单上的扎萨克朱砂印章好比官方的背书一般,增加了蒙古族谱单的真实性。

谱单有红、蓝线谱之分。内蒙古的早期谱单有红、蓝线谱两种。红线谱由获得继承权者修撰,反映的是官职、爵位的获得与继承,这是理藩院主要收集的。没有获得继承权者,不能修红线谱,但因是成吉思汗的后裔,黄金家族的成员,故仍允许写家谱,这就是蓝线谱。《乾隆朝内府刻本〈理藩院则例〉》记载:"乾隆二年(1737)奉旨:蒙古王、札萨克等家谱履历,朕皆未甚明晰。尔院将当初袭封根源,酌量各旗部落,徐修家谱奏闻。钦此。"这里出现的"当初袭封根源",表明为继承爵位,当时蒙古黄金家族需将"袭封根源"报表上报理藩院;"徐修家谱奏闻"则含有上报的黄金家族继位者凡满十八岁即可入谱上报的内容。

一、采访伯苏金高娃

伯苏金高娃是内蒙古社科院图书馆采访流通部主任、研究馆员,对内蒙古家谱有多年的研究。2016年9月12日,伯苏金高娃特别介绍了2份谱单。

图4-18　伯苏金高娃(中)向付鑫鑫(左)、王鹤鸣介绍内蒙古社科院图书馆收藏的谱单

1.《巴图蒙克达延汗三子巴斯博罗特始十九代家谱》

这一家族居住于伊克昭盟鄂尔多斯左翼前旗(今鄂尔多斯市准格尔旗),该谱单由72幅高88 cm、宽46.4 cm的麻纸粘连而成,各幅之间盖有骑缝章,防止拼接错误,可称为特大型谱单。

2.《哲里木盟奎蒙克塔斯哈喇诺颜始十六代家谱》

该谱单为毛边纸写本,分刊在两份卷轴上,卷轴宽1米、长3米,两份卷轴展开、拼接以后,合约6米,左边是蒙古文,右边是汉字,名字前面还有职爵名号。这张谱单应该是红线谱单,其中所出现的人名均写有职务,可以看出代际间的职务世袭。通常是长子继承,

图4-19　伯苏金高娃（右）介绍《巴斯博罗特始十九代家谱》中的骑缝章

也有少数其他儿子代替长子继承父亲爵位的。其他未继承爵位的儿子如有新的功勋，也会写在上面，与长子并列，并将他们的爵位传给自己的儿子。早期开拓疆土时，常见兄弟几人皆立功勋，并列入谱的情况，后期多为继承，兄弟间并列爵位的情况就少见了，出现了不少分支的爵位一脉单传数代，致使谱单显得瘦长。

这份谱单的特别之处，在于它是该图书馆馆藏的诸多谱单中唯一一份蒙汉文字对照的谱单。而大多数蒙古族谱单都使用蒙古文，后期有加上满文与汉文作为注释或对照的，加入汉文的情况较少，加入满文的情况比较多见，其作用是为了方便该谱单上交理藩院辨识。

课题组人员在仔细查看谱单时，发现家族第5代长子纯诚亲王"齐桑卜合诺颜"右侧有"孝仪纯皇后"字样，其后的第6代有"孝康章皇后"字样，第8代有"孝惠章皇后"字样，也就是说，这个家族出了三位清代皇后。伯苏金高娃见状，惊讶地说："我以前也没发现，这份谱单上居然有三个皇后！以前蒙古族的家谱一般是不记载女性的。"

令人不解的是，这份谱单上三位皇后的原名或封号被小纸贴去，仅露出皇后二字，而"孝仪纯""孝康章""孝惠章"都是写在小纸上再贴上去的，与原稿文字存在明显区别。课题组人员查阅资料发现，"孝仪纯皇后"（1756—1776）为汉人入旗的魏佳氏，"孝康章皇后"（1640—1663）为少保、固山额真佟图赖佟佳氏，均非蒙古族人，唯有"孝惠章皇后"（1641—1717）为蒙古科尔沁部卓礼克图亲王吴克善之女，属哲里木盟博尔济吉特氏。"孝仪纯""孝康章""孝惠章"三位为清代著名皇后，均非出自哲里木盟奎蒙克塔斯哈喇诺颜始家族，为什么要用她们三人的名字覆盖在本族的谱单上呢？这里无疑留下了历史悬念。

图4-20 《诺颜始十六代家谱》贴上小纸条的皇后名字

二、赴喀喇沁左旗调查

了解到辽宁朝阳市喀喇沁左翼蒙古族自治县档案馆存有一份谱单列入《中国档案文献遗产名录》，课题组人员即于2016年9月21日赴该县档案馆。这份《喀喇沁左旗王爷乌梁海氏家谱》谱单的原件已被封存，复制品足足占了档案馆一整面墙。

喀左县档案局副局长计晓丹（蒙古族）介绍说：乌梁海氏家谱长约8米、宽约1.8米，以蒙古文按宝塔形写于宣纸上，记录喀喇沁左旗王爷乌梁海氏家族时间从清朝天聪九年（1635）起，至道光十一年（1831）止。谱单上可辨认的共有14代，计1920人，其中，塔布囊（蒙古语，意为驸马）1049人、扎萨克（旗长）13人、郡王1人、贝勒3人、贝子2人、镇国公4人、卓索图盟盟长4人、内务府大臣1人、理藩院大臣8人，此外还有御前行走、协理、辅国公、喇嘛等。

《喀喇沁左旗王爷乌梁海氏家谱》是成吉思汗黄金家族末代驸马图琳固英家族的谱单，因此也叫《图琳固英族谱》。图琳固英十二世祖济拉玛骁勇善战，是成吉思汗爱将。为褒奖其赫赫战功，成吉思汗下令，自己的子孙后代与济拉玛的后代世代联姻，世袭"塔布囊"爵位，而初次结亲就是成吉思汗的女儿嫁给了济拉玛的儿子。

后来，图琳固英第六子色楞，在喀喇沁左旗出任首任旗长（1635—1657）。经世袭，1919年，28岁的默尔庚额，汉名乌振清，就任第20任旗长（1919—1943）。20世纪40年代，由于战乱，默尔庚额带领家人逃出旗王府，并将家谱和旗印（卧虎印，类似于现在的公

图4-21 喀左县档案局副局长计晓丹介绍《喀喇沁左旗王爷乌梁海氏家谱》

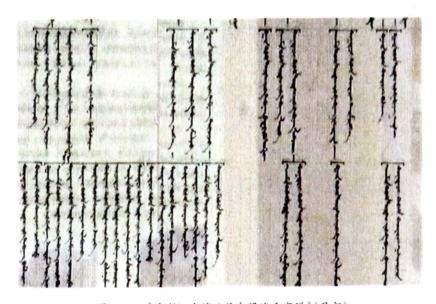

图4-22 《喀喇沁左旗王爷乌梁海氏家谱》(局部)

章)藏到葫芦岛市建昌县的一个喇嘛庙里。50年代中后期,默尔庚额的五姨太将家谱和旗印交给人民政府,遂由档案馆保存至今。

计晓丹说,这份谱单列入《中国档案文献遗产名录》,不仅因为图琳固英是成吉思汗黄金家族的末代驸马,更重要的是它记载一个家族近三百年的历史,折射了近三百年的蒙古历史,从而完善了蒙古族1 000年的历史追踪,填补了蒙古政权及元顺帝之后蒙古王朝沿革研究的一些空白。

第四节　锡伯族谱单

锡伯族是一个历史曲折、文化独特的少数民族,原居住在我国的东北地区,明朝时归属于科尔沁蒙古。明末1629年,科尔沁蒙古携锡伯等部归属后金。清康熙三十年(1691),在清政府的干预下,科尔沁蒙古将所属锡伯同卦尔察、达斡尔一起"进献"给清政府。至此,锡伯部结束被蒙古族统治400年的历史,直接归满族贵族统治,因其归属较晚,清统治者称他们为"伊彻满洲"(新满洲)。清康熙三十一年(1692),清朝将锡伯族正式纳入八旗,编为65个牛录。牛录为满语,是清朝八旗组织的户口和军事编制单位,约三百人为一牛录,设"牛录额真"一人管理,后改名"牛录章京",汉译为"佐"或"佐领"。

由于锡伯族英勇能战,先后被清政府派往齐齐哈尔、乌拉吉林(今吉林市)、伯都讷(今吉林省扶余地区),以及辽宁的沈阳、开原、辽阳、义州、金州、兴京、牛庄、抚顺和京师

图4-23　沈阳锡伯族博物馆的西迁场景模型,左侧车轮为实物原件

（北京）等地驻防。清朝乾隆年间，清政府在新疆设立伊犁将军府。乾隆二十七年（1762）农历四月十八日，锡伯族官兵携家属4 000余人（其中官兵1 020人、家属3 275人），开始了大规模的"西迁"，被征调到新疆地区屯垦戍边。锡伯族把出发那天定为"西迁节"，隆重庆祝。2016年，"西迁节"作为锡伯族的民族传统节日，被列入首批国家级非物质文化遗产名录。现今锡伯族仍以辽宁省为多，新疆次之，黑龙江、吉林、内蒙都有散居。

在多次迁徙、与其他民族接触和融合的过程中，锡伯族既完好地保留自身民族特点，又兼容并蓄，吸纳了其他民族的文化习俗。锡伯族敬奉图腾崇拜、祖先崇拜等原始信仰，敬奉万物有灵的萨满教，后与蒙古族一起接纳佛教，之后学习使用满语满文，吸收儒家经典等汉文化进入民族生活，西方文化东进之初就兴办学校促进教育，这些都为家谱的修编提供了文化沃土。另一方面，为了监管锡伯族这一支军事力量，清政府严格执行旗人户籍、丁口编审和官职世袭制度。锡伯族人如要承袭官职必须"预先缮造家谱，存于都统衙门"，经过八旗都统"核真伪，稽疏远"后，方上奏皇帝批准。在清政府要求和满族修谱习俗的影响下，锡伯族家谱开始发展起来。

此外，锡伯族沿袭了"哈拉莫昆"制（详见本章第一节《概述》），以哈拉的名称为姓氏，这对家谱记载的清晰、准确也具有重要意义。锡伯族的家庭是哈拉、莫昆的基本单位，锡伯族家庭都是属于某个哈拉的，都是同一个祖先的后代，一般传到第五代、第六代之后，就成为莫昆，即演变成一个家族。因此，一个哈拉有几个莫昆，即家族，每个莫昆又含有若干家庭。该族恪守"哈拉"外婚制，不准同一"哈拉"之间通婚。为此，需要倚重家谱，清晰各哈拉、各莫昆的世代延续情况。据中华人民共和国成立前统计，锡伯族有瓜尔佳、郭尔佳、哈斯胡里、图克色里、安佳、郭罗罗、巴雅拉、吴扎拉、富察拉、觉罗、果尔齐、扎斯胡里、图木尔齐、伊拉里、那拉、永妥里、苏木尔、杨吉尔、温都尔、孔古尔、华西哈尔等六十余个姓氏。总之，悠久曲折的历史，积淀的文化传统，世袭制度的要求，使锡伯族成为十分重视家谱的民族，在中国少数民族的家谱史上留下了"姓姓皆有家谱"的亮色。

2019年5月25日，课题组人员参观了位于沈阳市北郊的锡伯族博物馆。该馆于2017年建成之初，引发了新疆、辽宁两地锡伯族认祖归宗的热潮。新疆的锡伯族来到辽宁与当地的锡伯族比对谱单，发现两地谱单互相间可以对接，印证了两地锡伯族确实同出一源。在场的各锡伯族人士抱头而泣，感慨分别之久远。新疆察布查尔地区的锡伯族人还向该馆捐赠了不少展品，以充实该馆馆藏，方便全国各省市的锡伯族人来此地拜访巡礼。

图 4-24 沈阳锡伯族博物馆的锡伯族家庙场景模型

中华人民共和国成立后,锡伯族的家谱向谱书发展,而此前,主要是谱单。每一个哈拉都有自己的哈拉总家谱,从哈拉中分出的支系——莫昆,亦都有各自的莫昆分支家谱,而莫昆之下的家庭则有各家族抄录的副谱。其中,时间最长者已有两三百年历史,多数家谱也有近百年历史。人口仅19万的锡伯族,仅记录在册的家谱就有一百三十余种,其中形态较原始的谱单为多,有九十余种,超过了三分之二,这个比例在少数民族中是名列前茅的;而明确在居住地的有81种,其中辽宁29种、新疆52种,也就是说,占锡伯族人口五分之一的新疆锡伯族,编撰了三分之二的家谱,可见迁至新疆的锡伯族,对家族的情怀更强烈。

在52种新疆谱中,用满文书写的有30种,1945年以后用锡伯文书写的有21种,1948年以前用汉文书写的有1种。在29种辽宁谱中,满文书写的有2种,满汉合璧书写的有5种,汉文书写的则有22种。新疆谱和辽宁谱书写文字的区别,揭示了两地锡伯族接受满汉文化影响的深浅。新疆的锡伯族远离东北,处在比较封闭的环境近两百年,较多保持

图 4-25　锡伯族《瓜尔佳氏谱单》(新疆民委古籍办葛维娜提供)

了早期的文化习俗,家谱的文字自然以满文、锡伯文为主了。而东北是清朝的发源地,锡伯族归附清朝后,辽宁地区的锡伯族更多受到满汉文化的影响,如辽宁地区的《锡伯族何氏宗谱》,记述何氏宗族原居地、迁徙、辈字、世系等内容,乾隆五十五年(1790)用满文书写,光绪二十九年(1903)续修时用满汉合璧文字书写,到1942年再续修时则用汉文书写,何氏宗谱书写文字上的不同,反映了该家族接受满汉文化程度上的逐步加深。

　　锡伯族的谱单的材质有纸质与布质两种。纸质谱单有三十余种,一般为1纸,但也有2纸,有的如辽宁《抚顺胡氏家谱》有4纸。纸质谱单,一般用墨汁书写,也有少数谱单,如辽宁《吴门中锡伯人氏火火力祖谱单》,记述始祖火火力等祖先牌位及5代人名、官职等,是彩绘的。布质谱单较多,有六十余种,一般用白色棉布,也有一些布质谱单是书写在黄布、红布甚至黄绸上的,如新疆《纳达齐牛录艾雅拉氏家谱》书写在黄布上,新疆《扎库齐牛录郭尔吉氏家谱》书写在红布上,新疆《乌珠牛录胡希哈尔氏族家谱》则书写在黄绸上。

　　无论是纸质还是布质谱单，其大小长短没有统一规定，不少谱单宽度在60厘米至80厘米之间，长度在160厘米上下。如新疆《扎库齐牛录富察氏家谱》为一幅棉布谱单，光绪二十七年（1901）编修，其宽度为68厘米，长度为160厘米。新疆《扎库齐牛录吴扎拉氏家谱（2）》为一幅黄棉布谱单，民国年间编修，其宽度为60厘米，长度为160厘米。也有的谱单很大，新疆《堆齐牛录关氏家谱》为一幅棉布谱单，同治三年（1864）编修，其宽度为250厘米，长度则达440厘米。也有的谱单很小，新疆《堆齐牛录瓜尔佳氏家谱》为一幅黄布谱单，1937年编修，其宽度仅为30厘米，长度为40厘米。

图4-26　锡伯族悬挂墙上的陶氏谱单

　　锡伯族谱单的世系部分普遍不长，一般在10代上下。如新疆《乌珠牛录顾尔佳氏家谱》，乾隆三十年（1765）编修，为一幅棉布谱单，用满文记录了10代男性姓名、官职，并以10层垂丝塔形图式进行排列。新疆《宁固齐牛录巴雅尔氏家谱》，同治元年（1862）编修，为宽80厘米、长110厘米的一幅纸质谱单，用满文记录了本族9代共30名男性姓名、官职，并以9层垂丝塔形图式进行排列。新疆《孙扎齐牛录顾尔佳氏家谱》，民国年间编修，为宽长40×27（cm）的书本式家谱，以锡伯文记录了本族11代141名男性的姓名、官职，也以11层垂丝塔形图式进行排列。也有少数家谱记录的世系较多，如辽宁《胡氏宗谱单》，是已知传承最久的一份谱单，为宽70厘米、长130厘米的一幅纸质谱单，记述本族一世祖佛力图，五世祖时衍为四支，其中一支长孙改为胡姓，已历17世。锡伯族的谱单较短的一个重要原因，是在习俗上锡伯族的后代不能呼叫前辈的名字，所以就不如其他民族一样有口传家谱与神话谱系能延伸追溯。

锡伯族谱单的体例一般比较简单，由谱序、世系、装饰的纹样或文字三部分组成，主要记载家族的历史渊源，诸如家族的祖居地、始迁祖、迁徙、曾分属哪一旗哪一牛录下等，个别会记录家法、家规之类的其他内容。如辽宁《何氏家谱单》，乾隆八年（1743）编修，4幅，宽70厘米、长90厘米，使用汉文，谱序置于世系表前，记述本族自席北投归清太宗经过及驻防抚顺情形，世系表记载始祖以下三分支人名、官职有关本族世系简况。新疆《霍城何叶尔氏家谱》，1948年编修，为一幅宽120厘米、长200厘米的棉布谱单，使用汉

图4-27　锡伯族长卷式谱单（新疆民委古籍办葛维娜提供）

文，世系表前的谱序记载第12代四兄弟中三位于1764年西迁新疆戍边的情形，世系用汉文记载本族12代男性姓名官职和12层排列的简况。

也有一些例外，如《沈阳吴氏宗谱》在序言中阐述修谱的困难，反映出家族历史的曲折艰难："于乾隆十一年，迁于城西南北营子村，迄今二百余年。原有宗族谱册，因光绪三十年，日俄战争，人民避一空，村中鸡瓦无存，以致房屋谱册同为灰烬，良可慨耶。今存草单一纸，虽不甚详，名讳辈行历历可靠，惟第四世伊喜布、五世音珠、佛珠三氏不知确系某先人之嗣，遍询族中尊长亦无者，深以为憾。敬特书谱数分，与族中各户，虽然不甚完善，究胜于无，望我族人有志于此者，继我而修焉。并拟族名二十字，以资遵循，凡我族人民庶有可考焉。"（贺灵、佟克力辑注《锡伯族古籍资料辑注》，新疆人民出版社2005年版，第376页）

在新疆的锡伯族家谱中，对"西迁"的记载显然是萦绕不忘的重点。《八牛录果尔吉氏宗谱》记载："乾隆二十九年，由盛京所属复州正蓝旗苏尔格纳牛录移驻伊犁。留居盛京的始祖：阿达顺、果诺霍图。移驻伊犁的高祖：佐领阿哈里，披甲多霍。"《八牛录富察氏宗谱》记载："原系盛京所属金州正红旗吉灵阿牛录人，乾隆二十九年移驻伊犁。留居东北的始祖：披甲恩杜里。移驻伊犁的高祖：色尔吉纳。"《八牛录瓜尔佳

氏宗谱》记载:"原系辽宁省岫岩城正白旗关保牛录之瓜尔佳氏,乾隆二十九年移驻伊犁。留居岫岩的祖先:永琐(西林保之父)。移驻伊犁的高祖:西林保。"《伊犁锡伯营一牛录永妥里氏宗谱》记载:"永妥里氏,原系沈阳镶白旗第六佐领锡伯营伍达里牛录之锡伯人。留居沈阳的始祖:陶吉那。其子特格移驻伊犁。"《伊犁锡伯营一牛录佟佳氏宗谱》记载:"伊犁锡伯营一牛录佟佳氏,系盛京锡伯营镶黄旗胡什台牛录居民,乾隆二十九年移防伊犁。高祖:巴当西。"(贺灵、佟克力辑注《锡伯族古籍资料辑注》,第375—376页)

一、采访关文明先生

新疆察布查尔锡伯自治县孙扎齐镇的关文明先生出生于1938年,原在伊犁州新华书店工作。他长期搜集、研究锡伯族家谱,并为锡伯族修编新家谱,至今已经搜集了六十多种锡伯族家谱。关文明对于锡伯族家谱的了解远近皆知,不仅族人会到关文明处寻根,对锡伯族历史、家谱感兴趣的国内外学者,也会去他处采访。2019年8月28日,课题组人员慕名而去,请关文明介绍了锡伯族家谱的情况。

图4-28　关文明介绍锡伯族家谱

关文明将锡伯族家谱按所属牛录放在文件袋中,七个文件袋分别放置了东北祖源和伊犁当地的六个牛录。当初锡伯族西迁到伊犁时,仿照八旗分为第一至第八牛录。目前关文明收集到1、3、4、5、7、8六个牛录的家谱。关文明收藏的锡伯族家谱，少部分为谱单复印件，大部分是关文明自己抄录甚至是修编的手抄本，谱单原件仅1件，且不知是什么年代的。关文明解释说，锡伯族历来对家谱和先祖之事十分看重，对家谱的保管也很严，即便他只是对家谱进行复印、抄录或记录，也是困难重重，一些族人一旦了解他的来意，就断然拒绝，甚至将他赶出家门。

图4-29 关文明（左）展示其收藏的谱单

关文明收集的唯一一张旧谱单，源自东北，这幅谱单的原主人是该家族的最后一名女性。根据锡伯族的传统，女性的地位是相对较低的，家谱中不记载女性名字，一家如果没有男性，只有女性，那这一家就算绝后了。所以，这个家族的最后一人才会将这份旧谱单托付给关文明。这份谱单使用汉字，用毛笔书写在红色纸张上，纸张已经有些褪色了。一共书写了九代人，但没有更多关于谱单书写年代的信息，只有谱单背后写明"代笔人关宝祥"。

关文明提供的谱单，大多数难以窥见锡伯族谱单的原始容貌。我们询问是否知道哪里还有锡伯族的旧谱单。关文明表示，旧谱单经过"破四旧"等已经所剩无几。谱单的大量缺失，带来了遗憾，损伤了锡伯族族人的亲情纽带。锡伯族的习惯是称名不称姓，且锡伯文出现得较晚，所以有些锡伯族会记错自己的姓氏，将读音相近的其他字当作了自己的姓氏，以至于锡伯族迁徙至此的26个姓氏，渐渐变成了80个，比如郭氏和

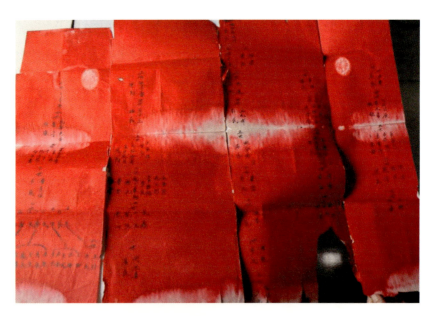

图4-30　关文明收藏的锡伯族谱单原件

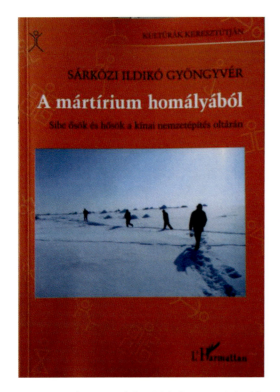

图4-31　匈牙利女学者的样书《锡伯族的家谱》

顾氏、白氏和巴氏等，其实他们原本是一家人。

　　关文明介绍了锡伯族修谱的一些习俗：锡伯族修谱，其实和汉族、满族十分相似，也由族长牵头，建立编委会，而后由各个族人缴纳钱款。族人们有钱出钱，没钱的或者出力，或者献上猪或羊，以物代财。关文明还向我们出示了一本匈牙利文的书籍《锡伯族的家谱》的样书，这本家谱由匈牙利女学者查耶客（Sarkozi）编著，将在匈牙利出版。关文明介绍，他有很多锡伯族家谱的资料，由于是用锡伯文撰写，国内出版极其不方便。恰巧这位女学者对锡伯族有很深的了解，更精通锡伯文字，于是就将自己的书稿交给她，让她翻译并整理成书在匈牙利出版。

二、采访葛维娜

2019年8月21日,课题组来到新疆维吾尔自治区民委(宗教局),采访了区民委(宗教局)古籍办的葛维娜。葛维娜是锡伯族,也是锡伯古籍的研究员,她向课题组讲述了关于锡伯族家谱的所见所闻。

她下乡搜集察布查尔县的锡伯族家谱时,了解到在"文化大革命"中,族人为了保存家谱,防止被红卫兵搜查没收,想了许多办法。有的人把家谱保存在烟囱里,有的人甚至藏进棺材。有一户人家,得知第二天家人要遭到批斗,他们连夜找来懂锡伯文的学者、老师和大队书记,用锡伯文把家谱抄写下来,放进盒子里埋藏好,以使能被后人挖掘出来。尽管如此,还是有很多家谱丢失了,所以现存的家谱弥足珍贵。在这些家谱中,也是只记载家族中的男人,不记载女人,包括嫁到此家的媳妇和同姓女儿也不记入。

在察布查尔县八乡,一位九十岁高龄的家谱传承人向葛展示了自己的家谱。这份家谱是光绪十一年(1885)抄写在布帛上的,已有明显的破损,有的字迹已模糊不清,难以辨认了。在展示家谱前,老人将家谱摆在茶几上,端正行礼,跪拜磕头,然后才打开展示。此家谱由谱序、家法、家规和谱单构成,谱单中有各个辈分人名清单,较完整地记录了整个家族的历史和人物关系。

葛维娜先后走访了察布查尔县三乡、四乡、六乡和八乡的农户家。所见家谱一部分

图4-32　锡伯族谱单(新疆民委古籍办葛维娜提供)

是在清朝道光、咸丰或光绪年间修的。有的家谱样式精美,字体工整,周边留白绘制图案,做工精良,犹如一幅艺术作品,有一定的艺术收藏价值;有的家谱是黄帛质地,篇幅较长,当时健在的人名用朱笔书写,已去世者则用墨笔重描;有的家谱是在优质绫子上抄写完成的,字体端庄,堪称锡伯文书法的范本;有的家谱姓名旁边粘贴红色小纸片用小号字体简述此人的功德,这些细微之处记录了锡伯族人物的不凡历史。

清代中、后期续修的谱单,一般呈塔形排列,既保留了列祖列宗的姓名和职务,也详尽描述了家族人物的英勇事迹,如觉罗家族的谱单中特别叙述了这样一段光辉历史:道光八年(1828)1月,锡伯族马甲讷松阿、舒兴阿和绿营兵胡超、段永福等在喀尔铁盖山活捉了张格尔,讷松阿因此被赏戴三品花翎,赐号"法福里巴图鲁",与额尔固伦同列入紫光阁,以表忠勇。讷松阿就是觉罗家族的先烈,这段英勇的历史故事一度成为后辈们景仰和称道的佳话。

谱单中也有一些修于民国年间,材质以纸张或绢帛为主,品相属中差,有烧毁、破损的痕迹,轻轻一动都有掉渣和撕毁的可能,亟待进行修复和细心保护。有一幅谱单分长卷和短卷,长卷为家谱干支和谱序,谱序记载了清朝时锡伯族从沈阳迁来新疆的经历,短卷内容是对长卷家族人物的详细描述和写家谱过程的说明。此谱较有学术价值,对研究锡伯族从东北西迁伊犁屯垦戍边的历史,以及对当今伊犁锡伯人寻找东北先祖等都有实用价值。

三、《图克色里氏宗谱》谱单

在现有锡伯族谱单中,以《图克色里氏宗谱》谱单文字最多,其独特还在于记述了立谱的意义、编修家谱的规则和祭祀的规则。

《图克色里氏宗谱》谱序开篇即是立谱意义:"谱之立所以重远也,前不知所始,后不知所终,于吾心独无校乎,求之而不能知,则亦已矣。知之而不能以记之,于理为不顺,而于情更无以遣。吾族之初不可考,每一念及,而心为不快。盖血统之追求,人之情也。然远之不可追,而近之犹可述。今幸由吾人本佐领处,查得根册籍知吾族之本源,及考求吾族历世相承之统系,询为他日追溯之准备,设此而不知,则后世之子孙,欲求姓氏所何来,且不可得,亦可伤矣。故谱书也者,对于前以为追远之基,垂于后以为世守之本。圣人创业,首重厥初,谱系之功,不可忽视。苏明允不云乎,观吾之谱,孝悌之心,可以油然而生。然则后世有光明俊伟之子孙,思发扬祖德,而大昌宗功,未始不由此谱系成之。前者已往,后者未来,不可知,不能究,而知之者,又复不能记,设吾人不乘此时创立,则谱系之成,终无日矣。见义不为无勇,后世子孙当仁不让也可。"(贺灵、佟克力辑注《锡伯族古籍资料辑注》,第365—371页)

第五节　达斡尔族谱单

　　达斡尔族是中国北方历史悠久的渔猎民族。达斡尔,是达斡尔人的自称,"耕耘者"之意,历史上还有"达胡""打虎儿""达虎里"等称呼,中华人民共和国成立后按该民族的意愿定名为"达斡尔"。达斡尔族信奉萨满教,有着"灵魂不死""崇敬祖先"的萨满宗教观念,及不忘先祖本源的习俗。达斡尔族有本民族语言,没有本民族文字,归附清朝后开始学习使用满文,晚清时开始学习使用汉文。其文字记载始于17世纪初,清朝政府把达斡尔族编入八旗,派遣其镇守边关,包括远赴新疆。2010年,达斡尔族有131 992人,以居住在内蒙古自治区莫力达瓦达斡尔族自治旗、鄂温克族自治旗,黑龙江省的梅里斯达斡尔族区,以及新疆维吾尔自治区塔城县为多。

　　达斡尔族曾经用"毕尔吉""斡尔阔"等词汇,来表示部落联盟与族群等社会组织的词汇,但后来也实行"哈拉莫昆"制(详见本章《概述》),即由同一个父系祖先的后代组成的氏族社会组织;"哈拉"人数增多后,会分解成几个"莫昆","莫昆"又会分解出支族"莫音"和家庭"贝功"。凡事关"哈拉"的大事,均需由"哈拉"会议或"哈拉"首领、长老会议决定。该族同样恪守"哈拉"外婚制,不准同一"哈拉"之间通婚。

一、修谱盛况

　　内蒙古自治区莫力达瓦达斡尔族自治旗、鄂温克族自治旗,与黑龙江省的梅里斯达斡尔族区两地,仅相隔不足两百千米,是达斡尔族的主要居住地。自受满族影响修撰谱单后,该族的修谱传统持之以恒,经年不衰。该族一般每二三十年会举行一次祭祖修谱会,全"哈拉"的"莫昆""莫音"都派代表参加,商量修撰整个"哈拉"部落的家谱。各"莫昆"也会修谱单,记载本"莫昆"氏族的世系、人物等事迹。修谱时,在原来的谱单上用红笔写上新增加的男性名单,新生者名字在其父亲之名下,死亡者名字则以黑笔书写,有变更者,也一并写上。如《布特哈敖拉氏多新(多金)莫昆族谱》,曾于清康熙三十六年(1697)、道光三十年(1850)、民国十六年(1927)三次续谱,后又于1988年第四次续谱。

　　2017年、2018年两年间,课题组成员在莫力达瓦达斡尔族自治旗参加了三场与修谱、祭祖有关的活动。2017年6月课题组成员参加了达斡尔萨满祭祀斡包的仪式。6月12日

图4-33　鄂嫩哈拉大萨满斯琴挂穿戴神衣神帽进行祭祀

上午,仪式在莫旗鄂嫩哈勒七莫昆斡包前举办。整个过程包括祭祖、求雨(当地连续几年干旱),以及对族群的训导。仪式由鄂嫩哈勒大萨满斯琴挂、沃日哈勒大萨满沃菊芬及弟子十余人一同主持。斯琴挂出身于达斡尔族的萨满世家——鄂嫩哈拉,是家族中的第七代萨满,曾先后多次参加国内外萨满文化学术研讨会,并做专题报告会,是公认的达斡尔萨满文化传承人。

仪式过程中,萨满先后发功,然后口吐白沫晕倒,引发众人喝彩。仪式前后,我们采访了鄂英祥、鄂玲平、鄂纳新等鄂氏族人。

年已77岁的鄂英祥展示了他们的新版族谱,并指出在第11代的位置上有他鄂英祥的名字。鄂英祥的孙女鄂玲平当时是内蒙古民族大学大一学生,她说,此次斡包祭祀是族人鄂宏玉提议的,族中听闻此事,响应者云集,于是索性大为操办,请来了萨满斯琴挂与沃菊芬主持。鄂纳新是个企业家,他拥有的家谱是新制作的,种类很多,还比较凌乱。这次萨满祭祀斡包仪式就是由他组织落实的。

仪式之后,课题组经鄂氏族人介绍,来到了沃银柱(绰号老丁)的养马场。沃银柱从保险柜里拿出了家族传下来的原始谱单。很可惜,满文谱单还没有请人辨识翻译,具体内容看不懂。

2017年8月,课题组人员经哈尔滨、齐齐哈尔到莫力达瓦旗,由旗退休干部巴雅尔先生引荐,于8月12日参加了杜拉尔鄂温克民族乡查哈阳村的达斡尔第三届苏都尔哈拉查哈阳浅和辉图河莫昆续谱大会。

这次续谱大会由苏俊、苏伟伟父子策划和实施,有两百多人参加。来宾纷纷在谱单上找到自己的名录,互相比对,交流十分热闹。续谱仪式开始前,族人在草地上举行了祭祖仪式,晚上还进行大会餐及飙歌,彰显了族群的和睦繁荣。

图4-34 沃银柱收藏的满文达斡尔族谱单

图4-35 旗退休干部巴雅尔(左)陪同王洪治调研达斡尔族家谱

图4-36 达斡尔族先祭祖后续谱,铅皮桶内装的是谱单

在与苏氏族人的交谈中,课题组得知,达斡尔族归顺清朝之后,成为清朝政权的一支重要力量。据不完全统计,清朝时期仅苏氏家族就有七品以上官员91位,其中正一品10位,而其中最著名的是玛布岱。修谱大会结束后,课题组成员在玛布岱后人苏玉明和苏靖媛以及安慧军的陪同下,从查哈阳村续谱会场出发去齐齐哈尔。路上我们先到莫旗尼尔基镇城外玛布岱家族曾经的聚居地瞻望祭祀。然后又到位于甘南县东阳镇同盟村玛布岱家族祖坟暨爱国英雄纪念碑祭扫,这里埋有85位少数民族历史人物,包括10名一品官员。8月13日我们一行去了玛布岱纪念公园和齐齐哈尔梅里斯区玛布岱广场,瞻仰玛布岱作为奏请清廷建城齐齐哈尔,以及筑建、驻守、管理齐齐哈尔第一人的风采。

图4-37 玛布岱雕像

2017年6月,课题组成员在海拉尔会见呼伦贝尔市达斡尔学会会长苏福荣。苏福荣,转业军人,非常干练活跃,担任过旗县的领导,目前担任海拉尔市老龄体协主席。鉴于玛布岱在达斡尔族中的名望很高,他与苏福廷、苏靖媛合著了《玛布岱家族史》。这次采访,我们有幸见到了这部著作。

2018年8月,课题组还参与了达斡尔族孟氏分支的续谱大会。孟氏新续谱单装在四个书桶内,高约130厘米,展开长度有85米。

图4-38　达斡尔族孟氏分支续谱大会新续谱单

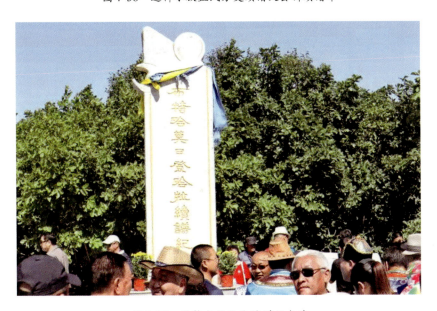

图4-39　达斡尔族孟氏续谱纪念碑

　　各姓氏接连的修谱,引发了越来越多家族修谱的热情,在与各哈拉的达斡尔族人交流时,不少人表示将计划修谱。如2018年8月课题组在莫旗医院采访图木热先生,图木热先生虽然身在病榻,但他仍心心念念要在2020年开各支系的修谱大会,将各支系的谱单串联在一起。

　　以往的达斡尔族谱单多为麻纸楷书写成,其特点就是比较宽长。《中国少数民族古籍总目提要·达斡尔卷》中介绍了《布特哈鄂嫩氏总族谱》《布特哈达斡尔德都勒氏家谱》《布特哈郭布罗氏塔温浅族谱》《布特哈达斡尔苏都尔氏家谱》《郭布罗氏莽乃莫昆族谱》《布特哈敖拉氏多新(多金)莫昆族谱》6种达斡尔族谱单,这些谱单宽度在90厘米至100厘米之间,比较统一,长度最短的接近5米,最长的超过28米,平时卷起来收藏,逢时过节挂起来,或完全铺开来,有些谱单一个房间都不够铺展,就在室外用很多长桌连起来,将谱单铺开供族人查寻祭拜。

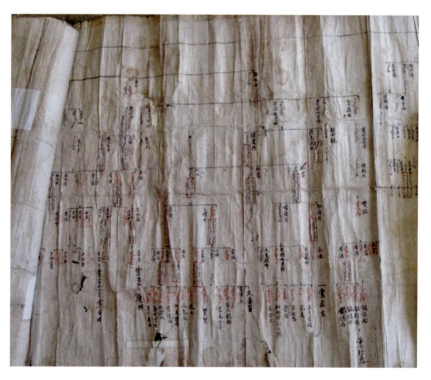

图4-40　达斡尔族索氏家族谱单

　　这些谱单主要记载家族世系成员姓名、任职,也有家族的许多重要信息。如《郭布罗氏莽乃莫昆族谱》,记载了该氏族17世纪前,世居精奇里江下游左岸郭布罗阿彦地方,清顺治六年（1649）迁居嫩江支流讷莫尔河。该氏族始祖为萨吉达库,谱单记载萨吉达库以下19代世系人名,其中有百余知名人物,如清朝末代皇后婉容、长顺、穆腾阿将军等。

又如《布特哈鄂嫩氏总族谱》,其始祖为额穆盖,记载16代人名,其中在清朝任七品以上的官员有:三品轻车都尉8个,三品顶戴19个,四品顶戴1个,副都统6个,五品顶戴2个,六品顶戴16个,七品顶戴4个,佐领21个,兰翎18个,云骑尉11个,骁骑校9个。这对研究达斡尔族鄂嫩氏历史有参考价值。

《布特哈达斡尔苏都尔氏家谱》记载了苏都尔氏于清代顺治八年（1651）由精奇里江口东侧迁至嫩江支流诺敏河后,建立了绰日哈、查哈阳、霍勒托辉、毕台、乌尔科5屯的经过。苏都尔氏先人在清代任过佐领以上官员者28名。其中知名人物有参加过中俄《尼布楚条约》签订及其中俄前期谈判的外交官孟额德、齐齐哈尔建城总管玛布岱、库伦办事大臣安住（又名安德）等。这些资料不仅对研究达斡尔族苏都尔氏历史,而且对研究整个达斡尔族历史都有参考价值。尽管谱单收集不易,内蒙古莫力达瓦旗民宗局还是收藏有数十种达斡尔族谱单。

图4-41　莫德尔图先生（左）在祭祖敖包旁向王洪治介绍达斡尔族族谱文化

2019年8月21日,课题组人员赴新疆乌鲁木齐市,见到了由新疆民委（宗教局）邀请来的达斡尔族的富永生。

富永生是乌鲁木齐达斡尔文化交流协会会长,今年56岁,是达斡尔金科尔部落的一员。他向我们介绍了达斡尔族的有关历史:1763年由达斡尔族和鄂温克族组成的索伦营接到戍边的指令,从黑龙江嫩江流域的各部落抽调人员派往新疆驻守。索伦营经过一年多的迁徙抵达新疆后,将一座唐代古城加固为自己的根据地,即今日的索伦古城。

当今比较有名的西迁民族锡伯族,是1764年才迁入新疆的。而达斡尔西迁入疆是1763年,较锡伯族还早一年。从1763年到19世纪60年代约一百年的时间里,索伦营以古城为基地驻守伊犁河北岸。同治五年（1866）伊犁割据政权艾拉汗投靠沙皇俄国,助其建立殖民统治,屠杀当地民众。驻守此地的达斡尔人,除1个部落留在伊犁外,其余10个部落流落到被沙俄侵占的巴尔喀什湖东部地区。这10个部落在该地区度过了约两年的

图4-42　采访富永生（右）

流亡生活后,决意东归。他们突破沙俄设置的重重阻挠,于阔别整整3年零7个月后,重新回到了祖国的怀抱。他们取道塔城至鹤峰县滞留了一年,才与同治皇帝取得联系。同治皇帝下诏,令这10个部落驻守塔城。于是,此后一百五十余年中,这10个部落都在塔城。

如今,10个部落中9个有家谱,但记载断断续续,不全。富永生说,他们家原有一张谱单,书写在黄色的丝绸上,由他的爷爷保管,可惜在"文化大革命"中被毁坏了。所幸富永生的爷爷很有文化,识得许多文字,于是凭布票购买了一块大白布,将谱单的内容默写在了白布上。为了掩人耳目,富永生的爷爷在默写谱单时,用了多种语言和不同的笔迹。富永生根据这一张谱单,重新制作了他们家的家谱,新修成的谱单为电子版打印件,长15米,记录了10代人,目前印了十套,每家一套。但家族中的前辈老人依旧恪守传统,拒绝向外人展示新旧谱单。

2019年8月,课题组人员在伊宁市下辖清水河镇,采访了热衷于本族文化的郭山林和他的外甥鄂林昌。郭山林,80岁,原在粮食局储备库工作,退休后,忧虑于当地达斡尔族人不知道祖先源流,于是骑着自行车,在伊犁当地挨家挨户地寻访达斡尔族人,编写达斡尔家谱。伊犁当地的达斡尔族人并不多,仅两百多人,郭山林耗时两年才修成了伊犁地区的达斡尔族谱。《达斡尔族资料集》第十集第88页至90页这三页所录的达斡尔族世系就是由他收集、编写的。一旁的鄂林昌补充道,原本他所在的鄂氏家族也有族谱,他的爷爷精通满文,能读书作文,"破四旧"期间,他的家族被定性为地主,频繁有人来调查问话,于是他的奶奶将谱单付之一炬。

图4-43　陈建华采访郭山林(中)和鄂林昌(右)

二、家谱情牵

新疆的达斡尔和内蒙古、黑龙江的达斡尔在很长的一段时间里没有联系。直到改革开放以后，各地达斡尔族的联系才密切了起来。2008年8月15日，塔城举办达斡尔修谱大会，各地的达斡尔人都往塔城烧香磕头。也有很多达斡尔族人往内蒙古莫力达瓦处寻谱修谱。郭山林也曾经赴莫力达瓦寻根，但是当地人依旧恪守一贯的习俗，只在龙虎年才能请谱。郭山林第一次去时，恰逢藏谱的老人去世，无缘得见，只能等待下一个虎年再去一试。而富永生前往内蒙古莫力达瓦达斡尔族自治旗，有幸在莫力达瓦的达斡尔大谱单中，找到了他们家族的一世祖，将家族的历史往上推进了六代，可见新疆地区的达斡尔族和内蒙古的达斡尔族是同根同源。在新疆当地，达斡尔族有乌鲁木齐和塔城两个宗亲会。

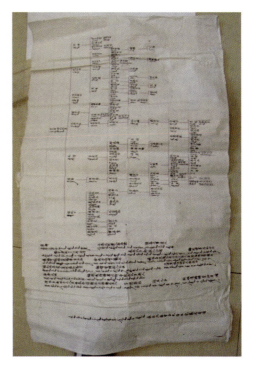

图4-44　用满汉文字书写的达斡尔族敖氏家族谱单

第六节　鄂温克族谱单

　　鄂温克族是北方人口较少的少数民族之一。据2010年人口普查,鄂温克族人数为30 875人,主要分布于内蒙古大兴安岭地区及黑龙江一带。

　　"鄂温克"的含义是"住在大山林中的人们",该族大致发祥于西至贝加尔湖、东至黑龙江上游的山野林地之中。17世纪中叶,由于沙俄对我国东北地区的蚕食侵占,黑龙江上游和精奇里江流域的鄂温克人南迁至大兴安岭东麓的嫩江流域。长期捕鱼驯鹿的狩猎生活让鄂温克人变得吃苦耐劳、英勇顽强、善于骑射。清政府看中了鄂温克人彪悍的战斗力,在康熙年间,将鄂温克族纳入八旗制度的管辖中,与达斡尔、鄂伦春等族合为索伦部。"索伦"是满语,意为"先锋"与"射手"。鄂温克人平时猎貂纳贡,战时出征打仗,在反击外国入侵和反对分裂活动的战争中屡建功勋。

　　鄂温克族以其不同的居住区域,有索伦、通古斯、雅库特三个不同称谓。内蒙古呼伦贝尔地区和江讷河县一带的称为"索伦",主要从事狩猎、畜牧和农业;内蒙古陈巴尔虎旗的称为"通古斯",主要从事畜牧业;内蒙古额左旗敖鲁古雅鄂温克民族乡的称为"雅库特",从事传统狩猎。除此三部分外,还有一部分索伦官兵于18世纪中叶,携家带口至新疆伊犁驻防,并在当地扎根。

　　鄂温克族也实行哈拉莫昆制度。不管是农区还是猎区,都一样保留着氏族"哈拉",每个氏族下分若干大家族"毛哄",即莫昆。"毛哄"是由同一父系祖先的子孙所构成,一般多则十一二户,少则七八户居住在一个村落里,是进行集体狩猎生产的单位。一个或几个"毛哄"的人联合起来进行围猎活动。除在生产上互相支援之外,近族之间也有代偿债务和抚养孤儿、老人的义务。同一氏族的各"毛哄"之间实行严格的族外婚制度,同一"哈拉"或"毛哄"的人绝对禁止通婚。每个"毛哄"都有自己的"毛哄达"(族长,即莫昆达)和"嘎思恩达"(村长)各一人,管理和领导家族的事务。族长是维持习惯法的支柱,清朝发给每一族长一条黄带子,以彰其权威,但也有办事必须公道之诫。

　　鄂温克族有自己的语言,即鄂温克语,属于阿尔泰语系满-通古斯语族通古斯语支,分有海拉尔、陈巴尔虎、额尔古纳三种方言,没有文字,清代以来,用满文、蒙古文和汉文记事。按《中国少数民族古籍总目提要·鄂温克族卷》,尚未发现一部鄂温克人自撰的古籍,因此,谱单就成了鄂温克族少有的自撰文献。

图 4-45　用满文撰写的鄂温克族谱单

《中国少数民族古籍总目提要·鄂温克族卷》中记载的鄂温克族的家谱均为谱单,记载内容较少,通常只有一两百字,但选材格式比较规整,均用楷书蒙文写于 40×54 厘米左右的白棉纸上。谱单内容除世系外,主要是反映了鄂温克族的世袭制度,及其非长子继承制的特点。

2019年6月16日,在内蒙古莫力达瓦旗,课题组人员采访了旗人武黎明与萨巍巍。

武黎明,63岁,鄂温克族,是该旗鄂温克族研究会秘书长。他向课题组人员展示了研究会收藏的一些谱单,除了自己家族的《鄂温克族武力斯哈拉族谱》谱单、谱书外,还展示了自己参与编修的其他哈拉的家谱,如《鄂温克族萨玛依热哈拉族谱》谱书等。

《鄂温克族武力斯哈拉族谱》谱单重修于1945年,记录了自清朝顺治年间至1945年共14代816人。

图 4-46　武黎明介绍鄂温克族谱单

2018年武黎明在此谱单的基础上进行续谱,主编撰写了《鄂温克族武力斯哈拉族谱》谱书。鄂温克族的姓氏(哈拉)通常由氏族部落居住的地名、河名而定。武力斯哈拉长期居住于汉古尔河,姓"卜喇穆",但他们没有忘记他们的祖源在黑龙江流域的乌苏里河两岸。为了记住自己的祖源,汉古尔河的鄂温克族人渐渐将"武力斯"作为自己的姓氏。后来,因民国时期对满族等复姓的限制,鄂温克族哈拉也就受汉族姓氏的影响而简化,以哈拉名称的首个音节为姓氏,"武力斯"即改为武姓,族人也多取汉名。

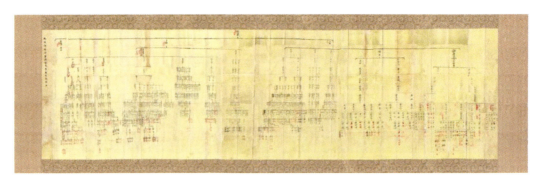

图4-47　鄂温克族武力斯哈拉族谱

　　萨巍巍是该旗退伍军人事务局工作人员,他也向课题组展示了自己家族的谱单,并捐赠了新修《萨玛依热都拉斯勒哈拉族谱》。萨玛依热(亦称萨玛依日、萨玛基尔、萨玛格尔、萨玛希热)哈拉的名字与他处不同。萨玛,即萨满,依意为洞穴。萨玛依热,意为"萨满的居住地"。可见萨玛依热这一姓氏的特殊,是奉萨满为祖先神,并曾生活居住在萨满所在地的氏族部落,是萨满的后裔,是鄂温克族最古老的氏族之一。

图4-48　萨玛依热都拉斯勒哈拉谱单

　　清顺治年间,萨玛依热都拉斯勒的先高祖伦白爷及其弟兄封官爵,允其入京畿,故率家属子孙由黑龙江高源霍若河迁至京都。清末民国初期,萨玛依热家族除少部分在京为官，留居京城及江浙外，大部定居内蒙古境内大兴安岭嫩江流域一带。据萨玛依热家族世代传说，先人中有弟兄二人各率家属子孙，分迁两地。一支迁居讷谟尔河上游杜拉尔，与杜拉尔氏族合建都拉斯勒村落，被称为"萨玛依热都拉斯勒哈拉"；另一支迁居甘河右岸，建立了现在的萨玛街村落，被称为"萨玛街萨玛依热哈拉"。都拉斯勒哈拉与萨玛街萨玛依热哈拉同祖同根同宗，是血缘关系紧密的萨玛依热哈拉两支莫坤。18世纪中叶，萨玛街萨第依热家族第七代人莫科绰惠，携其子孙后代赴伊犁戍边，为萨玛依热家族的另一支莫坤。

武黎明和萨巍巍展示谱单前，都准备了贡品（白酒、点心、水果等）。展示开始，武黎明和萨巍巍在谱单和贡品前下跪，嘴中念念有词，向祖先祈祷。

图4-49　萨巍巍祭祖亮谱

相较于内蒙古的鄂温克族，新疆的鄂温克族人口相对较少。采访新疆达斡尔族的时候，课题组人员了解了该处鄂温克族的状况。1763年，达斡尔族一千余名官兵和鄂温克马队一起从索伦出发，来到新疆，住在霍尔果斯的索伦城。鄂温克人是援疆的先锋，全员皆乘马进行，虽然与达斡尔人同时出发，但鄂温克人比达斡尔人早两年到达新疆。不过与聚族而居、尚有世系可循的达斡尔、锡伯族不同，虽然当年鄂温克人来新疆也是一千多人，但现在鄂温克人数已经锐减，不少被其他民族同化了。

第七节　朝鲜族谱单

　　中国东北与朝鲜半岛接壤,西汉时期始,朝鲜半岛上的国家是中国的藩属国,中国文化对朝鲜人的影响很深,中国文化中的"孝亲"情感、宗法式的伦理道德经过历史的沉淀,已根植于朝鲜人的民族文化之中。最早约三百多年前,有朝鲜人进入中国,以东北为落脚点,聚群定居,自然成为中国的一个少数民族。中国的朝鲜族是从朝鲜半岛迁入中国后,在特定环境中逐渐形成的一个民族。直至今日,大部分朝鲜族人仍主要分布在吉林、黑龙江和辽宁三省。位于中朝边境的吉林省延边朝鲜族自治州,是目前中国最大的朝鲜族聚居地。本节介绍的朝鲜族谱单,主要指迁入中国已成为中华民族大家庭一员的朝鲜族编修的谱单。

图 4-50　迁居中国的朝鲜族百年民居

　　当然,今天论述的中国朝鲜族编修的谱单与历史上朝鲜半岛编修的家谱是有着渊源关系的。约在十四、十五世纪之交,朝鲜半岛上的朝鲜人开始学习中国的家谱文化,编修家谱。常建华先生的《15世纪的朝鲜族谱》中提到,《海州吴氏派谱》记载有吴先敬作于明建文三年（1401，朝鲜太宗元年）的《旧谱序》一篇，讲述了吴先敬的父亲纂修家谱而未成的故事，文中提道："先君子年老眼昏，尚不惮劳神苦思，爱古图，分别内外，祖宗传世之久，知积善之由，其为我子孙万世虑至深远也。"可见该家族早在14世纪末的高丽时期，就已有编修家谱的行为，而且试图编写既有父系世系的内谱，又有母系世系的外谱的"内外谱"，《族图旧序》中多次提到的"古图""族图"应该就是谱单。

之所以这样推测，是因为《南阳洪氏世谱》中记载，洪逸童（日休）作于明景泰五年（1454，朝鲜端宗二年）的《旧谱序》一篇中，提到高丽时期朝鲜的家谱是内外谱，内谱、外谱都是图式的挂谱。《旧谱序》还提到洪明哲藏有高丽洪斯

图4-51　《海州吴氏派谱》中的《旧谱序》

胤"尚书所修之谱"——南阳洪氏派系之图两幅："一幅自太师至尚书而止，一幅自王璟至嗣宗而止。"这里的"幅"字可以说明，朝鲜当时的族图至少有部分是谱单，这与吴先敬《旧谱序》中提到的"爱古图，分别内外"也相呼应。

朝鲜半岛编修家谱的传统直接影响了之后进入中国的朝鲜族人，使其编修的家谱形态接近汉族家谱。另一方面，东北地区的各少数民族的家谱形式都深受满族家谱的影响。迁入中国后聚族而居的朝鲜族人，在新的环境中自然会产生较为强烈的族群向心力，受满族、汉族家谱文化的影响，非常重视家谱的编修。

2016年9月18日，课题组人员赴延边大学博物馆采集资料，该馆馆长、朝鲜族人崔红日在韩国海外韩民族研究所帮助下新建的族谱馆内，如数家珍地讲述了朝鲜族家谱的情况。由于长期编修，朝鲜族家谱现今种类繁多，仅这族谱馆中就收藏有两千五百多册朝鲜族的族谱与相关资料，涵盖朝鲜族近三百个姓氏中的七八十个。需要指出的是，该馆收藏的朝鲜族谱由两部分组成，一是朝鲜半岛上的朝鲜人编修的族谱，一是已迁入中国成为中国朝鲜族编修的族谱。今天，我们论述中国朝鲜族的族谱，主要指后者。

在这间族谱馆内，我们发现了由姜承武、梁承武于1929年编著的《间珲万姓大同谱》，这是一部简介迁入中国东北地区的朝鲜族家庭谱系的大同谱，共简介59个姓氏532户家谱系，主要由下面几方面内容组成：一是户主个人简况，包括姓名字号、出生年月、

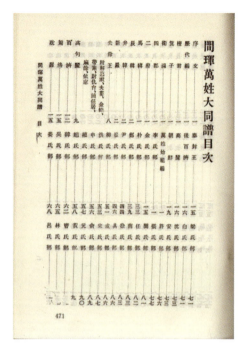

图4-52 《间珲万姓大同谱》目次

经历等；二是家族世系传承情况；三是家庭成员简况，包括户主妻子、子女的出生年月、经历等情况；四是由朝鲜半岛迁入东北的时间；五是迁入东北之前的原籍居住地和迁入东北后的居住地；六是迁入东北后户主汉文受学等接受汉文化的情况；七是迁入东北后子孙辈在各类学校学习的情况，等等。《间珲万姓大同谱》向我们揭示了迁入中国东北地区的朝鲜族众多家庭，接受的是汉文化教育，子女均在当地的各类学校学习。这就清楚地告诉我们，尽管中国的朝鲜族与朝鲜半岛上的朝鲜民族有着密不可分的历史文化渊源，但从朝鲜半岛迁入中国东北的朝鲜族人，在特定的历史环境中，由于国情不同，文化背景不同，在民族心理特征以及文化构成等诸多方面已与朝鲜半岛的民族有着质的差异，已成为中国境内的一个民族，中国的朝鲜族是具有中国特色的朝鲜民族，是中华民族大家庭中的一员。

崔红日馆长取出的一份谱单《□氏家族谱单》，也说明了同样的道理。

《□氏家族谱单》，佚名，比较精巧，由两张纸黏合而成，小纸粘贴在大纸上，小纸也已经比较陈旧了。小纸上，从右向左用中文繁体毛笔字记载了12代家族成员的姓名、居住地、任职等情况。第1代写有"壬申平壤外城移居阳德花村"等字样，表明该族始祖于1692年自平壤外城移居阳德花村。延续至第12代，仍居住在朝鲜半岛。大纸衬在小纸下方，左侧多出的部分，用硬笔记载了19世纪末20世纪初，该家族迁居到中国延边地区后，第13代、第14代人在中国参军、学习、工作的简况，最晚记事至2009年。从这张谱单中我们可以看到，书写这张谱单的是一个迁入中国不久的小家族，迁入中国后已有两三代人。

《□氏家族谱单》表明，该家族迁入东北已百年，子女已在中国学习、工作、参军，并开始融入中国社会，成为中国朝鲜族的一分子，与东北各族人民荣辱与共，为中国的革命和建设事业作出自己的贡献！

崔红日馆长介绍说，延边大学的族谱馆是唯一一家正式以收藏朝鲜族家谱为主的机

图 4-53　《□氏家族谱单》

构, 成立时间尚短, 收藏的家谱还不多。尤其是手写的手抄本和谱单, 通常是作为谱书手稿的, 凡有人口、世系变动, 先写在手抄本或谱单上, 修改谱书时, 以手抄本或谱单为基础正式撰写, 包括加上前言、后语、家规家训等其他部分。由于未经批量印刷, 存量就少, 族人需将谱单反复记载补充, 谱单自然就难以留存, 族人也不愿意将手头仅有的抄本或谱单捐赠出来, 所以目前已知的朝鲜族谱单仅在个位数之内。

图 4-54　采访崔红日馆长(左)

据《中国少数民族家谱总目》记载,公藏机构中,目前已知辽宁锦州图书馆藏有《金氏通谱》一例朝鲜族谱单。辽宁省新宾满族自治县新宾镇金贞湖家收有《清州金氏世谱一览表》《清州金氏世系》两张纸质谱单。两张谱单均写于1907年,用汉文,楷体,墨书竖写于单张高丽宣纸上,约一千字记载自始祖金锭以下三十余代世系。

第八节　回族谱单

回族不是由中国某个古代氏族、部落发展起来的,而是以历史上来华的多族(主要是阿拉伯、波斯、中亚突厥等古代民族)穆斯林人口为主,吸收、融合了汉、蒙古、藏、维吾尔、白族等中国原有民族人口后逐渐形成的。在中国,回族的分布涉及各省市,其中以在宁夏、甘肃、青海、河南、河北、山东、云南、安徽、新疆、辽宁、广西、北京等地为多。

回族的族源最早可追溯到唐宋时期来我国经商的阿拉伯(大食)和波斯人。大批阿拉伯、波斯人经商居留于广州、杭州、泉州、扬州等地。每处多达数千人。这些来华经商的阿拉伯、波斯人多系穆斯林,在各地城市中聚居一处,称为"蕃坊"。唐宣宗大中五年(851)阿拉伯商人苏莱曼在《苏莱曼东游记》中说:"中国商埠为阿拉伯人麇集者曰康府(今广州)。其处有伊斯兰教掌教一人,教堂一所。……各地伊斯兰教商贾既多居广府,中国皇帝因任命伊斯兰教判官一人,依伊斯兰教风俗,治理穆斯林。判官每星期必有数日专与穆斯林共同祈愿,朗读先圣诚训。终讲时,辄与祈愿者共为伊斯兰教苏丹祝福。判官为人正直,听讼公平,一切皆能依《古兰经》、'圣训'及伊斯兰教习惯行事。故伊拉克商人来此地方者,皆颂声载道。"(张星烺《中西交通史料汇编》第二册,中华书局1997年版,第201页)由于大食与中国相隔万里,"诸蕃国之入中国,一岁可以往返,唯大食必二年而后可"(周去非著,杨武泉校注《岭外代答校注》卷三《外国门下》,中华书局1999年版,第126—127页),所以大食蕃客必定要在中国久居,"李泌知胡客留长安久者或四十余年,皆有妻子,买田宅,举质取利,安居不欲归。命检括胡客有田宅者停其给,凡得四千人"(司马光等《资治通鉴》卷二三二,中华书局1972年版,第7493页)。至宋代,"政和四年(1114)五月十八日诏,诸国蕃客到中国居住已经五世,其财产依海行无合承分人,及不经遗属者,并依户绝法。仍入市舶司拘管"(徐松辑《宋会要辑稿·职官》四四之九至十,中华书局影印本1957年版,第3368页),可见蕃客在中国购置田宅、房屋定居,已达五世之久。在中国所生后代,宋代称之为"土生蕃客""三世蕃客""五世蕃客"。

元代时,成吉思汗及其继任者发动了3次大规模西征,大批中亚、西亚等地的穆斯林被裹挟至中国。他们的到来,使中国的穆斯林人口大大增加,同时分布也更为广泛。元代将信仰伊斯兰教的穆斯林统称为"回回人"。据记载,元代的穆斯林人数约在百万以上。这一时期,其成分主要有:居住在东南沿海城市的穆斯林蕃客、东来的大批西域"回回"、融入"回回"的非穆斯林种族。随着人口的增加,分布范围从唐宋时期的沿海蕃客扩散到内陆地区,陕西、甘肃、宁夏、新疆、山西、山东、河北及云南等地逐渐形成聚居区。《明史》卷三三二《西域传四》记载:"元时回回遍天下。"(中华书局1979年版,第8598页)

2019年5月,课题组人员在采集少数民族家谱资源时,受邀察看了位于吉林省长春市九台区的蜂蜜营回民乡的清真寺,该寺是回族这一发展历史的很好佐证。这座清真寺虽然是回族清真寺,但却极具满族的建筑风格。

图4-55　蜂蜜营清真寺

这座清真寺大殿可容三四百人作礼拜。大殿后侧有两层"望月楼",楼的窗户上边有大青方砖刻制的"礼塑先天,清真古教"8个大字。寺内设有沐浴室,供穆斯林净身使用。"回八旗"的后人段青顺介绍说,他们祖上是云南人,是吴三桂手下的绿营兵,康熙皇帝平三藩的胜战让段氏家族多有死伤,部分归顺。

图 4-56　吉林回族段青顺

段氏族人有着一项特殊的技能——采蜂蜜。段氏和尤氏等四支绿营兵一同编入八旗，迁往关外，为清政府采集蜂蜜，并归乌拉街内府管辖，而后以跑马圈地的形式在今日的蜂蜜营划定居所。定居关东以后，这四支族人一面吸收满族的文化习俗，一面皈依了伊斯兰教，成为"满族人中的回族人"，并按照乌拉街的建筑风格，修建了蜂蜜营清真寺。此后从关内迁徙而来的回族人听闻此地有回族人聚居，也渐渐向此地迁居，其实这两种回族人在文化、习俗上并不相同，相比于迁徙而来的回族，回八旗人的习俗几乎和满族相同，由此可见回族人口成分的多样性。

元代回族在中国生根发芽之后，受汉族儒家文化的影响与生活方式的转变，也开始记录世系，据后世家谱的记载来看，一般家族能追溯到的最早始祖就是元代人。到了明代，回族修谱渐渐变多，《中国少数民族家谱总目》中记录始祖是明永乐年间的，或者初修于永乐年间的回族家谱有三十余种。而常见于早期的修谱方式之一就是谱单。到了清代，尤其是清末，汉族民间修谱已成系统。回族的谱书修撰也渐渐昌盛。

如今保留的回族家谱至少近三百种，绝大部分为谱书。但仍有一些回族保留有谱单，证明着其悠久的历史。如河北大厂《何氏家谱》谱书序开篇即提及"吾门有旧纸谱单一张"。山东临清黑氏有谱单、谱书两件一套，互为印证。这些已知谱单仅在10种上下，分布范围却很广，如星星点点散播在中华大地各处，形态也各不相同。

散存在东北地区的辽宁沈阳藏有图表式谱单《白氏族谱》一种，谱长88厘米，宽38厘米，白纸书写，记载了白家到沈阳后的7代共144人；华东地区的山东青州有《沙氏族谱世系图》谱单一种；华南地区的广西桂林有着著名的《白氏族谱》大谱单，谱单为卷轴式，长约2米，宽约1米多；西南地区的云南巍山三家村马有良藏有图表式谱单《赛典赤家谱》，用绵纸书写，长约120厘米，宽约75厘米。

回族在未形成一个民族的时候，使用着各种不同的语言，如阿拉伯语、波斯语等。在形成一个民族后，基本上通用汉语，因此，尽管有的回族家谱在题名等一些地方写有少数阿拉伯文字，但总体上是用汉文编修的。如上述提到的广西桂林《白氏族谱》大谱单，是我国回族中一个比较重要的家族，即白崇禧家族，是广西回族中人口最多的一个家族，其始祖是元代回族著名诗人伯笃鲁丁，史书记载："伯笃鲁丁，字至道，答失蛮人，进士，至元三年任岭南广西道肃政廉访副使。"简明地记载了白氏宗族从始祖伯笃鲁丁至后十几代子孙的世系，以及后裔的迁徙情况，中间没有间断。

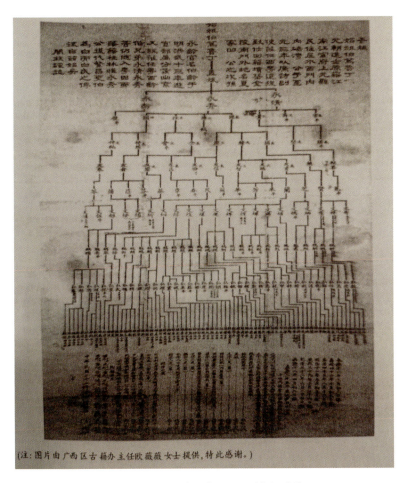

图4-57 广西桂林《白氏族谱》大谱单

回族谱单的另一特点是常重录重修。如《白氏族谱》(谱单)初修于明永乐十六年(1418)，二修于嘉靖四十二年(1563)，三修于万历四十五年(1617)，四修于清顺治十一年(1654)，五修于康熙三十九年(1700)，六修于乾隆三十二年(1767)，七修于嘉庆十八年(1813)，八修于同治八年(1869)。辽宁大连的《黑氏族谱》(谱单)保留有三篇序文，其第一篇写明于明代初次"誊录"，又于明崇祯五年(1632)"重录"，康熙五十二年(1713)"又录"，民国九年(1920)"再录"，后两篇序则分别写于道光十六年(1836)与光绪十年(1884)，也至少编修了六次。

第九节　畲族谱单

　　畲族是我国东南地区的少数民族,唐代以前主要居住在今闽、粤、赣三省交界的山区,后有部分畲民向闽、浙、赣边界迁移。畲族有本民族语言,99%以上的畲族使用接近于汉语的客家方言(部分为潮州方言),仅在语音上与汉语稍有区别。畲族没有文字,通用汉文。与其他少数民族相比,畲族村落处在汉族村落的包围之中,汉族文化强烈地影响了畲族的经济、社会生活和思想观念,但畲族保留了不少自己的民族传统特色。

　　畲族笃信先祖崇拜,信仰高皇盘瓠,有着绘制祖图、祭祀祖图等习俗。明清以后,汉族兴修家谱,畲族也受其影响开始修谱。因此,畲族修谱也是以谱书为主,且谱书的体例完整,包括谱序、凡例、源流考、家训族规、仕宦录、祖先像图、祖祠祖坟图、传记、排行字头、世系图、行第等,与汉族家谱基本相同。

　　由于畲族编修家谱起步于谱书,所以畲族的谱单极为罕见,现存424种畲族家谱中,谱单仅见一种,即浙江龙游地区的《占家雷氏宗谱》一幅。这幅谱单由雷起魁等撰于民国六年(1917),用墨笔楷书写在286×184厘米的白布上,记载清同治五年(1866),九世祖成蘭公带妻儿一家六口,从福建省福安县穆阳镇南山村迁徙龙游西门,暂住数年后迁五都大合稼(浦山)定居,传至十二世"作"字辈。这幅畲族谱单还反映畲族家谱的一个特点,当时有些畲族家族往往延请当地汉族文人名士或者职业谱手主持修谱,或请他们为家谱作序、写传、撰文、献诗。这张谱单是雷起魁等撰修完毕后请江西生员所抄,显然也抱有相同的想法。

　　畲族除文字谱单外,还有一种名为祖图的图像谱单。畲族祖图是畲族以图为主的一种特殊形式的谱单。畲族祖图是用彩色颜料在白布上绘制而成,完整的一套祖图包括三清、十王、射猎师爷、打猎师爷、本姓始祖、左右门神、金鸡、玉兔和长联等画像,其主体是两幅描绘、解析畲族始祖盘瓠的传奇经历和盘、蓝、雷、钟四姓由来的连环画式长卷,又被称为长联。

　　这幅畲族祖图为云和县蓝观海亲手绘制。蓝观海生于1943年,是云和县政协委员,云和、景宁两县知名的畲族文化传人。其绘制的畲族祖图长约15米,由39幅画组成,从记述畲族的祖先发祥起始,以及畲族从广东潮阳凤凰山迁徙到浙江云和景宁一带定居的故事。2017年4月26日,课题组人员赴浙江省云和县寻访了蓝观海。

蓝观海指着祖图一幅一幅向课题组成员讲述盘瓠的神话:自盘古王开辟天地后,人间由高辛氏管理,一时风调雨顺,国泰民安。当时高辛氏的皇后耳朵染病三年,遍寻良医,均无办法。这时,专为高辛氏理发的理发官说要试试,竟真从皇后的耳朵中挑出一只小虫。三天三夜之后,小虫变成了一只有五色花纹的动物——龙麒。

当时犬戎燕王的部落屡次犯境,高辛氏屡次派遣将军去讨伐,均未能取胜。于是就出了皇榜,谁能取得燕王头,即将三公主许配给他,可是连续三天,没有人揭皇榜。龙麒知道后,自告奋勇揭下皇榜去取燕王头颅。

图4-58　畲族文化传人蓝观海讲解畲族祖图

龙麒见到燕王,卖弄本领,说自己即便不吃肉也不会觉得饿,又献上神药可以治伤,博取了燕王的信任。一日,燕王大宴群臣,不觉酒醉,龙麒趁燕王熟睡,一口咬下了燕王的头颅。犬戎兵马来捉龙麒,龙麒化作一条真龙,在太白金星的保护下腾云驾雾,漂洋过海,回到了国内,将头颅献给高辛氏。

高辛氏见了头颅十分高兴,便依照约定将三公主许配给龙麒。龙麒因为担心自己不是人身,会让公主不开心,所以托梦给高辛氏的皇后,要求皇后把自己封在金钟之内七天七夜,化作人形。皇后将龙麒封在金钟中六天六夜,担心龙麒被闷死在金钟里,所以提前请力士掀开了金钟,走漏阳气,致使龙麒人身兽首,没变完整。但三公主一点也不嫌弃龙麒,要求和龙麒完婚。龙麒见公主通情达理,更加有好感,于是祈求神明,再度变身,这才变成了人头人身的样子。

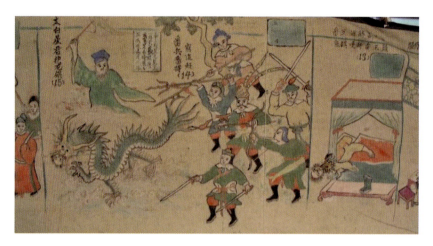

图4-59　畲族祖图（局部）

　　高辛氏见龙麒变身成功，十分欢喜，赐给龙麒一块封地，让龙麒去广东潮州凤凰山开荒。后来龙麒携四个儿女去见高辛氏，龙麒让大儿子托金盘向高辛氏取姓，高辛氏便赐他盘氏，名盘自能，后封武骑侯（南阳郡）；见二儿子用篮子装着，于是赐蓝氏，名蓝光辉，后封护国侯（汝南郡）；听闻第三个儿子是在雷声里出生的，于是赐雷氏，名雷巨祐，后封立国侯（冯翊郡）；第四个是女儿，招赘钟智深，封为敌勇侯（颍川郡）。后来，龙麒去凤凰山山顶打猎，不慎跌落悬崖，因年老体弱，虽被树枝接住，但还是重伤而亡，葬于凤凰山。不过盘、蓝、雷、钟四个子女，繁衍生息，分迁各地，孕育出了刀耕火种、勤劳善良的畲族。

　　之后，蓝观海用畲语抑扬顿挫地背诵了畲族赞颂盘瓠的《高皇歌》："盘古开天到如今，世上人何几样心，何人心好照直讲，何人心歹会骗人。盘古开天到如今，一重山背一重人……盘蓝雷钟念祖宗，高皇歌古是歌公，出朝祖歌唱过了，万古千秋传子孙。"这首《高皇歌》，亦称《盘瓠歌》，和祖图一样，以盘瓠传说为基础创作，叙述盘瓠出生成长、揭榜平番、变身完婚、生儿育女、高辛封姓、辞官入山和打猎殉身的身世经历，被誉为畲族起源的民族史诗和英雄史诗。

　　畲族祖图和《高皇歌》在浙江畲族中流传，形成了多种版本和说法，蓝观海所绘制的这张祖图就是兼取于浙江省少数民族师范学校复制的龙泉县雷方清家所藏的祖图与小顺乡高畲村所藏祖图。分布在广东、福建等各处的畲族家谱都有关于盘瓠王的记载。盘瓠是有史料记载的春秋时代畲族的民族英雄。公元前744年的楚与卢戎战争中，盘瓠杀敌立功并受封赏。其传说最早载于东汉末应劭的《风俗通义》，此后，两晋之际的郭璞注释《山海经·海内北经》提道："昔盘瓠杀戎王，高辛以美女妻之，不可为训，乃浮之会稽

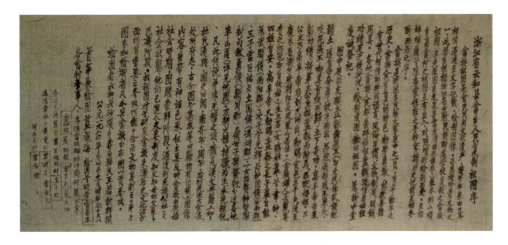

图4-60 蓝观海所撰祖图序

东海中,得三百里地封之,生男为狗,女为美人,是为狗封之国也。"南朝范晔编撰《后汉书》,以晋人干宝的《搜神记·盘瓠》为蓝本,首次将盘瓠传说写入正史。

畲族的后人不断对传说进行补充,把盘瓠描绘成神奇、机智、勇敢、英勇杀敌的民族英雄,尊称为"忠勇王",推崇为畲族的始祖。他们把"盘瓠"视为至高无上的尊神,畲族在祭祖时,不仅祭祀同祖同姓族人的祖先,还虔诚地祭祀整个民族的共同始祖"忠勇王"。

蓝、雷、钟三姓各支系畲民修完家谱后,要汇集各房代表举行祭谱仪式,然后正式付梓刊行。仪式由族长作家庭全权代表,由师公具体操作进行。整个过程郑重而烦冗,祠堂正厅设道教诸神和地藏、土地、地府十殿王灵位,供三牲等祭品。先在野外接请本支系祖宗神并安于灵位,献祭诵传。接着在正堂为先祖诵经唱书超度。师公翩翩起舞唱诵,余者奏乐鸣金和唱。然后在祖神灵台前宣读族谱中高辈分者行第,一边读一边在族谱的上下代之间划一红线,表示各宗各房血缘子孙的延续关系,最后送神纳钱结束。接祖、报第、送祖之时,均由族长伴跪。祭谱仪式自早晨开始至翌日凌晨结束,无异于一场畲族传统的功德道场。祭谱习俗已延续数百年之久,目的是祈求祖宗神灵宽恕修谱中可能出现的疏漏,保佑族人平安发达。

祭祀祖图的习俗起源甚早,至今仍在浙江景宁、云和畲区流行。每年正月初八,同祖同姓畲民翻山越岭齐集本姓祠堂瞻仰和祭祀祖图。祠堂正厅四周悬挂祖图,中间摆放祖杖,开启家谱,供奉果馔,焚点香烛,燃放鞭炮。先由本族德高望重者念请唱名,领唱《祭祖歌》"要知祖公出哪朝? 棉帛上头祖图描。山哈(畲族自称)代代来祭祖,荫出子孙个个孝。……"歌毕,按辈分大小一一先向祖籍祭拜。然后主持者带领族众瞻仰祖图,并逐幅讲解祖图上始祖盘瓠离奇、有趣的神话故事。中午,族人们在一起吃"太公饭",喝酒吃肉,愉快地谈收成,谈家事。夕阳西斜时,人们还要在祖图神前点燃一支香,焚烧纸钱锡箔。最后,主持人送神、谢神、封族谱、封祖图。

图4-61 "三月三节"畲族文化传人蓝观海祭祖(2010年)

这些关于盘瓠的传说强化了畲族这个群体的独特性和向心力,对于畲族的民族认同、民族识别有重要意义。以盘瓠传说为中心的关于祖源记载的歌谣传唱、敕谕文书以及祖图、谱牒,目的在于建构民族的历史记忆,是畲族这一族群的集体记忆。

第十节 傣族谱单

傣族广泛分布于中国、印度、越南、泰国等国家。中国境内的傣族主要聚居地在云南省西双版纳傣族自治州、德宏傣族景颇族自治州与景谷、普洱、澜沧等县。傣族的土司等贵族和官员中修谱的情况较为普遍。如西双版纳这个名词,傣语谓十二千块或者十二千田,即分十二个行政区的意思,相应有12个土司管理这地区。这12个土司因传承职爵的需要,均编修傣文家谱。

现存傣族家谱大多为谱书。2017年4月20日上午，课题组一行赴云南省德宏傣族景颇族自治州盈江县，在县图书馆馆长冯乾宁等陪同下，来到县档案局，拜访了该局局长、傣族人万云华。

根据我们要求，档案局管档案的同志先后取出了四件有关傣族家谱的档案：《历代宗图》《盏达历代刀思忠家谱》《盏西孟氏祖籍顶辈宗图履历家谱序》《干崖宣抚司刀氏傣文家谱》。我们一看，前两件竟然是名副其实的谱单，真是喜出望外。

（一）《历代宗图》，家谱世系白缎墨书，长约120厘米，宽约80厘米。中间为一世祖希忠国，生二子曩恋、曩列，即二世祖希曩恋、希

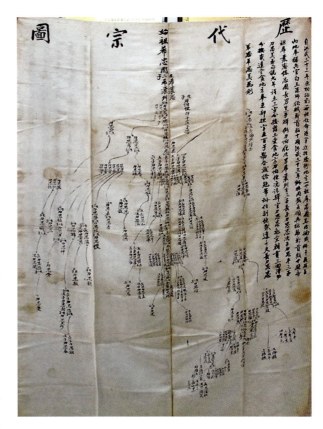

图4-62　《历代宗图》谱单

曩列；中间部分曩列生三子：思忠、思平、思美，为三世祖……先后共列15代。谱单右上首刊有谱序，简介明初洪武三十三年希忠国随丞相前往云南腾冲一带征剿立功的情况，有"至正统九年……任副使盏达千夫长刀思忠"等字样。此件档案局案卷上名《干崖宣慰司　郜忠国历史故事》。

值得一提的是，在这份家谱中，赫然有两处"出家"字样——"八和尚出家""长出家"。"出家"为什么要写在家谱中，且见不到当事人名字？盈江县档案局局长万云华解释道，在傣族，出家当和尚、学文化是很光荣的事，写上家谱是为光耀门楣；而且一般进入佛寺会取别的名字，所以在家谱中不再写本名。

（二）《盏达历代刀思忠家谱》，此件档案局案卷名《盏达副宣抚司　盏达土司家谱》。家谱世系写在一丝绸上，长约240厘米，宽约80厘米，因丝绸有破损，裱在宣纸上。盏达是盈江县一镇名。始祖刀思忠，"始祖刀思忠授土副使职传子刀思效……"共19代，第19代为刀思鸿祚。右侧有刀思忠"弟二思平"一脉13代、左侧"弟三思美"一脉6代。此谱

图4-63 云南省博物馆展出的《盏达历代刀思忠家谱》复制件（又名《刀氏19代谱单》）

的复制件展出于云南省博物馆橱窗内，名曰《刀氏19代谱单》。

刀思忠何许人也？万云华说，综合多方材料推测，刀思忠应是希忠国之孙，祖籍南京，后因有战功，赐名刀思忠。

以上是反映傣族一重要家族即刀氏家族的两幅谱单。两幅谱单均用汉文书写在白色缎子或丝绸上，宽均约80厘米，长度一为120厘米，一为240厘米。两幅谱单内容均由宝塔形世系和谱序两部分构成。《历代宗图》始祖为希忠国，共刊15代。《盏达历代刀思忠家谱》始祖为刀思忠，共刊19代。经考证，刀思忠为希忠国之孙，"因有战功，被朝廷任命为宣抚副使，到京师朝见，赐名刀思忠"。

于是自刀思忠开始，以后子孙均由希改姓刀。比较这两幅谱单世系可知是同一家族，如《盏达历代刀思忠家谱》第13代为刀思弼，在《历代宗图》中为第15代。因此，这是傣族刀氏家族互相衔接的两幅谱单。

这两幅谱单，与东北内蒙等地区的谱单比较，不仅在材质、结构、形式等方面带有自己的特色，而且谱单上的谱序，为我们提供了明代初年出征西南的许多重要史料。

《中国少数民族家谱总目》中记载的23种傣族家谱全部为当地土司、土目、宣抚使、宣慰使或部落首领的家谱，除刀氏谱单外，皆为谱书。刀氏家族也有谱书，盈江县档案馆中收藏的《干崖土司发展史（傣文）郗忠国的历史故事》就是一部谱书，该谱书也称《干崖宣抚司刀氏傣文家谱》《刀安济交来盈江历史》等。该谱书长60厘米、宽30厘米，计24页，页23行，傣文横书，行间有汉文墨批三十余处，如"南京上元县""郗忠国"等字样，其记载显然比刀氏谱单更为详尽。

可见，傣族刀氏家族不仅有谱单，还有谱书，不仅有汉文书写的谱，还有用傣文书写内容丰富的谱书,而且由明王朝赐以刀姓,这一切均显示了刀氏家族不仅在傣族而且在中国西南地区的显赫地位!

第十一节 纳西族谱单

纳西族是中国西南地区的少数民族,主要聚居在滇、川、藏三省区交界的横断山脉地区,有着悠久的历史和文化。元朝以前的纳西族社会没有集中统一的政权,长期处在"酋寨星列,不相统摄"的状态。元代起,纳西族聚居地才纳入政府管辖,划分有丽江路土官等各地方行政区划。从1253年忽必烈平大理到清朝雍正元年(1723)"改土归流"的四百余年间,元、明、清三代中央王朝均在纳西族地区推行封建土司制度。明朝洪武十四年(1381),皇帝朱元璋遣傅友德、沐英等率军远征云南,丽江纳西族土司阿甲阿得于次年"率众归顺",因而深得明王朝统治者的赏识,被钦赐以木姓。木氏的势力自此迅速壮大,云南丽江一带便成了纳西族社会、政治、经济、文化的中心。直至今日,云南省的丽江纳西族自治县,仍是纳西族最大的人口聚居地,三分之二以上的纳西族人口在此定居。

纳西族比较知名的家谱有木氏家族的《木氏宦谱》等数种,这些家谱仿汉族纂修,多为谱书,也有一些碑谱。纳西族是否有谱单流传呢?

2016年11月22日,课题组人员来到丽江黑龙潭公园内的东巴文化研究院,经李德静院长介绍,采访了纳西摩梭"经师"阿公塔。阿公塔居住在丽江宁蒗县拉伯乡加泽村委会油米村,44岁,祖先是纳西摩梭人。

图4-64 采访李德静院长(右一)、纳西摩梭人阿公塔(右二)

阿公塔依照经文,绘声绘色地朗读了《纳西摩梭石、阿、杨姓祭祖先经》,该经书介绍了石、阿、杨三姓在云南省丽江市宁蒗彝族自治县中拉伯乡、永宁乡等处迁徙的经过,以告诉石、阿、杨姓的子孙是从哪里迁徙过来的,不忘先祖。

阿公塔也介绍了纳西族写谱的一些习惯,如他诵读的《祭祖先经》只能写过世者的名字。他的家族迁到永宁乡后,先后有尤玛若—古玛应里—贡布—督基扎史—肯若里—督基茨里—布若七代,他已属第八代了,布若即是阿公塔已过世的父亲。这本经书所祭的虽然是祖先,但按纳西族的传统,祖先升天之后,已成为保佑族人胜利的英雄神了,因此经书不能记载女性。只有在纯记载家族情况的家谱中才能写入女性的名字。

李德静院长介绍说,丽江城中的纳西族家谱受汉化影响较深,多为以汉文为主的谱书。纳西族的原始形态家谱——谱单则多在山区,与纳西族独特的东巴文化有关,极具特色。纳西族信奉东巴教,该教由当地原始宗教结合佛、道等思想融合而成。东巴教的祭司就叫东巴,意思是智者、导师。其装扮的特点是头上的法冠——"五幅冠"。东巴教和大多数萨满教一样,也是父传子、师传徒的形式,传男不传女。有些东巴文家谱就藏匿于阿公塔的《祭祖先经》一样的东巴经书中,与家属迁徙的历史糅合在一起。

2019年10月16日,课题组人员再度前往丽江,看到了东巴文化博物馆内藏有纳西族谱单。博物馆东巴文化展厅中有一件《东巴祖谱》,是为东巴和学文家族父子连名谱系。谱单用传统东巴纸制作,从上到下共4行,第一至三行各有六格,第四行虽只有四格,但最后一个大空白格,预留出空余,方便添加后代,故共计有21格文字。这张谱单明显具有父子连名的特点,从第一行第四格开始,大部分的格子都有三个字符,第一个字符是姓氏,第二个是父亲的名,第三个是儿子的名。这也与纳西族口传连名家谱相吻合。从这张谱单看出,这个家族如以第一行第四格最早出现的父子连名算起,则已传十七代(谱单自第一行第四格以下共十八格,第三行第四和第五格共用同一个父亲的名,应是两兄弟,故为十七代)。这是一份非常珍贵的用纳西象形文字书写的纳西族谱单。

图4-65　纳西《东巴祖谱》谱单

许多与东巴相关的文献都写在相同的东巴纸上，且都是表格形式，博物馆还展出了由四川木里依吉征集来的《祖谱古籍》三册，皆是用相同材质的东巴纸线装成册，其中展示了家族迁徙的故事。

纳西族对祖先的崇拜和对子孙的命名是十分重视的。丽江市博物馆位于黑龙潭公园的五凤楼内，第一展厅"东巴文字"中，展出了大量撰写在东巴纸上的东巴象形文字古籍，其中就有《祭祖经》。纳西族一年中有十余次固定祭祀或节日，其中有二月的春祭祖先、六月的夏祭祖先、冬月的冬祭祖先等，足见纳西族对祖先的重视与崇拜。

图 4-66　古籍《祭祖经》

纳西族对子孙后代的命名也很看重，非固定的祭祀或节日中就有取名一项。展厅中另一册与家族相关的东巴古籍是《为新生儿命名》。纳西族小孩出生后的第三天，家人会邀请东巴，依据孩子母亲的年龄，按《巴格图》八个方位推算孩子灵魂居住的方位，然后取用与那个方位相关的神灵名号、属相动物，及表示性别或吉祥祝愿的词来决定孩子的命名。对人称呼时，在名前冠以类似姓氏的称谓，如家族始祖名、家族始祖生理特征、家居地名、所从事事业、所任官职、所操技艺等。

总之，包含纳西族谱单在内的用纳西象形文字书写的纳西家谱姓氏文化，是我国少数民族优秀传统文化的重要组成部分。

第五章　镌刻于石的石碑家谱

　　石碑家谱,简称碑谱,就是将本家族世系、人物、事迹等宗族资料以文字刻在石碑上的家谱,以期"刻谱于石,以垂永久"。碑刻本就是中华传统文化经世传承的重要载体,早在周朝便已出现,且因中国历代优秀书法艺术而使之在记录重要事件的同时被赋予了美感。至汉代,汉族碑谱已十分流行,即使距今已历经两千年的沧海桑田,仍有东汉建武二十八年(52)的"三老碑"和汉桓帝延熹三年(160)的"孙叔敖碑"等碑谱出土。上述二碑除记载家族成员世系、名字、忌日外,还包括祖先功德以及立碑的目的等内容。其姓名辈分排列,上下为父子关系,左右为夫妻兄弟姐妹关系,已颇具体例,显示出与家谱的明显渊源。

　　至宋代,著名文学家苏洵,在主修《苏氏族谱》的同时,于其高祖墓茔之西南立亭刻《苏氏族谱》碑。一直至民国时期,广西壮族自治区南丹县六寨乡壕村还发现有《莫姓哨目族谱》,以碑刻的形式记载了莫姓家族源流、世系沿革、字辈排行等。

　　中国的少数民族,同样使用碑谱来记载他们的世系。目前发现的少数民族碑谱,主要集中在我国西南地区,北方仅零星分布。可以想见的是,中国西南地区气候湿润,多山多石。兴修碑谱比纸张、布料更能在湿润气候下保存,且可就地取材。另一方面,生活于西南地区的少数民族以农耕为主,居住环境相对固定,较少迁徙,不必携谱而行,尤其是占优势地位的民族如白族。为论述方便,本章分白族碑谱和其他少数民族碑谱两节加以阐述。

第一节　白族碑谱

　　白族是我国具有悠久历史文化的少数民族。白族家谱修纂的历史十分悠久,早在南诏大理国时就有《张氏国史》流行。宋元以来,无论是名家大姓还是普通家族,纂修家谱的风气一直连绵不断。碑谱作为一种特殊形式的家谱种类,在白族中极为流行。

一、白族碑谱例举

相对于其他少数民族而言,白族碑谱数量最为丰富。兹整理如下:

表5-1　白族碑谱概况一览表

序列	立碑年代	碑谱名称	谱籍	迁徙年代	书写文字
1	明正德三年(1508)	《邓川州土官知州阿氏五世墓表》	洱源县	明洪武年间	汉
2	明万历五年(1577)	《郡侯阿氏世谱碑记》(《阿氏七世墓表》)	洱源县	明洪武年间	汉
3	明万历七年(1579)	《李氏祠堂家谱书院义田集录》	大理市	汉建兴三年(225)	汉
4	明末	《龙门邑施姓世系残碑》	剑川县	土著唐代	汉
5	清康熙三十年(1691)立,光绪十六年(1890)重修	《剑川新松村赵氏始祖碑序》并《赵氏祖茔世系碑》	剑川县	明洪武年间	汉
6	清康熙五十八年(1719)	《李氏宗谱碑》	祥云县	明初	汉
7	清乾隆二十三年(1758)	《荣褒行实碑》		清康熙七年(1668)	汉
8	清乾隆二十七年(1762)	《施氏门中历代老少宗亲之位》	大理市	元	汉
9	清乾隆四十一年(1776)立,民国三十六年(1947)重立	《重修执翁杨氏宗谱墓志源流序铭》	祥云县	土著南诏	汉
10	清乾隆五十二年(1787)	《许氏源流世系图》	大理市	明洪武十四年(1381)	汉
11	清嘉庆五年(1800)立,民国三年(1914)重立	《师氏家谱自序碑》	弥渡县	明洪武十六年(1383)	汉
12	清嘉庆十二年(1807)	《杨氏历代先主昭穆神主位》[①]	云龙县	明	汉

---

① 石门杨氏家谱编纂组编《云龙县石门杨名飚(崇峰公)同族家谱》,2010年排印本。

（续　表）

序列	立碑年代	碑谱名称	谱籍	迁徙年代	书写文字
13	清嘉庆十三年（1808）	《垂裕后昆》	祥云县	明初	汉
14	清嘉庆三十年①	《赵氏三支历代祖神主墓》②	云龙县	约明中前期	汉
15	清咸丰四年（1854）	《德垂后裔》	大理市	明初	汉
16	清光绪二年（1876）	《董友弟墓志铭》	祥云县	明洪武二十一年（1388）	汉
17	清光绪十一年（1885）	《本音杨氏门中历代宗亲昭穆考妣之神位》	大理市	土著 约明后期	汉
18	清光绪十八年（1892）	《董氏族谱碑》	大理市	土著 南诏	汉
19	清光绪二十一年（1895）	《本音杨氏门中历代宗亲昭穆考妣之香位》	大理市	明洪武间	汉
20	清光绪二十一年（1895）	《董氏宗谱记碑》	鹤庆县	土著 南诏	汉
21	清光绪二十二年（1896）	《李、杨氏门中历代宗亲考妣位》（拟）③	大理市	清咸丰间	汉
22	清光绪二十四年（1898）	《(剑川)尹姓家谱序》（与《剑川尹氏宗祠碑》《尹氏祠堂义田记》合刻）	剑川县	明初	汉
23	清光绪三十四年（1908）	《本音赵氏门中历代宗族昭穆考妣远近老幼支派灵位》	大理市	明初	汉
24	清光绪间	《剑川新松村白族段氏祖茔世系碑》	剑川县		汉
25	清宣统元年（1909）	《永垂不朽》	祥云县	约清前期	汉
26	清末	《上溯王氏宗谱》	祥云县	元末明初	汉

---

① 案：嘉庆共25年，具体时间待考。
② 黄正良、张浚、杨瑀编著《古镇宝丰》，云南人民出版社2008年版，第308页。
③ 现存大理市凤仪大丰乐村李氏宗祠。

（续　表）

序　列	立碑年代	碑　谱　名　称	谱　籍	迁徙年代	书写文字
27	民国二年（1913）	《木本水源杨姓宗谱源流碑序》	祥云县	元末	汉
28	民国二年（1913）	《本音董氏门中历代老少合族宗亲考妣之香位》	大理市	明	汉
29	民国八年（1919）	《本音段、李氏门中历代宗亲考妣位》	大理市	约清初	汉
30	民国九年（1920）	《上赤罗姓起祖碑序》	祥云县	约明后期	
31	民国十二年（1923）	《宝姓起源碑记》	祥云县	约清中期	汉
32	民国十二年（1923）	《木本水源杨姓宗谱源流碑序》	祥云县	元末	汉
33	民国十八年（1929）	《大波那绣球山四甲张祖莹石标铭文》	祥云县	土著西汉元狩元年（前122）	汉
34	民国二十二年（1933）	《清涧美杨氏墓志铭》	祥云县	约南北朝	
35	民国三十五年（1946）	《苏氏宗谱碑》（拟）[①]	贵州威宁县	明洪武间	汉
36	民国三十六年（1947）	《本音万氏门中历代内外老少宗亲之香席》	大理市	清乾隆初	汉
37	民国	《垂裕后昆》	祥云县		汉
38	民国	《元云南通海古桥州知州始祖张公讳建成暨历代昭穆宗亲灵位》[②]	大理市	元	汉
39	年代不详，1996年重立	《张氏沿革碑记》（《祥云大波那张中事迹碑》）	祥云县	土著西汉元狩元年（前122）	汉

---

　　① 李平凡《威宁赫章白族社会历史调查报告》，贵州省民族研究学会、贵州省民族研究所编《贵州民族调查》（之四），贵州省民族研究所1986年版，第553页。贵州省民族事务委员会、贵州省民族研究所编《贵州"六山六水"民族调查资料选编·回族 白族 瑶族 壮族 畲族 毛南族 仫佬族 满族 羌族卷》，贵州民族出版社2008年版，第31—32页。

　　② 郑天挺《郑天挺西南联大日记》下册，中华书局2018年版，第888页。

（续　表）

序列	立碑年代	碑 谱 名 称	谱 籍	迁徙年代	书写文字
40	年代不详	《原籍南京应天人赵氏门中历代老幼昭穆宗亲之灵位》	大理市	明	汉
41	年代不详	《本音张氏合族历代老少宗亲之香位》	大理市	明	汉
42	年代不详	《本音田氏门中历代内外昭穆考妣老少宗祖之灵位》	大理市	约明中期	汉
43	年代不详	《天潢衍派赵氏太祖大人遗裔历代祖宗老幼考妣位》	大理市	明洪武间	汉

（除个别说明外，本表大致据《大理丛书》"金石篇""族谱篇"、《大理市古碑存文录》《大理凤仪古碑文集》《祥云碑刻》《祥云金石》《大理白族碑谱研究》等成果整理。）

就白族碑谱而言，既有汉族传统家谱特征，同时也有其个性。综合来看，白族碑谱文献具有以下几个特点：

第一，从碑谱书写形式来看，碑文均以汉文书写。白族在历史上曾经使用过一种利用汉字改造而成的文字记录白族语言，形似汉字的构造，现在称其为"方块白文"。但梳理目前所收集的白族碑谱可以发现，白族碑谱全部为汉文书写。我们已难以找到有碑谱以白文或兼用白文和汉文书写的例证。

第二，从碑谱类型方面考察，种类颇为丰富。据学者研究，主要有家族人物事迹碑、宗亲老少考妣神位（灵位、香位、香席）碑、源流碑、垂裕后昆碑等。家族人物事迹碑主要记载对家族做出重大贡献的人物。宗亲老少考妣神位（灵位、香位、香席）碑多侧重于列叙家族世系世次。源流碑侧重介绍家族来源问题。垂裕后昆碑多为勉励后世谨遵家风仪礼、发扬家族精神。[①]名称各异，体例有殊，各有功能。

第三，从碑谱内容而言，记载大多较为简略。不同于书本式家谱，碑谱由于石碑本身的尺寸所限，决定了碑谱所记内容不会太多。这是因为多数白族碑谱均将始祖（或始迁祖）追溯至元代以后，如此则历史相对较短，以致世代较少。考察目前所收集的碑谱，溯

---

① 袁艳伟《大理白族碑谱研究》，大理大学2017年硕士学位论文，第25—26页。

其始祖(或始迁祖)为汉、唐人的例子有：祥云大波那村《张氏沿革碑记》《李氏祠堂家谱书院义田集录》《董氏族谱碑》《董氏宗谱记碑》等。除以上数例外，均称其始祖(或始迁祖)为元代以后人。其次，碑谱大多仅记载每一代家族男性家族成员名讳及配偶姓氏。如有官职、职业则也标明。至于名号、生卒年、事迹等，除家族人物事迹碑有记载之外，其余类型碑谱基本付诸阙如。如此记录无疑十分简略。

当然，也有少数白族碑谱记载内容比较详细。如2016年11月19日，课题组一行来到云南大理市东北郊的凤仪北汤天村，前往"法藏寺"中的"董氏祠堂"，搜集收藏在该祠堂的《董氏族谱碑》(白族)的有关资料。法藏寺比丘住持释惟实向我们介绍了《董氏族谱碑》的有关情况。相传，董氏为国师，向为南诏、大理国统治阶级重用。《董氏族谱碑》共五块，大理石质，每块均高91厘米、宽91厘米，直行楷书，第五块石碑是1991年续修镌刻的，世系增加到第43代族人。《董氏族谱碑》非常完整地记载了从唐代董伽罗尤至1991年的第43代族人，是大理白族典型的佛教密宗世家。《董氏族谱碑》以碑文形式记载家族世系，是迄今发现记载家族世系最长的碑谱之一。

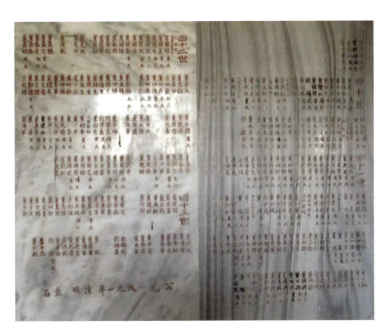

图5-1　1991年续修镌刻的石碑《董氏族谱碑》

第四，从纂修时间观察，现存碑谱中除纂修年代不详外，主要是在明、清及民国年间。据此可见，白族碑谱在明代以后大量涌现和流行，既与汉文化特别是儒家文化于元明以降大规模影响云南有关,同时也和中国传统谱牒学在明清以后达到顶峰的进程相符。

第五,从纂修频率来看,排除历代各种遭毁因素,绝大多数碑谱并无续修续刻。家谱一般有"60年一大修,30年一小修"的惯例。师范《师氏家谱自序碑》则要求"五年一修"。①从以上所列白族碑谱可以看出,《董氏族谱碑》记载世系的碑石共五块,第一、二块刊刻时间不详,第一块记述董氏来源;第三块刻于清光绪十八年(1892);第四块刻于民国年间;第五块刻于1991年。可见董氏碑谱可能前后有五次左右纂修。相信随着时间的推移,董氏家谱世系将持续增加。阿氏家族现存两块碑,前后两次纂修,相隔约70年。除董氏、阿氏家族以外,其余碑谱却未见有续修续刻记录。

二、白族碑谱的文献价值

白族碑谱作为原始的历史纪录,兼具原始性与纪录性于一体,其数量和重要性,虽然不能与纸本家谱相比肩,但也有相当的文献价值,同样可对少数民族研究产生一定的推动作用,因而倍受民族史研究者的青睐。白族碑谱的文献价值,大致有如下几点:

(一)可管窥白族宗法制度之一斑

家谱记载同宗共祖血缘集团的世系、人物和事迹等情况。它和宗祠等都是中国古代宗法制的表现形式。从宋代以来,"所有的家族,都由祠堂、家谱和族田三件东西联结起来……这三者是近代家族制度的主要特点"。②另外,族学和书院(有些书院即是族学)也是宗族维持兴盛的一个重要手段。

随着白族越来越多地接受汉文化特别是儒家文化,他们对宗法制度也十分重视。李玉芳撰写于明万历七年的《李氏祠堂家谱书院义田集录》反映了白族对祠堂、家谱、书院、义田四者之间密不可分、相辅相成关系的看法:"今先君修祠堂,芳证以先儒定议,而谱牒固因以明矣。然义田以周之,积舍以教之,又所以表里乎祠谱也。今祠堂修矣,而谱牒因以明,似有合庑书屋扁曰世科精舍,似有合窦谏议之仁。……司马程朱之礼。置祠堂左右田若干亩,似有合文正公之义。立两……视祠堂则思孝以敦仁,视家谱则思仁以广孝,视书院则思教以垂恩,视义田则思恩以立教。又惟自尽于己,子致其孝,无怨父之不慈;父致其慈,无疾子之不孝;兄致其友,无责弟之不恭;弟致其恭,无恤兄之不友。是则集录之意也。"③

---

① 云保华、阿惟爱主编《大理丛书·族谱篇》卷二《师氏家谱自序碑》,云南民族出版社2009年版,第577页。
② 徐扬杰《宋明家族制度史论》,中华书局1995年版,第20页。
③ 李一夫主编《大理古碑存文录》,云南民族出版社1996年版,第392—394页。

正因祠堂在白族心中具有尊崇地位，所以他们对修建宗祠颇为热心。祥云上溯王氏“前清康熙年间创修下朋灯宗祠。乾隆间分修下朋灯宗祠”。[①]大理凤仪赦荡村赵氏“修建宗祠两次。前次功成未竣，遭值兵燹。家中房屋烧毁，神主无存。幸遗有碓磨一座，递年蓄积重修殿宇，新立碑文”，[②]前后三次修祠。其余建祠一次的家族有：大理凤仪赵氏清咸丰二年（1852）建祠、[③]大理凤仪杨氏清光绪二十一年（1895）建祠、[④]大理凤仪董氏清光绪二十六年（1900）建祠。[⑤]

关于宗祠的意义和功能，都集中在尊祖、敬宗、收族等方面。赵氏《德垂后裔》：“（建立宗祠）益思祖宗之创制，与其功德之遗留有甚深者。况复子姓昌炽，庆繁衍于椒聊，咏绵延于瓜瓞，兼之家给人足，诚世德发祥，垂裕后昆之一证也。所以《虞书》著九族之亲，《周礼》掌三族之别，良以是夫。自今以后群昭群穆，序别尊卑，继别继称，宗分大小，苾芬秬鬯，感霜露于春，纪载琐珉。判云：礿于世系，昭先绪也，笃孝思也。世世子孙效禴祠蒸，尝报祖德宗功之荫，法傧笾酾；酒乐家人父子之亲。其于木本水源，虽代远年湮，有条分而缕析者。美其功，岂不伟哉！”[⑥]

图5-2　赵氏《德垂后裔》《原籍南京应天人赵氏门中历代老幼昭穆宗亲之灵位》碑

① 李树业编《祥云碑刻》，云南人民出版社2014年版，第18—19页。
② 李一夫主编《大理古碑存文录》，第659页。
③ 马存兆编《大理凤仪古碑文集》，香港科技大学华南研究中心2013年版，第162页。
④ 李一夫主编《大理古碑存文录》，第641页。
⑤ 李一夫主编《大理古碑存文录》，第641页。
⑥ 马存兆编《大理凤仪古碑文集》，第162页。

图5-3 存放赵氏《德垂后裔》《原籍南京应天人赵氏门中历代老幼昭穆宗亲之灵位》碑的宗祠

《杨氏家谱碑序》:"盖建祠立石胡为者,所以志先代之来历,示后人之步武,而前后次序不紊,名公先达之不朽者也。"[1]

《赵氏宗祠家谱碑序》:"春祈秋报,聊申惾见之思;追远慎终,略效忾闻之意。虽土冢荒渺而世德作求,名氏堙没亦永言孝思,惟祖宗英灵不昧,凭依在德,洋洋乎如在其上,如在其左右云尔。"[2]

《本音董氏门中历代老少合族宗亲考妣之香位》:"前光绪庚子,捷第廷辅等同兴尊祖敬宗之意,以文宫右厢建为宗祠。"[3]

依据汉族儒家观点,宗祠是同姓血亲组织的载体,异姓异子决不可乱宗。但白族常有数姓合祠,共享各姓后人祭祀的现象。如大理凤仪芝兰村万氏本与张、董二姓无任何血缘关系。但"历与张董二姓归籍,事事不分彼此。承蒙合邑将文宫佑下耳房,与董姓合为宗祠,相安位以奉侍,以表慎终追远之理……"[4]万氏因与张、董"事事不分彼此"的密切关系而"与董姓合为宗祠"。

① 李一夫主编《大理古碑存文录》,第641页。
② 李一夫主编《大理古碑存文录》,第659—660页。
③ 马存兆编《大理凤仪古碑文集》,第173页。
④ 《本音万氏门中历代内外老少宗亲之香席》,马存兆编《大理凤仪古碑文集》,第177页。

再如《本音段、李氏门中历代宗亲昭穆考妣位》："民国六年七月既望,段李二姓建立宗祠,勒祖丰碑,而杨姓原无与焉。因此,杨姓之嗣无有奉其宗褙。段李二姓悼之,故将其先祖姓名勒于宗祠,同享祖褙……"①附记了杨氏五世考妣。杨氏与段李二氏了无关系,而勒其先祖姓名于段李宗祠,"同享祖褙"。

家谱与宗族之间关系也十分密切,相互依存。一方面,宗族不断繁衍才会编撰家谱。另一方面,宗族的维系有赖家谱的编撰。修谱是白族极为重视的事情。从碑谱中可以透露白族对家谱功能的认识。概括起来,大致有以下几点:

第一,追根溯源,不忘所自。白族重视家谱在明宗、报本方面的作用,警醒后人不忘木本水源之思。如《(剑川)尹姓家谱序》："岂可不纪周懿之亲,忍令后人昧木本水源之义哉!"②《施氏宗谱碑》："是传家之要,莫如有谱。家有谱,可以承先,可以启后,如木本然,如水源然。"③《上赤罗姓起祖碑序》："重修合墓双碑,以垂不朽,以志不忘。"④《茨芭村宝姓起源碑记》："因思报本之义,垂修墓顶……"⑤

第二,记载先人丰功伟绩,教化后人。有些白族碑谱不仅追溯姓氏的来源,而且还特别注重记载家族的发展中具有懿行美绩的族人,以此作为榜样,教育后人。如《李家箐李氏家谱》："为后子孙者,当其先世之荣,览斯谱也,可以橛旧而新矣。"⑥《城北村木本水源杨姓宗谱源流碑序》："因族大枝繁,文武功名不胜枚举。仅撮其要以述之,故略志之,以便后人稽考,永垂不朽,不忘云也!"⑦《明镜木本水源碑杨氏宗谱源流碑序》："所以稽祖籍、表懿行,此善记善述之功,可光前而裕后。其棠棣联芳之胜族也,无一不由祖德积累而成者也。凡我子孙,宜各守尔典,佩铭是训。是历纪先公之美绩,撰万古不磨云耳。"⑧《新泽重修执翁杨氏宗谱墓志源流序铭》开宗明义:"古者家必有乘,墓必有铭。所以稽祖表懿衍志,善继善述之功,以信念而传后。"⑨最后又说:"所谓善继善述,可光前面而有后焉!不荒纪祖籍懿行,美绩具表,后裔之嗣哲家传,叙撰万古不磨矣!"⑩《上溯王氏宗谱》

① 马存兆编《大理凤仪古碑文集》,第148页。
② 云保华、阿惟爱主编《大理丛书·金石篇》,第1614页。
③ 李一夫主编《大理古碑存文录》,第534页。
④ 李树业编《祥云碑刻》,第27页。
⑤ 李树业编《祥云碑刻》,第13页。
⑥ 李树业编《祥云碑刻》,第15页。
⑦ 李树业编《祥云碑刻》,第10—11页。
⑧ 李树业编《祥云碑刻》,第22页。
⑨ 李树业编《祥云碑刻》,第24页。
⑩ 李树业编《祥云碑刻》,第26页。

虽碑末有缺,但文中也有"仅其尤者而表彰之",[①]与李、杨等碑谱同理。而《荣褒行实碑》顾名思义其立碑目的就是褒扬先世。该碑顶部刻"荣褒行实"4个大字。碑右题"诰授武义大夫河南抚标中军参府东翁王老先生三代行实序",序曰:"公备述□□覃恩父祖甚悉,即托代序世谱……今蒙覃恩,赐祖父以五花官诰,俾泉壤登光,后裔蒙庥于无既。"[②]又云:"乾隆十六年十一月二十五日遇覃恩,翁父祖俱赠怀远将军,以翁陕西平凉游击官,翁又升河南抚标中军参府。是官未遇覃恩。"[③]可见立碑主要是彰显先世所受覃恩之荣光。

第三,厘清宗族内部尊卑、亲疏等关系。随着宗族的发展,世系越多,支流派别也越纷杂,族人间的关系就越容易被淡忘,如果没有家谱记载,那么就会导致尊卑名分和亲疏关系混乱。这正如师范所说"使当吾世而无谱,后之人必有以祖为曾,以兄为弟者",师范自己就遇到自家族人"曾元而迷其高曾者有矣,且以子孙而迷其祖父者有矣"。而这种窘境就是没有家谱造成的。因此他感慨道:"呜呼!谱之所关,岂细故哉!""族无谱,次序杂。"[④]

图5-4　《师氏家谱自序碑》碑

①　李树业编《祥云碑刻》,第18页。
②　大理白族自治州地方志编纂委员会编《祥云金石》,云南民族出版社2016年版,第239页。
③　大理白族自治州地方志编纂委员会编《祥云金石》,第240页。
④　云保华、阿惟爱主编《大理丛书·族谱篇》卷二,第577页。黄正发、黄正良、盛代昌编著《弥渡古代碑刻辑释》,云南科技出版社2018年版,第501—503页。

第四，有些宗族修谱是有多重目的的。如《新泽金氏家族垂裕后昆碑记》："所以勒先代之支派于片石，列祖宗之名号于碑铭。不唯使百代之子孙可考，而且俾九族之伦理不紊也。"[1]不但要为后人了解世系传承，而且还要借此梳理宗族内部的伦理关系。而徐氏《永垂不朽》碑云："深恐代远年湮，子孙不得其详也，特书其宗派以志之。又恐子孙虽知其详，而或不知祖若宗之忠厚和平也，特揭其遗事而勒之于石焉。"[2]既记本族宗派，又揭先祖遗事。

虽说白族强调家谱在保持昭穆、尊卑、伦理等方面有序不紊的功能，但实际上却并不完全遵从。白族常出现异子、女婿入谱的现象。如《本音杨氏门中历代宗亲昭穆考妣之香位》记载杨氏先祖抱养康氏，后人建祠立石"合两氏先代之名碣镌，春秋荐以馨香，朝夕侍以香火……"[3]

又如现存大理市凤仪镇大丰乐村李氏宗祠的《李、杨氏门中历代宗亲考妣位》（拟）记载杨椿"世居乐和，而为丰乐李天荣之婿。因咸丰丙辰秋沧桑之变，而椿一家遂寄迹其家焉。后天荣公一支乏嗣，有此处产业授之。幸有李氏合族十分厚爱，不以矫客相待，而以同族视之。何也？有其报答天荣深恩之意也。于光绪丙申岁孟春重修宗祠碑记，俾

图5-5　大理市凤仪镇大丰乐村李氏宗祠

① 李树业编《祥云碑刻》，第26页。
② 大理白族自治州地方志编纂委员会编《祥云金石》，第263页。
③ 马存兆编《大理凤仪古碑文集》，第190页。

图5-6 断裂的《李、杨氏门中历代宗亲考妣位》(拟)碑

椿世世子孙准其入祠,同春秋祀典,以志不朽"。杨椿原是李氏一支的女婿,后因该支乏嗣,即以杨氏为后,而李氏亦不以外姓而排斥,准其入祠。在世系表中,记载有不少李姓娶杨姓为妻之事。

再如大理凤仪芝兰村董氏,"前光绪庚子,捷第廷辅等同兴尊祖敬宗之意,以文宫右厢建为宗祠。□□廷□□胡绍龙世雄,以奉义李鸿等修宗谱碑,俾宗祖子孙各有其序也。盖有□再修明□族谱,内有胡、杨姓字,知者以为常识,愚者以为迂阔。非迂阔也。邑庠生胡山,汉邑村岁贡、任楚雄府南安州教谕之胞弟,继正生公之嗣,依□名不改姓,其后子孙俱改姓也。有长发村杨焯继浚公嗣,改姓董焯。后焯素传知医,另立房产,改□□继不归籍,而世居芝兰,而事关董姓宗支,今同族人建祠入祠……"[1]

作者认为异姓入谱是"知者以为常识,愚者以

图5-7 《本音董氏门中历代老少合族宗亲考妣之香位》碑

---

① 《本音董氏门中历代老少合族宗亲考妣之香位》,马存兆编《大理凤仪古碑文集》,第173—174页。

为迂阔",字里行间对此习以为常。董正生是四世祖,五世祖有胡宣、庠生胡少,其中胡少应该就是引文中"邑庠生胡山",只是一作"少",一为"山"。他娶了董氏女为妻。董浚是七世祖,第八世杨姓者有杨焯、杨炘、杨炇。三杨的妻子分别是董氏、袁氏、杨氏。杨焯因娶董氏女而以婿为子入谱可以理解。但因杨焯的关系,其兄弟杨炘、炇也被编入董氏家谱,而从第九世至第十三世都有三杨后裔,且均一仍原姓杨氏。

以上异姓合祠、合谱的现象反映了白族较为独特的宗法制度。相比汉族和其他一些少数民族森严的宗法制度而言,白族可算相对宽松和包容。

（二）对研究地方史具有补阙价值

比如大理凤仪镇有村名敕荡,其村名来历在《本音赵氏门中历代宗族昭穆考妣远近老幼支派灵位》有详载:"窃闻明太祖洪武御极以来,国泰民安,正月元宵佳节,都人士女迎社触犯龙颜,宸衷震怒,流徙民,敕命怀柔,远人由此安居乐业。普闻上皇,龙心大喜,敕书传到,因以名村。"[①]可为乡土志增添一笔。

白族基层人士与地方社会在碑谱中也有揭示。如民国二年（1913）杨国桂撰《木本水源杨姓宗谱源流碑序》:"概自我祖实隆迄今五百余年,恒居城北,未有活水龙泉。于乾隆年间有开魁倡首,于西山阴修筑洋宝海。以灌溉后坝田亩,则有杨型、杨绢倡首,始建前甸大河。以旱除涝,则有杨学道、杨绍元、杨昰、杨文。同修雪山庙□□□,则有□□□。功榆出力,则有四品□□、杨晟、□□、千总弟兄弟杨继,条教有法,修寺院、祖祠、水阁,兼兴□□;村人□□□,率众兴修前甸上下两闸水洞十道。"[②]

民国十二年（1923）王以忠撰《木本水源碑杨氏宗谱源流碑序》也说到杨氏中名尚先者其后分七支,"因子嗣番昌,土地日狭,不能不择里居。仁历至允升公,择里于明镜灯。时有龙泉活水,多属旷土荒郊。幸杨先公于康熙间约周、李、杨三姓,将我南甸水田一段抵作海面,修筑甜荞海灌溉田亩;又有茇公、苤公、舒公,于乾隆辛亥修有坟箐内私海一座,以十三股半修理,灌溉南甸田亩。金元公至前清光绪三十三年,倡首约黄联署汤、李、杨删姓与明镜灯周、李、杨三姓,两村修筑白井庄箐青水堰塘,润泽海上下贰座,以十四股修理,水利规则均立有合同碑记;杨梧、杨锦、现龙、飞龙、云龙诸公,素习石艺,修有牛井西大桥、铁城桥、普昌河桥、本村与城北两村八仙桥。……（标、炳、兴龙）蒙各县长屡委充校长,兴学校、植人才……"[③]

---

① 李一夫主编《大理古碑存文录》,第659页。
② 李树业编《祥云碑刻》,第10页。大理白族自治州地方志编纂委员会编《祥云金石》,第288页。
③ 李树业编《祥云碑刻》,第22页。

 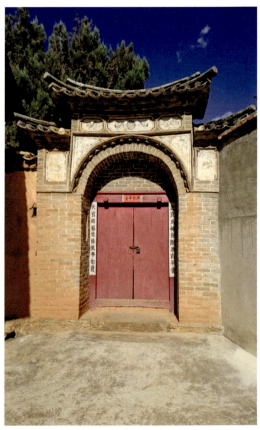

图5-8　《木本水源碑杨氏宗谱源流碑序》　　　　图5-9　《木本水源碑杨氏宗谱源流碑序》存放场所

《上溯王氏宗祠碑记》也提到廪生王巩柞"督修一沟三坝而利济五村者"。[①]

以上三种碑谱反映了地方人士在公益事业、文化教育方面的活动和贡献。

《重修执翁杨氏宗谱墓志源流序铭》则记载了地方基层小吏在清缅战争（1758—1769）中的表现："乙酉暑县主选其勤慎急公，委任为上六里约总，旋（笔者案：当作旋。）值恭（笔者案：疑作莽。）匪、缅匪继滋，顺国家除患安民，其人不时上下。杨县主任内举为合县约总，云邑路当孔道，无论里甲头人，俱退不前。惟公才略有余，若轻有夫马，随到随应，不致掣肘，各县主俱有优赏匾额。"[②]此碑谱原建于乾隆丙申年（1774）现杨氏祖坟杨度刚墓地东。[③]据此可知"乙酉"乃乾隆三十年（1765）。清乾隆二十七年（1762）

---

①　李树业编《祥云碑刻》，第18页。
②　李树业编《祥云碑刻》，第25页。
③　李树业编《祥云碑刻》，第24页。

冬,缅甸军队入侵云南边境。乾隆三十年,清廷开始对缅实施自卫反击。至乾隆三十四年(1769)底,双方统帅签订和约,正式停战。碑中所谓"云邑路当孔道,里甲头人,俱退不前",①反映出缅军对云南形成了极大的威胁,以至于当地"里甲头人"畏缩不前,不敢从事抗敌行动。而事实上,从目前所见史料来看,清廷确实初战不利,以至于云南边境告急。

祥云《王氏宗谱》则简略涉及了清咸同间云南少数民族起义:"后因咸丰丙辰年有回逆名杜文秀者踞据大理,至丁巳年,云南城亦失守。迄戊午年东山大姑者忽来一妖道,自称龙仙道长,乘回乱之势,鼓吹东夷以杀尽田主,可免捆租为名,聚集猓兵数千,四处烧杀抢掠。凡收租之家,不留片瓦。非远逃者,杀戮几尽。延至同治癸酉年,丽江县崛起一将星,名杨玉科,字云阶。始奉上命,统领大军,剿除回逆。百战百胜,杜逆文秀从兹授首,则拨云雾而见光天,境宇始平。谕乃后人:凡值大理反乱,我东山必起应之。前者数次皆然,此因山脉连络所关也。此后一遇大理反乱,东山影响。凡附近之人,勿恋家乡,速急远逃。"②

龙仙道长起义事见李玉振《滇事述闻》及云南地方志。《滇事述闻》云:"己未〔辛未〕九年……土匪乘乱据大姑者地方,保匪金大膀子、毕先生、龙道长,自称太清坤元祖师,以幻术惑众,出没于宾川、云县、姚州、大姚一带,搜杀庄主殆尽,云县受害尤酷,汉回均无如何。"③《(民国)弥渡县志稿》:"咸丰九年七月,祥云大古者,忽来一道人,自称龙仙道长,以邪术蛊惑人心,该地猓夷最为信服。而当时四山猓夷多系汉人佃户,汉人收租百方凌虐,致猓夷饮恨,妖道乘机激忿猓众,报复庄主,一呼百应,相率成群。见汉人即杀,见房屋即烧,云川各村,一片焦土。"④《(光绪)姚州志》记载:"七年春三月,妖道某结夷人金肇盛等啸聚大古者为乱。……妖道不知何许人,有妖术,常在山谷中煽动夷人,言汉当灭,夷当兴。咸丰七年三月,聚千人围杀三角村,汉民三百户无一存者。既而诸夷响应,聚至万余人,以大古者为巢穴,四出剽掠。"⑤《(民国)姚安县志》:"七年春三月,妖道某结夷人金肇盛等,啸聚大古者为乱。八年夏六月,知州普惠遣兵往剿,我师败绩。……八年八月,游匪窜扰白盐井,署提举吴荣禧却之。十一月游匪犯白盐井。姚州知州普惠击却之。九年三月三台厂保匪窜入白井,训导张锟骂贼被害。……四月,云南县夷匪窜扰姚州、大姚,

---

① 李树业编《祥云碑刻》,第25页。
② 李树业编《祥云碑刻》,第19页。
③ 袁平《〈滇事述闻〉校注》,云南大学2015年硕士学位论文,第163页。
④ 转引自袁平《〈滇事述闻〉校注》,第166页。
⑤ 转引自袁平《〈滇事述闻〉校注》,第166页。

姚州知州普惠、大姚知县李湘萼调团击却之。"①《云南县志》:"八年春,杜逆使妖人,自称龙仙道长者,煽惑云、姚猓猡踞东山大古者,四出杀掠,屋舍皆烬,老少靡遗。"②

本碑谱作者从地缘关系角度考虑认为东山必响应大理是因两地山脉密切相连,并要求后人遇到动乱须"勿恋家乡,速急远逃"。

在各族人民起义过程中,大理地区的地方士绅参与了镇压活动。上溯王氏家族"有建武功而平贼寇、身膺武职者,有如先辈之王浩、王大鹏,后嗣之王克仁、王贵德、王永甲、王树勋是也",王氏"因先辈平贼有功,故承平后赐予土地,与海西庄杨世尹通享世袭附录",所谓"贼寇""贼"显然包括清咸同年间各族人民起义军。清美涧村土著大姓杨联魁公在"值妖道叛逆,烧劫掠,几乎父子之不相顾也"的危急情形下,"承村众以推百长,在事出力,始获安全"。③

(三)为研究明清两代官制提供材料

第一,是云南土司的史料来源之一。关于云南土司制度的研究,目前已形成丰硕的研究成果。其中,龚荫先生《明清云南土司通纂》④《中国土司制度》⑤《中国土司制度史》⑥等著作(以下称龚著)是佼佼者。《明清云南土司通纂》梳理有关明清云南土司治所、族属、承袭等情况。后两书则扩大至所有中国边疆土司,其中云南地区迻录了《明清云南土司通纂》内容⑦。据今云南省大理市所存数种土司家族碑谱⑧,我们可对龚著稍作补苴。

1. 大理府邓川州土知州阿氏

龚著据《土官底簿》、道光《云南志钞》、《清史稿》著录阿氏传承世系为:(1)阿这→

---

① 转引自袁平《〈滇事述闻〉校注》,第166—167页
② 转引自袁平《〈滇事述闻〉校注》,第166—167页。
③ 李树业编《祥云碑刻》,第29页。
④ 云南民族出版社1985年版。
⑤ 云南民族出版社1992年版。
⑥ 四川人民出版社2012年版。
⑦ 惟名称、次序有所不同。《明清云南土司通纂》分为"民族""传袭""文献""方域"四目,《中国土司制度》称"治所""族属""承袭""事纂",《中国土司制度史》谓"治所""族属""承袭""纪事"。"民族"与"族属","传袭"与"承袭","文献"与"事纂""纪事","方域"与"治所",各相对应。
⑧ 关于今云南省大理市所存碑谱研究,主要有:王云征引《邓川州土官知州阿氏五世墓表》校正《明史》一则,见氏作《读〈明史〉刘綎传——方志校史一例》,《昆明师范学院学报》1981年第3期。谢道辛《云龙土司考校》,中国人民政治协商会议云南省云龙县委员会文史资料委员会编《云龙文史资料》第4辑,1990年版,第164—167页。杨永生《腾冲茨竹加宣抚司衔土守备左氏》《漕涧土把总左氏及云龙峨山》,分见德宏史志编委会办公室编《德宏史志资料》第18辑,德宏民族出版社1996年版,第175—177、179—184页。杨氏二文又收入德宏州民族语文指导工作委员会《景颇族阿昌族社会历史调查文集》,德宏民族出版社2007年版,第200—202、205—209页。谢、杨二氏文中均利用《明季诰封世守漕涧武节将军早公讳鉤墓志铭》[按:实际上即为《云龙左(早)氏家谱碑》]。袁艳伟《大理白族碑谱研究》第三章《白族碑谱的内容特色》四《人物职官》(二)《职官》2《元明清时期世土官》一节中涉及凤仪《董氏族谱碑》《邓川州土官知州阿氏五世墓表》《郡侯阿氏世谱碑记》《龙门邑施姓世系残碑》等,大理大学2017年硕士学位论文,第42—43页。

（2）阿子贤→（3）阿永忠→（4）阿照→（5）阿旻→（6）阿骥→（7）阿国祯→（8）阿荣→（9）阿尚夔→（10）阿尭。①

郑敏芝有硕士论文《〈土官底簿〉校注》。②但龚、郑均未注意到《邓川州土官知州阿氏五世墓表》③《郡侯阿氏世谱碑记》两种碑谱。事实上，阿氏碑谱可与《土官底簿》互勘。略举数例。

阿这，《土官底簿》言："（洪武）十七年正月实授。"④《郡侯阿氏世谱碑记》："（阿这）于洪武十七年正月二十一日领降诰命一道，拟任本州，实授土官知州、奉训大夫之职。"⑤可知具体时间为洪武十七年正月二十一日。

《土官底簿》记阿永忠承袭土官时间是："宣德二年九月，内官吴诚传奉圣旨：'准他，著吏部知道。钦此。'"⑥《邓川州土官知州阿氏五世墓表》："宣德三年，嫡长男永忠袭继之……"⑦《郡侯阿氏世谱碑记》则记为："宣德三年，永忠袭继之……"⑧碑谱提供了异说。

《土官底簿》将永忠子写作"照"，⑨《邓川州土官知州阿氏五世墓表》《郡侯阿氏世谱碑记》则作"昭"。⑩《土官底簿校注》引《（咸丰）邓川州志土官》也作"昭"。⑪阿氏两种碑谱均记永忠其余二子名"昕""暲"。⑫如此则似以"昭"为佳。

---

① 龚荫《明清云南土司通纂》，第41页。《中国土司制度》，第472页。龚荫《中国土司制度史》，第417页。按：《中国土司制度史》将"尭"误印为"规远"。

② 广西大学2012年硕士学位论文，第74—75页。

③ 本墓表收录于张树芳、赵润琴、田怀清主编《大理丛书·金石篇》卷一，云南民族出版社2010年版，图版第570页，录文第572—574页。洱源县志编纂委员会编纂《洱源县志》，云南人民出版社1996年版，第654—657页。杨宴君、杨政业主编《大理州文物保护单位大全》，云南民族出版社2006年版，第233—237页。赵敏、王伟主编《大理洱源县碑刻辑录》，云南大学出版社2017年版，第18—22页。《大理州文物保护单位大全》《大理洱源县碑刻辑录》题作《阿氏五世墓表碑》。为免枝蔓，凡引用本碑时均以《大理丛书·金石篇》所收为主，兼及其余诸书。

④ 龚荫《明清云南土司通纂》引，第41页。龚荫《中国土司制度》引，第472页。龚荫《中国土司制度史》（下编）第一册引，第417页。按：《明清云南土司通纂》所引史料为原文，《中国土司制度》《中国土司制度史》略有删节，标点亦与《明清云南土司通纂》略有异。本文所引史料依据《明清云南土司通纂》，下同。

⑤ 张树芳主编《大理丛书·金石篇》卷五，图版第2539页，录文第2540页。

⑥ 龚荫《明清云南土司通纂》引，第41页。龚荫《中国土司制度》引，第472页。龚荫《中国土司制度史》（下编）第一册引，第417页。按："著"，《明清云南土司通纂》作"着"，据原书改。

⑦ 张树芳等主编《大理丛书·金石篇》卷一，图版第570页，录文第572页。

⑧ 张树芳主编《大理丛书·金石篇》卷五，图版第2539页，录文第2541页。

⑨ 龚荫《明清云南土司通纂》引，第41页。龚荫《中国土司制度》引，第472页。龚荫《中国土司制度史》（下编）第一册引，第417页。

⑩ 张树芳等主编《大理丛书·金石篇》卷一，图版第570页，录文第573页；张树芳主编《大理丛书·金石篇》卷五，图版第2539页，录文第2541页。

⑪ 广西大学2012年硕士学位论文，第74—75页。

⑫ 张树芳等主编《大理丛书·金石篇》卷一，图版第570页，录文第573页；张树芳主编《大理丛书·金石篇》卷五，图版第2539页，录文第2541页。

《土官底簿》："长男阿旻未袭，故。"①《邓川州土官知州阿氏五世墓表》《郡侯阿氏世谱碑记》均记昭生三子，其中孟叔谦、季寿昌，俱早逝，仲曰旻。②可见旻是第二子。《土官底簿》之所以称旻为长男，当是孟、季早逝故，《郡侯阿氏世谱碑记》也说"应袭知州长男讳旻"。③《邓川州土官知州阿氏五世墓表》则仅作"应袭男旻"。④作为仲子的旻在其兄叔谦早亡后，理所当然成为长子。

龚著引道光《云南志钞·土司志·大理府》记阿国桢子为阿荣，未云何年承袭。《郡侯阿氏世谱碑记》："长男曰荣宗……郡侯钟山公，于嘉靖三十七年承袭……"⑤可见阿荣宗又称钟山公，于明嘉靖三十七年承袭土司。

2. 大理府太和县土正千夫长阿氏

龚著据《明史》记太和县土正千夫长阿散，⑥仅知阿子忠一人，其民族待考。

《郡侯阿氏世谱碑记》载阿子贤次女适土官千户阿子忠。⑦此土官千户阿子忠，当即大理府太和县土正千夫长阿氏一族。又阿子贤承袭土官在明永乐二年，其子阿永忠袭职于明宣德二年。⑧《明史》曰明洪武十七年阿散为太和府正千夫长。⑨如此，则此阿子忠或是阿散的继承人。

3. 丽江府剑川州土千户赵氏

龚著据《新纂云南通志》著录赵氏传承世为：(1)赵保→(2)赵瞻→(3)赵国麒→(4)赵震→(5)赵元丽。⑩

今据《剑川新松村白族赵氏祖茔世系碑》记载赵氏土千户传承脉络则是：(1)赵保→(2)赵□→(3)赵海→(4)赵瑛→(5)赵贤→(6)赵延寿→(7)赵文杰→(8)赵守城→(9)赵瞻→(10)赵国麟。赵瞻应即赵瞻。赵国麟在该碑中有武略军功，《剑川新松村赵

① 龚荫《明清云南土司通纂》引，第41页。龚荫《中国土司制度》引，第472页。龚荫《中国土司制度史》（下编）第一册引，第417页。
② 张树芳等主编《大理丛书·金石篇》卷一，图版第570页，录文第573页；张树芳主编《大理丛书·金石篇》卷五，图版第2539页，录文第2541页。
③ 张树芳主编《大理丛书·金石篇》卷五，图版第2539页，录文第2541页。
④ 张树芳等主编《大理丛书·金石篇》卷一，图版第570页，录文第573页。
⑤ 张树芳主编《大理丛书·金石篇》卷五，图版第2539页，录文第2542页。
⑥ 龚荫《明清云南土司通纂》，第43页。龚荫《中国土司制度》，第474页。龚荫《中国土司制度史》（下编）第一册，第418页。
⑦ 张树芳主编《大理丛书·金石篇》卷五，图版第2539页，录文第2541页。
⑧ 龚荫《明清云南土司通纂》引《土官底簿》，第41页。龚荫《中国土司制度》引，第472页。龚荫《中国土司制度史》（下编）第一册引《土官底簿》，第417页。
⑨ 《明史》卷三一三《云南土司传一》，中华书局1974年版，第8068页。
⑩ 龚荫《明清云南土司通纂》，第159页。龚荫《中国土司制度》，第579页。龚荫《中国土司制度史》（下编）第一册，第494页。

氏始祖碑序》云赵氏"概自洪武年间,从征攻晋,屡平特授武军千户,乃十世也"。① 由此可知,赵保至赵国麟十世均为土千户。据世系碑载,第十一世赵政(案:应即赵震。)和第十二世赵元丽为土州判。碑序也说:"厥后则兼栖州事者,命土判者,又二世也。"② 似应单独列为土州判。

4.丽江府鹤庆军民府土知事董氏

龚著据《土官底簿》《新纂云南通志》著录董氏传承世系为:(1)董信→(2)董宗→(3)董寿→(4)董禄→(5)董从贤→(6)董堂荫。③

今据《董氏宗谱记碑》可列世系如下:(1)董信→(2)董宗→(3)董寿→(4)董禄→(5)董绍昌→(6)董从贤→(7)董三策→(8)董翊堂→(9)董振先。由此可增补董绍昌、董三策、董翊堂、董振先四人。

该碑云:"二十四世董信……(明洪武)十六年癸亥,奉总兵官征南将军劄符,以董信随军征战各功,拟授鹤庆府世袭土官知事,管束人民。……本年二月内,蒙总兵官傅友德,题奏云南有功三百一九十员,俱该世职。奉旨:着照所请,钦此!信于八月内到任。二十六年九月内……特授明威将军,世袭云南鹤庆军民府土官知事……永乐五年病故。……二十五世祖董宗,乃信长子,例应承袭。永乐六年上告,蒙道府保勘赴京,蒙吏部引奏,钦依准袭前职。去年九月到任……宣德四年病故。……二十六世祖董寿,乃宗长子,例应承袭。宣德四年上告,蒙道府保勘赴京,蒙吏部引奏,钦依准袭前职。本年十一月到任……天顺七年故。我二十七世祖董禄,乃寿长子,例应承袭。天顺八年上告,蒙道府保勘起送赴京,吏部引奏,钦依准袭前职,成化元年二月内到任管事。……二十八世祖董绍昌,乃禄嫡子,例应承袭,大明正德五年上告,蒙道府保勘起送间病故。时子从贤已十余岁矣。……二十九世祖董从贤,乃绍昌嫡亲长子,例应承袭。正德六年上告,蒙道府保勘起送赴京,吏部引奏,钦依准袭前职,是年八月到任。……嘉靖二十六年病故。三十世祖董三策,乃从贤嫡子,例应承袭,嘉靖二十七年上告,蒙道府保勘起送赴京,吏部引奏,钦依准袭前职,是年八月到任管事……嘉靖三十一年故。……三十一世祖董翊堂,乃三策嫡子,例应承袭……大明嘉靖三十三年上告,蒙道府起送赴京,吏部引奏,钦依准袭前职,是年十月到任管事。……翊堂于万历三年病故。……三十二世祖董承光,

---

① 张树芳主编《大理丛书·金石篇》卷五,图版第2623页,录文第2624页。
② 张树芳主编《大理丛书·金石篇》卷五,图版第2623页,录文第2624页。
③ 龚荫《明清云南土司通纂》,第165页。龚荫《中国土司制度》,第585页。龚荫《中国土司制度史》(下编)第一册,第498页。

乃翊堂嫡子……例应承袭,万历四年内上告,蒙道府保勘起送间病故,无子。理应翊堂次子堂荫弟袭兄职,尚未赴京引见,已病故,亦无子。翊堂三子董近光,生子振先。三十三世祖董振先……乃近光长子,过继与承光为嗣,例应承袭,崇祯十三年上告,蒙道府保勘起送赴京,吏部引奏,钦依准袭前职,是年十一月到任管事。至大清顺治十六年三月,克复云南,振先当即投诚,蒙经略阁部洪保奏,颁给劄符,仍授前职。……三十四世祖董世奇……乃振先嫡子,例应承袭,时遭吴王三桂之乱,世奇赴京叩阍,御笔批回吴王,因触犯,吴王怒,将诰旨赴诸丙丁,继而大乱,无凭承袭,董氏土职自此休矣。"①

董氏生平较诸《土官底簿》略详,某些记载亦与之不同。如董信,《土官底簿》仅云明洪武十七年实授,②该碑则记为十六年,且增述了洪武二十六年九月奉敕为世袭云南鹤庆军民府土官知事。《土官底簿》载董信于明永乐六年病故,③该碑则记为永乐五年。《土官底簿》叙董从贤于明正德七年袭职,④该碑则系于正德六年。

5. 丽江府剑川河泊所土官赵氏

现仅知赵祥一人。其民族当是白族。《郡侯阿氏世谱碑记》说阿永忠次女适剑川河泊所土官赵祥。⑤《邓川州土官知州阿氏五世墓表》《郡侯阿氏世谱碑记》均记阿永忠孙阿旻先娶剑川土官河泊所赵祥女。⑥

6. 景东直隶厅景东土知府杨氏

《祥云米甸清涧美村杨家墓铭》虽称"墓铭",实为碑谱,涉及景东土知府白族杨氏。其传袭世系为:(1)杨训→(2)杨岳→(3)杨作霖。

据碑载:"至元世祖十一年,立品甸千户所,设军机。有功,封奴公为世袭土知县。及子杨德公承袭。后至明朝杨训公,由土知县调署景东,升土知府。……至清初,杨岳公

---

① 段金录、张锡禄主编《大理历代名碑》,云南民族出版社2000年版,第637—642页。张了、张锡禄编《鹤庆碑刻辑录》,大理白族自治州南诏史研究会2001年版,第360—363页。杨世钰、赵寅松主编《大理丛书·金石篇》卷三,图版第1573页,录文1576—1578页。云保华、阿惟爱主编《大理丛书·族谱篇》卷五,云南民族出版社2009年版,第3023—3025页。
② 龚荫《明清云南土司通纂》引,第165页。龚荫《中国土司制度》引,第585页。龚荫《中国土司制度史》(下编)第一册引,第498页。
③ 龚荫《明清云南土司通纂》引,第165页。龚荫《中国土司制度》引,第585页。龚荫《中国土司制度史》(下编)第一册引,第498页。
④ 龚荫《明清云南土司通纂》引,第165页。龚荫《中国土司制度》引,第585页。龚荫《中国土司制度史》(下编)第一册引,第498页。
⑤ 杨世钰、赵寅松主编《大理丛书·金石篇》卷五,图版第2539页,录文第2541页。
⑥ 杨世钰、赵寅松主编《大理丛书·金石篇》,图版第570页,录文第573页;图版第2539页,录文第2541页。

等,及清末作霖公承袭。世代相传。先后事实有宗谱可考,不胜枚举。"①

　　上撷六例相较龚著所录明清云南五百八十七家土司而言,不啻为沧海一粟。但据此可见碑谱于明清云南土司价值有二:一是补充缺漏,二是提供异说。作为家谱的一种形式,碑谱也难免有夸冒、疏失等缺点,但对于扩大和丰富土司研究的史料来源仍不无裨益。②

　　此外,白族碑谱记录了部分土司与中央政府的关系(表现在归附、对抗、从征、纳贡、封赏等方面)、土司个人生活(生卒、婚姻、文学等修养)等。在此不一一胪列。

　　碑谱为明清时期阴阳官研究提供实例。关于明代的阴阳户,学界多有研究,观点众说纷纭。③明洪武十七年(1384),"置府州县医学、阴阳学。府置医学正科一人,阴阳正术一人,秩从九品;州置医学典科一人,阴阳典术一人;县置医学训科一人,阴阳训术一人。皆杂职"。④阴阳人是世袭职业。明代规定世代从事阴阳职业者禁止科举入仕。如弘治五年禁止阴阳生参加科举考试:"天文生、阴阳人,例不许习它业者,皆不许入试。"⑤弘治十五年钦天监监正吴昊上奏:"至天顺初,天文生、阴阳生奏比医士、(医)生等科举,历四十余年,科不乏人……乞敕礼部从公会议,仍照太医院例,复其科举以激励之。纵未能中式,亦可以为占步之助。"⑥但仍未得到允许。正如尹氏所说"然而此禁令仅限阴阳生,阴阳余丁不受影响",并以弘治六年进士"阴阳籍,国子生"杨仪为例。⑦

　　《本音张氏合族历代老少宗亲之香位》可为尹氏此论增添一个鲜活注脚。该香位共记十六世。其中一世祖"阴阳学张继宗",又称"大明洪武世袭阴阳学正张继宗",可见张氏为世袭阴阳户。十六世中,第二至第八、第十世中均有一人名字前标"袭职"二字,第十二世有两人"袭职",第十四世中一人标"阴阳生"。第七世庠彦一人,第八、九世分别有举人一人、庠彦一人,第十一世庠彦一人、廪彦一人,第十二世庠彦三人,第十三世"武

　　①　《中国少数民族社会历史调查资料丛刊》修订编辑委员会编《白族社会历史调查》第4册,民族出版社2009年版,第264页。李树业编《祥云碑刻》,第28页。
　　②　龚氏在使用土司家谱、宦谱时承认其史料价值:"……土司的家谱、宦谱,除夸饰不实之处外,是自身的记述,基本上是可信的……"《明清云南土司通纂·序言》,第29页。碑谱同样可作如是观。
　　③　相关论著可参尹敏志《明代的阴阳生与阴阳户》,《史学月刊》2019年第3期第40页注⑨。最新研究有尹氏上揭文。
　　④　《明实录》卷一六二"洪武十七年六月甲申"条,台湾"中央研究院"历史语言研究所1962年校印本,第2519页。
　　⑤　李东阳等《大明会典》卷七七《贡举科举》,广陵书社2007年影印本,第1165页。
　　⑥　《明实录》卷一八八"弘治十五年六月戊午"条,第3475—3476页。
　　⑦　尹敏志《明代的阴阳生与阴阳户》,《史学月刊》2019年第3期,第47页。

生加六品"一人、"六品衔"二人、庠彦二人,第十四世庠生一人、"六品衔"一人、监生一人,第十五世庠彦三人。此外,张氏还有"雍正丙午科乡进士原任四川重庆府綦江县知县"一人、"雍正癸卯科乡进士举人"一人。[1]从以上所列"举人""庠彦""廪彦""武生加六品""监生""乡进士""知县"等来看,阴阳世家必须至少有一人继承该职业以外,其余族人作为阴阳余丁不仅没有强制规定承继阴阳官,而且还可读书科举,甚至在清初有人还官为知县。张氏香位作为一个实例印证了尹氏的观点。

图5-10　《本音张氏合族历代老少宗亲之香位》

（四）从一个侧面反映了白族与佛教的密切关系

众所周知,白族深受佛教的影响,对佛教极为尊崇。白族碑谱也偶有透露出此类信息者。比如董氏碑谱列举了众多的国师、法官、都纲司,姓名间还嵌入了佛名。[2]《张氏沿

---

① 马存兆编《大理凤仪古碑文集》,第167—172页。
② 董国胜《大理凤仪北汤天董氏族谱整理及研究》,《大理文化》2006年第5期。关于董氏家族与阿吒力教的关系可参郭亚云《凤仪北汤天董氏与明代大理阿吒力教研究》,大理大学2017年硕士学位论文,第2—5页。

革碑记》中张氏有名观音、天王。①清涧美村杨氏也是如
此，称其始祖"杨般若公"。②此外，《木本水源杨姓宗谱
源流碑序》："（杨）惠封姚南府奉议大夫，理任九载。政
通人和，百废俱兴。归修建飞龙、万寿二寺以崇神圣。"③
《故南姚安奉议大夫杨公墓葬志铭》说杨惠建飞龙、万
寿二寺是"以安生民"。④此为元末事。可见杨氏族人
崇尚佛教。《新泽金氏家族垂裕后昆碑记》："窃考始祖
金春，祖妣杨氏。原籍系南京应天府报国寺临济法脉，
随黔国公护驾僧官到滇，住大德寺，钦差僧录都纲司，法
名智宏。"⑤可见明初政府进入云南时随带了一批中原僧
众，其中有禅宗临济僧，反映了明政府管理云南佛教的
情况。

图 5-11　《张氏沿革碑记》

图 5-12　《张氏沿革碑记》存放场所

① 田怀清《宋、元、明时期的白族人名与佛教》，《云南民族学院学报（哲学社会科学版）》2002年第1期。
② 李树业编著《祥云碑刻》，第28页。
③ 李树业编著《祥云碑刻》，第8页。
④ 李树业编著《祥云碑刻》，第8页。
⑤ 李树业编著《祥云碑刻》，第26页。

第二节　其他少数民族碑谱

　　不仅白族拥有丰富多彩的碑谱,而且其他一些少数民族也有碑谱。在此,我们参考已有成果,择要略作介绍。

一、壮族碑谱

（一）《岑氏宗支世系》

　　广西凌云县五指山摩崖石刻《岑氏宗支世系》是广西境内已发现的最早、最完整的土官族谱之一。历来对该摩崖的研究成果甚多。该摩崖刻于明天启间,记岑仲淑至岑继禄共18代。

图5-13　《岑氏宗支世系》(摩崖照片由广西民族大学黄家信教授提供)

（二）《南丹土官莫遐昌墓碑》

　　该碑现存广西南丹县,刻于清嘉庆三年(1798)。墓主莫遐昌,字宏远,别号青云,生于清康熙五十五年(1716)。本墓碑乃莫遐昌自述其先代世系及本人事迹。碑自述始祖伟勋,山东益都县人,北宋元丰间随征而来,世袭刺史。传至墓主共15世。墓主生有二子：敌、散然。二子先后夭殁。实际上自莫伟勋至敌、散然共16世。①

《南丹土司史》考察了宋代15位先后承袭的南丹州刺史后认为"根本就没有莫伟勋其人。也就是说，莫伟勋当南丹州刺史之事，只见于南丹莫氏土官及其官族杜撰的族谱和传说，是莫氏家人给予他的分封，纯属民间传说，没有历史事实为依据，毫无可信度。到元明清时期封建中央王朝在南丹州册封的土官中，也没有莫伟勋"。②

（三）《安平土官李氏创建宗祠碑》

该碑现存广西大新县，刻于清道光二十年（1840）。碑自述始祖茂，原籍山东益都县，北宋仁宗时随征而来。传3代而分安平（今大新县）。本支祖国祐。碑文附记李国祐至撰写者李秉圭共19世。③ 与龚荫《中国土司制度史》所列世系相比，有以下不同：1. 碑文"李国祐"，龚著作"李郭祐"。④ 2. 碑文"（李）文贵"，龚著作"李贵"。⑤《壮族土官族谱集成·安平州土官〈李氏官谱〉》认为："'李文贵'中的'文'字当衍，《土官底簿》《明太祖实录》卷230及《苍梧总督军门志》卷4均作'李贵'。李贵作'李文贵'，见于嘉庆《广西通志》卷59。嘉庆《广西通志》与安平州李氏土官家谱，不知谁抄谁？"⑥ 3. 碑文记：承宗→明峦→长亨→定→犇，龚著作：承宗→明岱→明蛮（明岱弟）→长泰→长亨→定→犇。⑦碑文与《壮族土官族谱集成·安平州土官〈李氏官谱〉》相同。⑧

（四）《万承土州李氏土目宗祠世系碑》

该碑现存广西大新县，刻于民国二年（1913）。碑自述始祖原籍山东白马县，北宋仁宗时随征而来。居万有年，方假回东。碑文附记历代祖考序列，计5代。至第5代始分3房。⑨查龚荫《中国土司制度史》只有万承州土知州许氏，⑩而无李氏。

（五）《南丹县六寨哨莫姓哨目族谱碑》

该碑现存广西南丹县，刻于民国七年（1918）后。碑载该莫氏为江西吉水县人，隶属莫伟勋部下，因功授世袭哨职。⑪

---

① 广西民族研究所编《广西少数民族地区石刻碑文集》，广西人民出版社1982年版，第173页。黄钰辑点《瑶族石刻录》，云南民族出版社1993年版，第386—387页。"伟勋"，《瑶族石刻录》作"伟动"，第386页。
② 玉时阶、胡牧君、何文钜、杜宗景、缪广则《南丹土司史》，民族出版社2015年版，第24页。
③ 广西民族研究所编《广西少数民族地区石刻碑文集》，第50页。
④ 龚荫《中国土司制度史》（下编）第二册，第903页。
⑤ 龚荫《中国土司制度史》（下编）第二册，第903页。
⑥ 谷口房男、白耀天编著《壮族土官族谱集成》，广西民族出版社1998年版，第554页。
⑦ 龚荫《中国土司制度史》（下编）第二册，第903页。
⑧ 谷口房男、白耀天编著《壮族土官族谱集成》，第557—558页。
⑨ 广西民族研究所编《广西少数民族地区石刻碑文集》，第85页。
⑩ 龚荫《中国土司制度史》（下编）第二册，第905—906页。
⑪ 广西民族研究所编《广西少数民族地区石刻碑文集》，第183页。

二、回族碑谱

（一）《刘家林王三阳墓碑》

该碑现存山东济南市党家镇刘家林清真寺内，刻于清嘉庆八年（1803）。先祖于清康熙二十五年由山西洪洞县老鹳镇迁居济南府历城西南党家庄。碑末列墓主之子至玄孙4代名字。[①]

（二）《济阳丁杨村回族杨氏谱碑——处士杨公墓志铭》

该碑现存山东济南市济阳孙耿乡丁杨村，刻于清同治三年（1864）。墓主名辉成，字廷珍。碑阴列出杨氏谱系8代。墓主为始祖5代孙。[②]

（三）《米氏五枝三世祖碑记》

该碑现存山东济南市米家老寨村，刻于清光绪十一年（1885）。"五枝"指老寨村东头（土楼子）、老寨村西头（上马台）、老寨村中（铁灶火门）、历城添口镇、小寨村。"三世"是米光弼（讳左始）、米苹、米友仁三代。该地米氏相传由山东邹县迁来。[③]

（四）《米氏七家世次碑》

该碑现存山东临沂市费县梁丘镇清真寺内，刻于清光绪十二年（1886）。米氏先世于清乾隆间由山东齐河县迁来。此后相继而来者有7家姓氏。7家合伙买了李姓地一亩九分作为墓地，"第恐世远年湮，焉知无不肖之徒，妄行鬻伐？况七家之外，族姓亦复不少，又焉知无膺冒之辈强为争认？七家子孙欲勒碑为据，禁止毁伤……于是集资伐石，述其巅（颠）末。并将七家之世次序列如左……"，可能碑后附有世系。[④]

（五）《法氏祖迁居碑序》

该碑现存山东泰安市道郎法家岭，刻于清光绪二十五年（1899）。始祖乘龙，由济南党家庄迁居泰安西关。至起美（字进善），又迁居黑水湾。后又迁至黑水湾西山，因姓谓名法家岭。至刻碑时已传8世。碑末附6代人排序名单。[⑤]

（六）《马氏谱碑记》

该碑现存山东泰安市夏张镇马家院清真寺内，刻于清光绪二十九年（1903）。正面谱序，反面恐字辈或世系，因字迹不辨，无从考辨。始祖资，由济宁州马家营迁居泰安岱阳

① 伊牧之主编《山东回族金石录集注》（上），《济南穆斯林》编辑部2013年版，第126页。
② 伊牧之主编《山东回族金石录集注》（上），第259—260页。
③ 伊牧之主编《山东回族金石录集注》（上），第190—191页。
④ 伊牧之主编《山东回族金石录集注》（下），第672页。
⑤ 伊牧之主编《山东回族金石录集注》（下），第568页。

之下旺庄。传4世至马玉柏,明代迁居南白楼庄(一名马家院),生4子,分4支。①

(七)《淄博金岭沙氏谱碑》

该碑现存山东淄博市金岭镇清真寺内,刻于清光绪三十二年(1906)。碑载沙氏始祖不知何时迁居中华,而隶籍青州者有荣、谨昆仲二人。传至荣之四世孙岗、举二人,卜居金岭镇。②

(八)《金公立朝墓碑记》

该碑现存山东泰安市省庄镇刘家庄清真寺内,刻于清宣统二年(1910)。墓主名立朝,字伯熙,生二子:逢泰、逢才,又义子一人:逢贤。碑末附墓主子、孙、曾孙3代名字。③

除以上几方碑谱外,还有现存山东青州市赵氏祖茔《重修祖茔碑记》(1761年),碑末附第11至第15世孙43人名字。④

回族碑谱在河南也普遍存在。如现存河南南阳市宛城区陈寨清真寺《陈氏族谱碑记》、河南南阳市新野马庄《马氏族谱碑》、河南济源市下街《庙道袁姓家谱碑》、河南南阳市新野焦楼《焦氏家谱》等。⑤

三、彝族碑谱

(一)《罗婺盛世贤代碑》

2017年11月18日,课题组一行访问云南楚雄彝族文化研究院时,该院研究人员欧丽向我们介绍了用玻璃框罩着的古彝文碑谱拓片《罗婺盛世贤代碑》,长3米,宽1米有余,581字,镌刻于明嘉靖十二年(1533)。摩崖记述了凤氏土司中自阿维阿俄(即阿而)至益弄益振(又作矣折,即凤昭)共14代父系,以及其间凤氏兴盛史事,约350年的历代承袭、祭祀、征战等史事,是一部重要的彝文碑谱,反映了彝族土司融入中央朝廷、接受汉族文化的过程。《罗婺盛世贤代碑》不仅对了解彝族历史有重要的资料价值,作为一块有着四百余年历史的完整的彝文碑谱,是中国西南彝区历史较悠久、存留完整的长篇彝文金石铭文之一,具有重要的文物价值。该碑现存云南禄劝县法宜则村。

---

① 伊牧之主编《山东回族金石录集注》(下),第537页。
② 伊牧之主编《山东回族金石录集注》(上),第363—364页。
③ 伊牧之主编《山东回族金石录集注》(下),第563页。
④ 伊牧之主编《山东回族金石录集注》(上),第330页。
⑤ 马超、侯马文静《近代河南回族报刊与碑刻史料调查概述》,《回族研究》2018年第3期。

图5-14 收藏于楚雄彝族文化研究院的《罗婺盛世贤代碑》拓片

（二）《已梯彝族凤氏祖茔墓碑》

该墓碑现存云南武定县石腊它乡已梯办事处已梯村，刻于清道光五年（1825）。碑高60厘米，宽28厘米，为彝、汉文同体。右为彝文共112字，左为彝文读音汉字译写。该墓碑记阿勒氏族谱系，记慕雅克至罗君长共10代。[①]

（三）《左氏祠碑》

该祠碑现存云南南涧县莫索村后山，刻于清光绪二十六年（1900），共有碑石五块。是居住于南涧县莫索村、白达村、密底老村、小苴密村、必腊村、沙落村、亦古腊村及景东等地的左氏后裔所立。碑一为《左氏源流谱序》；碑二为《左氏历代宗亲远近高曾祖考妣之灵位》，记载左氏受姓始祖至第21世；碑三为《左氏宗族世系谱总图》，记载瓜江始祖至第13世；碑四、五为《谨按世谱历有明箴迁移兹土者碑》，记载第1至第16世。[②]

（四）《自氏家谱碑》

该碑现存云南弥渡县苴力镇先锋庆丰里村自氏宗祠墙壁上，刻于清乾隆五年（1740）。始祖有2支，曾祖有2支，第3世分4支，长支传7世，次支传6世，第3支传8世，第4支传2世。[③]

---

① 朱琚元编《彝文石刻译选》，云南民族出版社1998年版，第84、88页。
② 云南省编辑组、《中国少数民族社会历史调查资料丛刊》修订编辑委员会编《大理州彝族社会历史调查》，民族出版社2009版，第15—20页。
③ 黄正发、黄正良、盛代昌编著《弥渡古代碑刻辑释》，云南科技出版社2018年版，第489页。

（五）《安姓籍源流碑序》

该碑现存云南寻甸回族彝族自治县联合乡三界村委会多素村,刻于清光绪五年(1879),碑以汉、彝文书写,汉文碑末附4代人名。[①]

（六）祖灵碑

贵州彝族还有一种不常见的祖灵碑。大致是将祖先亡灵名字刻于石碑,放在祖祠内供奉。[②]贵州赫章县雉街乡联发村《李氏祠堂祖灵碑》,刻于民国十一年(1922)。高45厘米,宽35厘米,纯铭彝文204字。[③]贵州赫章县水塘乡田坝村《苏氏祠堂祖灵碑》,刻于庚午年,未注明对应时代。高87厘米,宽56厘米,左上角残缺,纯铭彝文251字。[④]

（七）他留人碑

图5-15　《自氏家谱碑》(大理大学黄正良教授提供)

他留人是彝族的一个支系,自称"塔怒素",俗称"他鲁苏"。他留人主要分布在云南省永胜县六德彝族傈僳族乡境内。1.《明故成公海郁夫妇之墓》,该碑刻于清道光七年(1827),列11世的子孙名单。[⑤]2.《明故始祖兰喇蒲之墓》,该碑刻于清道光六年(1826),列7代世系。[⑥]

①　张纯德译注《云南彝族氏族谱牒译注》,云南民族出版社1999年版,第206—207页。李明柱《寻甸碑林》,云南省寻甸回族彝族自治县政协文史资料委员会编《寻甸文史资料》第十一辑,2005年版(内部发行),第127—132页。张纯德《寻甸安氏族谱碑及有关问题》,汪宁生主编《民族学报》第七辑,民族出版社2009年版,第328—334页。张纯德、朱琚元、白兴发《彝文古籍与西南边疆历史》,社会科学文献出版社2013年版,第295—300页。

②　贵州省毕节地区民族宗教事务委员会、贵州省毕节地区彝文翻译组、贵州省赫章县民族宗教事务局古籍办、贵州省毕节地区彝学研究会编《彝文金石图录》第三辑,四川民族出版社2005年版,第359页。

③　贵州省毕节地区民族宗教事务委员会、贵州省毕节地区彝文翻译组、贵州省赫章县民族宗教事务局古籍办、贵州省毕节地区彝学研究会编《彝文金石图录》第三辑,第345—349页。

④　贵州省毕节地区民族宗教事务委员会、贵州省毕节地区彝文翻译组、贵州省赫章县民族宗教事务局古籍办、贵州省毕节地区彝学研究会编《彝文金石图录》第三辑,第353—358页。

⑤　简良开《神秘的他留人》,云南人民出版社、云南大学出版社2016年版,第47、226页。黄彩文《云南永胜他留人的档案史料及其价值》,《云南师范大学学报(哲学社会科学版)》2016年第6期。

⑥　简良开《神秘的他留人》,第49—50页。

四、侗族碑谱

(一)《万代碑记》

2019年11月26日,课题组前往贵州天柱县蓝田镇都甫村现场查看《万代碑记》。

该碑刻于清乾隆四十七年(1782),清同治十年(1871)重修。该碑与下文提到的《杨氏宗派碑》为同一家族。碑自云先世由江西任官云南林安,任满而归,遂卜居天柱县三图里都甫寨当差。至刻碑时的清乾隆四十七年已传9世。

图5-16 《万代碑记》原石

图5-17 2014年重立《万代碑记》

(二)《杨氏宗派碑》

该碑刻于清嘉庆九年(1804)。据实地考察,纠正了《天柱古碑刻集释》[①]中3处录文错误。1.“宋以云祖”,据现场勘查,“以云”为“艺”,“宋艺祖”指赵匡胤。2.“万冀后之孝子顺孙”中“万”应是“尚”。3.“复议续派”中“续”应为“增”。

在访碑过程中,恰巧遇见居于石碑旁的杨氏族人杨仁忠(72岁)、杨仁培(69岁)两位老人,据称新碑是剑河、镇远等杨氏后人共同完成。碑谱仅有象征意义,平时族人并不利用碑谱举行仪式。

(三)《源远流长碑》

该碑现存贵州天柱县高酿镇富荣村,刻于清道光二年(1822),共记龙氏世系11代。

---

① 政协天柱县第十三届委员会编《天柱古碑刻考释》中册,贵州大学出版社2016年版,第498—499页。

图 5-18　《杨氏宗派碑》　　　　图 5-19　《源远流长碑》(贵州省天柱县政协文史委
　　　　　　　　　　　　　　　　　　　　　　　秦秀强提供)

五、布依族碑谱

《黄氏族谱碑》

据考察现存贵州清镇市新店镇蜂糖寨西有《黄氏族谱碑》,刻于民国十二年(1923),高约1.6米,宽约0.86米,厚约0.19米,楷书。碑文由黄氏第11代黄宴林撰写。碑文称黄氏先世本江西庐陵(今吉安)人,明天启间随军迁居于此。[①]

① 罗大林主编《中国·贵阳布依族文化》上册,贵州民族出版社2017年版,第210—212页。

六、瑶族碑谱

（一）《赵成隆后裔世系表记》

赵成隆（1630—1693）[1]，清顺治、康熙时瑶官，被派往扼守湖南炎陵县中和地区龙渣瑶族村沙洲寮。[2] 该碑谱记载赵成隆至赵芳共15代世系。[3]

（二）《龙氏墓铭》

该碑现存广西龙胜各族自治县泗水乡周家村白面寨（红瑶任居）寨背后。碑载龙氏原籍湖南绥宁，后迁广西临桂。据碑可列出20代世系。[4]

除以上两种外，可归为碑谱的还有《卜氏古墓碑》《黄氏古墓碑铭》《黄氏古墓碑》《大远凤岩山何氏族谱碑》《赵氏移山祖碑记》《邓姓古墓碑》《邓姓古墓铭》等。

七、仫佬族碑谱

（一）《故明朝耆寿始祖□潘讳仲攀老大人墓》

2019年2月5日，课题组成员来到广西罗城县东门镇下凤立屯潘姓祠堂，村长潘林著很熟练地绘制出7代塔形图和14代辈分表。之后带我们到红珠山脚下看潘姓下凤立屯分支的祖坟。在一个稍大一点的坟堆前潘林著说这是下凤立屯第一代仲攀的墓碑。该墓碑刻于清咸丰五年（1855），上刻7代世系，与潘林著的7代谱一致。

（二）《皇恩待赠高祖潘讳才珍公老封君之墓》

2020年8月22日，课题组成员在广西罗城县文联摄影家协会主席张琪琪先生的帮助下，来到罗城县城北十千米的乌峣山上考察该碑。碑刻于清道光二十二年（1842），高120厘米、宽70厘米、厚12厘米。据碑文可知墓主生于明崇祯戊子年，即清顺治五年（1648），殁于清顺治年间。毫无疑问，墓志记载墓主生卒年有误。碑文说墓主的先祖由广东南海潘隅（应即番禺）县迁居广西天河县阿练里村。墓主夫妇又移居罗城县平东里尚弄村。碑文之后刻有第2至第8代世系。

（三）《清故耆寿显考潘公讳明职老大人之墓》

2019年2月5日，课题组成员在广西罗城县东门镇下凤立屯村村长潘林著先生指引

① 黄钰辑点《瑶族石刻录》，第383页。郑慧、蓝巧燕、陈妹《瑶族石刻研究》，民族出版社2015年版，第117页。"炎陵县"据《瑶族石刻研究》，《瑶族石刻录》作"□县"。
② 黄钰辑点《瑶族石刻录》，第384页。
③ 黄钰辑点《瑶族石刻录》，第384页。
④ 黄钰辑点《瑶族石刻录》，第410—411页。

图 5-20　《故明朝耆寿始祖□潘讳仲攀老　　图 5-21　潘保荣协助课题组调研潘才珍墓碑
大人墓》

图 5-22　潘林著在对读潘明职墓碑

下来到广西罗城县红珠山。该墓碑刻于清宣统三年（1911）。墓主系潘才攀孙潘明职。
碑末记墓主之子以下 9 代世系。

（四）《潘氏族谱碑》（拟）

现存广西罗城县东门镇上勒蒙屯潘氏祠堂内，刻碑年代暂缺。碑面高 112 厘米、宽
72.5 厘米。

2020年8月22日，课题组成员来到了上勒蒙屯潘氏祠堂。祠堂也是屯里小学的所在地，潘常泌先生是小学唯一的老师，他热情地接待了我们。祠堂的墙边排列着十几块石碑，其中一方正是《潘氏族谱碑》。据潘老师讲，这块石碑"文化大革命"后被人扔到河沟里当作洗衣石，是好心人找回来的。

图5-23　广西罗城县上勒蒙屯潘氏祠堂　　　　　　　图5-24　《潘氏族谱碑》

八、水族碑谱

据学者考察，水族碑谱有现存贵州三都水族自治县三洞乡水根村水根大寨《潘氏家族碑》、现存三洞乡新阳村兰岭寨《石氏族谱碑》、都匀市阳和水族乡康寨《韦氏族谱》等。①

九、纳西族碑谱

（一）《木氏历代宗谱碑》

纳西族是一个有着悠久历史和灿烂文化的民族。明朝洪武十四年（1381），朱元璋遣傅友德、沐英等率军远征云南，丽江纳西族土司阿甲阿得于次年即"率众归顺"，因而深得明王朝统治者的赏识，被钦赐以木姓。木氏的势力自此开始迅速壮大，云南丽江一带便成了纳西族社会、政治、经济、文化的中心。木氏土司不仅在政治经济上占据纳西族重

---

① 蒙耀远、覃世琦《水族铭刻类古籍搜集整理架构述略》，罗世荣主编《汲古黔谭》，民族出版社2015年版，第334页。

要位置,而且在文化上也处于纳西族领先地位,以汉文书写的内容丰富的碑谱《木氏历代宗谱碑》就是其突出的标志。

《木氏历代宗谱碑》为石刻碑谱,于清道光二十二年(1842)立在丽江东南的木氏祖茔山上。该碑谱刊载木氏世系自一世秋阳始,至木曼等止,共41代。从《木氏历代宗谱碑》的刊载可清楚看出,"二十一世阿甲阿得"前后的记载看着有明显的区别:一是二十一世前,木氏家族没有姓,历代世系由长房嫡传父子连名来反映,而二十一世后,不仅保留了父子连名的文化习俗,而且有了姓与名,还有字与号。如二十一世阿甲阿得,讳木得,字自然,号恒忠;二十二世阿德阿初,讳木初,字启元,号如春;等等。二是二十一世前,族人去世后无坟墓,草葬玉龙山中,二十一世后,受汉人葬俗影响,棺椁殓尸,择吉日,测风水,入土安葬,并建"墓碑",将其生殁年月以及孝男孝孙之名完整刻于碑上。对一个家族来说,族人"生"和"死"是家族中最重要的事,二十一世前后有关"生""死"记载的明显区别,反映了先进的汉文化已加快渗入纳西族地区,促进了纳西族的汉化进程和纳西族地区社会、经济和文化的发展。

2016年11月22日,课题组一行在云南丽江市访问木氏第48代传人木光先生。木先生长期在云南从事少数民族语影片的译制、发行工作,系云南省政协第七、第八届常委,为继承发扬木氏家谱文化做出了很大贡献。木先生虽是88岁的老人,但精神矍铄,思维清晰,侃侃而谈。

图5-25 收藏于丽江市博物院的《木氏历代宗谱碑》

图 5-26 《木氏历代宗谱碑》细部

提到《木氏历代宗谱碑》,木光老人兴奋地说:这碑谱原立在丽江东南金山东园的木氏祖茔山上,"文化大革命"时被推倒,当作河边石洗衣服,"拨乱反正"后被送到黑龙潭边上,日晒雨淋,我发现后,送到了现在的丽江市博物院收藏。

图 5-27 木氏第48代传人木光介绍《木氏历代宗谱碑》

（二）《阿目苴十四代祀昭穆之祖碑》

该碑现存云南丽江市古城区金山乡贵峰村委会大来下村山头和氏坟地，刻于民国三十五年（1946）。碑顶部横刻"木本水源"，碑心竖刻"阿目苴十四代祀昭穆之祖碑"。碑记该族始祖册娘那，传至清初分冷落重、那可夸、曹那陶、阿目苴、命合长5支，阿目苴为该祖支祖。

十、羌族碑谱

《汶川威州茨哩沟毛氏谱碑》

该碑谱现存四川汶川县茨里村。2018年11月22日，课题组一行由汶川博物馆前馆长汪友伦、汶川图书馆周川副馆长、《汶川文博》的羌族编辑王小荣陪同一起前往茨里村现场调研该碑谱。

碑矗立在一块长方形青石板上，左右有石块围砌而成的土坟包，为清光绪十三年（1887）立。石碑本体呈长方形，高120厘米，宽60厘米，厚8厘米，为两柱一开间，石碑的上方有"龙蟠凤穴"四字，再上有石质单檐歇山式顶。石碑的两侧有形制各异的石质云纹与花雕，并书有一副对联，右书"瑞霭牛眠，簪缨继世"，左书"祥钟马鬣，孝友承宗"。

石碑的右上角破损，第二世的名字已不可见。碑前插着一些尚完整的香火和蜡烛，可见仍有毛氏后裔对该碑进行祭祀。

该碑正面记载了毛氏世系共11世。其第5至第7世的名字，按照金生水、水生木衍生，且最晚至第七世起，这个家族的每一代后辈都按照字辈排行命名，碑上还专门标注了家族中的文生与武生。碑的反面讲述了家族源流，其源头来自湖广麻城县孝感乡，且追认战国时代的

图5-28　《汶川威州茨哩沟毛氏谱碑》

图5-29　汶川县博物馆原馆长汪友伦（右一）介绍《汶川威州茨哩沟毛氏谱碑》

毛焦（应为茅焦）为远祖。并大量引用汉族儒家的典故为序文增色。可见该家族虽然是羌族，但有浓厚汉文化的传承，其祖先可能是汉人，入川以后与当地少数民族杂居，在融入羌族的同时，也把汉族文化带入了羌族之中。

访碑后，我们在茨里村找到了毛氏后人毛运富（76岁）、毛清富（60岁）。毛运富和毛清富虽同居一地，且都姓毛，但却不属于同一个毛氏家族。其中毛运富是毛氏家谱碑这一支的第十五代传人。他本人不识字，只能请毛清富代笔，记录下他所记得的字辈排行。所录字辈为：手举明洪启，万世本泰安，太运庆昌龙，安帮思治国。毛运富为运字辈。对比石碑上的原文可以发现，老人所记的字辈有一些讹误，如将第一世"守"记为"手"，第四世"鸿"记为"洪"等。通过核对碑谱，我们了解到这一支毛氏的确切字辈为：守举明鸿锦，元启万世本，泰运庆昌龙（据推测应为"隆"字），安帮（据推测应为"邦"字）思治国。

毛运富对祖辈的历史记得不多，他的祖父本德与父亲泰金也并未刻在碑上，只知道其家族据传来自湖北麻城孝感。这一家族原来不但有许多石碑家谱，还有纸质书本家谱（当地人皆称为宗支谱），但是在"文化大革命"中都遭到毁坏，只有这最后一块毛氏家谱碑（毛运富称之为万山碑）被毛氏族人保护了下来，可惜在修路时被碎石打坏了一部分。每年清明节，几十家毛氏族人都会来碑前上坟上香烧纸点蜡烛磕头。这一家族仍然按照字辈命名，现在已经传承到安字辈。

羌族碑谱还有不少，如《汶川锦虒大埃咪张氏家谱碑》①《汶川银杏桃关董氏家族合葬墓碑记》②《汶川雁门小寨子袁氏先祖墓碑》③《理县薛城水塘杨氏家谱碑》④《理县薛城欢喜坡袁氏宗支总碑》⑤《理县下孟楼若穆氏宗支碑》⑥《理县桃坪佳山马朝钦夫妻合葬墓碑》⑦《理县桃坪佳山龙氏家谱碑序》⑧《茂县东兴亚坪重刊任氏历代历世宗支源序》⑨《茂县凤仪克都余氏祖坟墓碑》⑩《茂县东兴亚坪王氏宗族家谱碑》⑪等。

十一、藏族碑谱

《三江刘氏百代兴隆碑》

该碑现存四川汶川县三江乡照壁村。2018年11月24日，课题组一行驱车赶到了三江乡的照壁村，寻找《三江刘氏百代兴隆碑》。该碑在当地很有名气，位置在大路边的小山包上，所以寻找比较顺利。在一个当地小女孩的带领下，我们走入了她家的后院，爬上小山包，近距离观察了这块位于照壁村二组周茂海责任地上的《三江刘氏百代兴隆碑》。

碑西坐山而东面水，高186厘米，宽93厘米，厚13厘米，碑身呈长方形，是两柱一开间，但这块碑的装潢和保护均不如毛氏家谱碑。这块碑没有繁复的花纹和上方的碑帽，只在左右刻有一副对联，右为"前裕后承，宗祧同乾坤悠久"，左为"左昭右穆，伦序并日月光明"。石碑的文字有很多已经模糊不清了，顶部布满了青苔，四周都是萝卜地和竹质铁丝的丝瓜藤架子，也没有香火、蜡烛等祭祀遗留物。

在石碑的正中央，用大字书写"本音刘氏门中历代先祖昭穆宗亲之墓百代兴隆"，周围则用小字记载家族源流与世系。由于碑文模糊，我们只能大致推断，该碑记载了8世左

　　① 阿坝州政协文史和学习委员会编《阿坝州碑刻资料辑录》（《阿坝文史》第四十二辑），阿坝州政协文史和学习委员会2016年印本，第122页。
　　② 阿坝州政协文史和学习委员会编《阿坝州碑刻资料辑录》，第193—194页。
　　③ 阿坝州政协文史和学习委员会编《阿坝州碑刻资料辑录》，第202页。
　　④ 阿坝州政协文史和学习委员会编《阿坝州碑刻资料辑录》，第246—247页。
　　⑤ 阿坝州政协文史和学习委员会编《阿坝州碑刻资料辑录》，第250页。
　　⑥ 阿坝州政协文史和学习委员会编《阿坝州碑刻资料辑录》，第253—254页。
　　⑦ 阿坝州政协文史和学习委员会编《阿坝州碑刻资料辑录》，第264—265页。
　　⑧ 阿坝州政协文史和学习委员会编《阿坝州碑刻资料辑录》，第274—275页。
　　⑨ 阿坝州政协文史和学习委员会编《阿坝州碑刻资料辑录》，第338—341页。
　　⑩ 阿坝州政协文史和学习委员会编《阿坝州碑刻资料辑录》，第360页。
　　⑪ 阿坝州政协文史和学习委员会编《阿坝州碑刻资料辑录》，第376—377页。

图5-30 《三江刘氏百代兴隆碑》

右的世系。与完全汉化的毛氏家谱碑不同，该碑文虽以汉文书写，但大部分的名字都为少数民族名字的音译，也没有统一的字辈排行，而且细看碑文如始祖辈适木志氏玛格姐，其子高祖辈的么子同样适玛格姐。伯辈的福保受适余木姐，而长兄辈的张命保同样适余木姐，不知是同名还是继承了少数民族父死娶母的遗风。

随后，课题组访问了碑址所在责任地的户主周茂海老先生。周今年79岁，是农村会计师，现在在三江镇政府工作，住照壁村二组，对碑的情况比较清楚。据周茂海老先生介绍，照壁村历史上为汉藏交处，周为嘉绒藏人。这块刘氏百代兴隆碑属于藏族，现在还有后代十几户，一家叫刘万江，现住照壁村五组，一家叫刘邦清（女），现住照壁村三组，其他散居各地，都不回来祭祀了。

图5-31 采访周茂海（右二）

十二、毛南族碑谱

《谭家世谱碑》

广西环江毛南族自治县毛南族有一份众所周知的谭氏碑谱。谭氏是毛南族最多的姓氏。

2019年2月1日,课题组成员来到广西环江毛南族自治县。经县博物馆谭家乐馆长介绍,于2月2日来到下南乡,通过波川小学谭志德校长,寻访到了保存在校园内的《谭家世谱碑》。谭家乐馆长很热情,又向我们提供了有关谭氏的两页内容相近的拓片,一是《谭家世谱碑》拓片,一是保存在环江下南乡堂八村凤腾山古墓中的《谭三孝墓碑》拓片。

《谭家世谱碑》碑高158厘米,宽105厘米,汉文,28行,青石,楷体,清乾隆戊申年(1788)由李明才抄刻。碑文记载毛南族谭氏始祖谭三孝的来历及谭家谱系。1986年环江县人民政府公布其为文物保护单位。2010年县文物管理所将碑移至校园西南角,修建保护碑亭加以保护。2017年广西壮族自治区人民政府公布为第七批文物保护单位。

《谭三孝墓碑》碑高65厘米,宽40厘米,汉文,10行,青石,楷书,清乾隆五十六年(1791)由李明才抄刻。

这两块碑均以谭三孝为始迁祖,为谭三孝后人所立,时间相隔3年。前碑文字较多,

图5-32　波川小学谭志德校长与《谭氏世谱碑》

图5-33　《谭三孝墓碑》拓片

主要简介了谭三孝以来的家族谱系,后碑无此内容。而两块碑介绍谭三孝来历则是一致的:毛南人谭氏始祖谭三孝,原籍湖南常德府武陵县东关外城太平里通长街古灵社,幼习诗书,"嘉靖元年取中八名举人,二年会试,复中五十名进士"。特授广东肇庆高要知县,后擢升广西庆远府河池州知州。"莅任三年,厂务水灾,归贡(亏空)厂税银八千,无由填足,罢职归农,逃散异乡"。后移居毛南土苗地方,"卖货生理,苗语难通","始而结盟,继而姻娅",遂与当地女子结婚,生有四子。《谭家世谱碑》《谭三孝墓碑》载述湖南常德士人谭三孝迁徙广西环江地区情况及发展经历,特别是通过与当地女子结婚而"生男育女,玲珑智慧,由是父而子、子而孙",而逐渐融合成为毛南族人,为汉族通过婚姻融合为少数民族提供了生动的第一手资料。

十三、苗族碑谱

2019年3月23日,课题组一行前往贵州台江县调研苗族口传家谱时,发现一块当代立的苗族《西家家谱碑》。

是日上午8点半,我们从凯里出发,驱车2个小时前往台江县反排村2组采访台江县报效小学教师唐卿。

反排苗寨,苗语称为"方白",意为"住在高山上的村寨",位于雷公山麓,地处台江县城东南面,距县城26千米。有413户2 009人、10个村民组,是全国第一批入选中国传统村落的苗族古村落,拥有木鼓舞艺术之乡的称号。

唐卿,苗族,贵州台江县反排苗寨人,1989年生,2014年贵州民大艺术系毕业,现为台江报效小学老师,已婚。

在唐家屋后的空地上,赫然立有一块碑谱《西家家谱碑》,高约2米,宽1米,列有西家家族世系共19代,是2018年春节列的碑。唐卿,苗名往,列其中第18代。子沙,为第19代。谱碑无女性族人。

据唐卿介绍,本碑是其父辈这一代人策划筹建,经过三年多时间,与剑河、台江交下、

图 5-34　吴建伟、唐卿、王鹤鸣（左起）调研《酉家家谱碑》

反排三支共同整理完成，将原本口耳相传的家族世系刻在石碑之上。第一代始祖"生"是在剑河一带，到第四代"酉"迁到了现在居住的反排地方，因此称为"酉"家。采访立碑的过程是反排酉氏家族的一件大事，人们奔走相告，参加2018年春节酉氏家族立碑仪式的就有三百多人。

以上扼要介绍了白族和其他少数民族碑谱的简况。尽管白族碑谱大多记载较为简略，且难免带有夸饰作伪的成分，但其中也蕴含了一定的文献史料价值。可以预期，随着研究的深入，白族碑谱的价值将越来越为人们所揭示和认识。包括白族碑谱在内的少数民族碑谱是少数民族乃至整个中华民族谱牒文化中的一份宝贵遗产。在漫长的历史长河中，少数民族碑谱逐渐形成了具有独特内涵、浸润着民族情愫的谱牒文化，对各自民族的心理素质、价值取向、行为模式都产生了潜移默化的影响。虽然，少数民族碑谱的数量与汉族碑谱相比不啻是冰山一角，但少数民族碑谱作为一种家谱载体形式，无论从文物还是文化角度来说，都是中国辉煌灿烂的文化遗产中的一个重要组成部分，从一个侧面生动地展示了我国少数民族在不同时期形成、分布、迁徙、繁衍等情况，丰富了少数民族乃至中华民族谱牒文化内涵。

第六章　抢救和整理少数民族原始形态家谱

第一节　抢救和整理少数民族原始形态家谱的重要性

作为中国家谱文化宝库重要组成部分的少数民族原始形态家谱,与体例完整、内容丰富的书本家谱比较,尽管比较原始、比较简单、比较粗糙,但已具备家谱最重要的元素,即血缘世系,系"记述血缘集团世系的载体",更重要的是,少数民族原始形态家谱具有诸多独特的重要的历史文化价值。

一、寻根认宗价值

我的祖先是谁? 我的根在哪里? 这是包含56个民族在内的中华儿女共有的寻根情结。

与作为炎黄子孙的汉族不同,少数民族由于历史上受压迫,地理上遭驱逐,文化上被歧视,往往生活居住在或崇山峻岭或深山老林等自然环境比较恶劣的地区,加上大多数少数民族虽有自己的语言,但没有自己的文字,因此,这种寻根情结只能以口传、实物、谱单、碑谱等比较原始、简单、粗糙的载体形式表达出来。

由第二章口传家谱的介绍知道,55个少数民族中,有蒙古族、哈萨克族、哈尼族、彝族、佤族、纳西族、怒族、羌族、傈僳族、白族、普米族、独龙族、景颇族、基诺族、拉祜族、布朗族、藏族、珞巴族、水族、侗族、苗族、畲族、高山族等二十余个少数民族至今仍保存、流传着口传家谱的文化习俗。他们之所以千百年来一直保持了这种一代一代将世系流传下来的文化习俗,最重要的原因就是口传家谱具有寻根认宗的功能。

以彝族为例。彝族是我国少数民族人口较多的民族,达871万人,经过长期的历史发展,形成比较多的彝族支系。目前较大的几个支系是:阿细、撒尼、阿哲、罗婺、土苏、诺苏、聂苏、改苏、车苏、阿罗、阿扎、阿武、撒马、腊鲁、腊米、腊罗、里泼、葛泼、纳若等。作为一个彝民，如何在繁多、繁杂的支系中寻找自己的祖先，辨别自属的支系呢？答案是口传家谱！

2016年11月23日，在赴云南宁蒗县调研纳西摩梭人母系口传家谱时，中午课题组与云南宁蒗县文化系统干部共进午餐，席间，谈到了少数民族口传家谱等问题，在座的县文管局局长张达峰（彝族）脱口而说：我家也有口传连名家谱的。于是，我们请张达峰在新盖的宁蒗县图书馆阅览室介绍自己家族的连名口传家谱。

图6-1　云南宁蒗县文管局局长张达峰背诵彝族口传家谱

张达峰说：他家是属于大小凉山的黑彝，姓瓦扎，他的彝名叫瓦扎马加，中华人民共和国成立初，瓦扎改为张姓，于是他起了个汉文姓名张达峰。瓦扎家族有70多代，他能背诵18代，说着，就流畅地背诵起来：瓦扎阿霍—阿霍俄足—俄足甘此—甘此阿醋—阿醋井都—井都阿成—阿成比你—比你思顶—思顶阿紫—阿紫工你—工你阿史—阿史伍都—伍都乌多—乌多拉玛—拉玛子迁—子迁伟农—伟农马加—马加子恩。其中第17代"伟农马加"是张达峰本人，第18代"马加子恩"是他的儿子。

张达峰继续说：自己从四五岁开始就学习背诵本家族的世系，凉山彝族男子都将背诵本族系谱作为立足于社会的基本条件之一，认为具备了这个条件就能在社会中获得许多方便。张达峰说："别人一听我们的始祖从'瓦扎'开始，就知道我们属于彝族哪一支了。""走遍氏族（家支）的地方，可以不带干粮，依靠氏族谱系，三代都平安。"

从上述张达峰的介绍,我们知道:

第一,午餐时,我们并无采访张达峰的打算,只是交谈中偶然提到口传家谱时,张达峰脱口而出,主动作了以上口传家谱的生动介绍,说明在彝族文化生活中,至今保留口传家谱的习俗是比较普遍的。

第二,张达峰背诵的是父系连名口传家谱,是按上一代男子名字的末两个音节置于下一代男子名字之前的规律,由上向下不断延伸世系的。这种连名口传家谱便于记忆,便于流传。

第三,张达峰以朴素的语言阐明了口传家谱具有寻根认宗的功能。张达峰说:"别人一听我们的始祖从'瓦扎'开始,就知道我们属于彝族哪一支了。"

据统计,彝族家谱数量达1 473种,主要是口传家谱的笔录。数百万的彝族同胞,正是依据流传至今的数以千计的口传家谱寻到了自己的祖先,明辨了自己的归属。

令人高兴的是,这种口传家谱的文化习俗仍在一些少数民族的家族中间继续传承。

2017年4月13日,课题组访问了云南西盟佤族勐卡镇娜妥坝村非遗历史文化传承人岩聪,他介绍了自己家族的情况。他的爷爷是佤族的头人,在马撒一带管理7个村寨。佤族十分重视家族世系的传承,佤族没有文字,有自己的语言,几乎每个家庭都会背诵自己的家族世系。岩聪是1960年出生的,到5岁的时候,他爸爸就开始教他背家谱,经常背诵,家族世系就一直印在脑子里。于是我们请他背了自己的家谱。

这些少数民族为了使口传家谱一代一代流传下去,往往在小孩孩童时代就教育小辈背诵家谱。我们问岩聪,有没有教自己的子女背诵家谱?他回答:他有一个女儿,今年12岁;一个儿子,今年11岁。女儿8岁时就开始教她背家谱。

我们说,能否请他的女儿给我们背家谱?他说可以,但他们现在正在附近的小学上课。于是我们就与学校联系,利用课间十分钟时间,她与弟弟来到我们采访现场,坐在爸爸岩聪旁边,非常流利地背出了29代家谱。

少数民族原始形态家谱的寻根认宗功能在谱单载体上也得到了充分反映。下面以锡伯族的谱单为例。

锡伯族是我国北方一个历史悠久的少数民族,原主要聚居在辽宁、吉林、黑龙江一带。乾隆二十九年(1764),为了加强新疆伊犁地区的防务,这一年的农历四月十八日,清朝政府从盛京(今沈阳)等地征调西迁新疆的锡伯族官兵,携家属四千余人,和留居东北的锡伯族男女老少,聚集在盛京的锡伯族家庙——太平寺,祭奠祖先,聚餐话别。次日清晨,锡伯族官兵及其家属告别了家乡的父老乡亲,踏上了西迁的漫漫征程。经过一年零

图6-2 岩聪女儿（中）背诵佤族口传家谱

三个月的艰苦跋涉,终于到达新疆的伊犁地区。现在的察布查尔锡伯自治县就是他们当年的驻地,成为当今锡伯族最大的聚居区。

据统计,《中国少数民族古籍总目提要·锡伯族卷》刊载120种锡伯族家谱,主要是谱单,计88种,其中纸质31种、布质57种。如新疆《乌珠牛录顾尔佳氏家谱》,乾隆三十年(1765)编修,为一幅棉布谱单,用满文记录了10代男性姓名、官职,并以10层垂丝塔形图式进行排列。又如新疆《孙扎齐牛录顾尔佳氏家谱》,民国年间编修,为宽长40×27(cm)的书本式家谱,以锡伯文记录了本族11代141名男性的姓名、官职,也以11层垂丝塔形图式进行排列。也有少数家谱记录的世系较多,如辽宁《胡氏宗谱单》,为宽70厘米、长130厘米的一幅纸质谱单,记述本族一世祖佛力图,五世祖时衍为四支,其中一支长孙改为胡姓,已历17世,等等。(《中国少数民族家谱通论》,第292页)

更为可贵的是,在锡伯族谱单、族谱的一些谱序上,对锡伯族西迁新疆的这件家族史上的重大事件,对锡伯族西迁后的家族世系分支变化状况,都作了具体的记载。本著作第一章在"二、西北地区举例:锡伯族家谱"一段文字中,曾引用《八牛录果尔吉氏宗谱》《八牛录富察氏宗谱》《八牛录瓜尔佳氏宗谱》等资料举例说明。这里再举数例:如《伊犁锡伯营一牛录永妥里氏宗谱》:"永妥里氏,原系沈阳镶白旗第六佐领锡伯营伍达里牛录之锡伯人。留居沈阳的始祖:陶吉那。其子特格移驻伊犁。"又如《伊犁锡伯营一牛录佟佳氏宗谱》:"伊犁锡伯营一牛录佟佳氏,系盛京锡伯营镶黄旗胡什台牛录居民,乾隆二十九年移防伊犁。高祖:巴当西。"(贺灵、佟克力辑注《锡伯族古籍资料辑注》,第

375—376页）这些谱序意在告诉本族的子孙后代：我家族的祖籍在何处？始祖是谁？是哪一年迁来新疆的？来疆的始迁祖是谁？留在东北的同宗先祖是谁？这也就为锡伯族的子孙们今后寻根认宗保存了最原始的第一手资料。

2006年，锡伯族将农历四月十八日定为"西迁节"，被列入首批国家级非物质文化遗产名录。每逢这一天，全国各地的锡伯族男女老少都要穿上盛装，隆重开展各种纪念活动，同时也促进了各地锡伯族子孙的认祖归宗活动。

2018年7月28日，辽宁沈阳市在1764年西迁新疆的锡伯族官兵和留居东北的锡伯族男女老少进行告别的锡伯族家庙的原址上，建立了中国锡伯族博物馆。建成之初，引发了新疆、辽宁两地锡伯族认祖归宗的热潮。新疆的锡伯族来到辽宁与辽宁当地的锡伯族比对谱单，发现两地谱单互相可以对接，印证了两地锡伯族确实同出一源，同属一宗。在场的锡伯族同胞无不抱头痛哭。谱单为锡伯族同胞寻根认宗发挥了独特的无可替代的重要作用。

二、家族优生价值

大量的考古资料证明，中国人的祖先早在100万年之前就在自己古老的国土上生活栖息。但早期的原始人类刚刚脱离动物界，男女之间不仅不限制性交，而且不分亲疏老少，只要是异性就可以交媾，这就是通常所说的群婚制。随着生产力的发展，原始人类发现同一血缘交合不利于后代，对直系亲属之间无限制的乱交产生了厌恶，逐渐感悟到了"男女同姓，其生不蕃"的生物学原理。于是，首先要求对不同血统的各个氏族部落要加以区分；其次，对同一血缘的成员的辈分要加以区分。这就在客观上为记述血缘集团世系的家谱产生提供了客观需要。但人类最初尚没有创造出文字，于是就诞生了心记口述的口传家谱和结绳记事的结绳家谱等原始形态的家谱。

一些少数民族因家族优生需要产生的口传家谱等文化习俗一直流传、保存到今天。

由两百多个部落和部族组成的哈

图6-3　哈萨克族毛凯夫妇背诵口传家谱

萨克族,普遍保留了口传7代家族世系的习俗,这与哈萨克族的婚姻观,特别是优生观念有着密切关系。

在哈萨克族的传统中,背诵世系是一件很常见的事情,成为家庭教育的一部分。哈萨克族的小孩三四岁的时候,他们的父母就开始教子女背诵家族世系,为巩固记忆,父母会随时抽查,如全家吃饭时,父亲会忽然提问:"我们家是哪个部落?从哪里来的?我们的世系如何背诵?"要求子女作答,所以一般的哈萨克人在他们五六岁时便可以背诵至少7代世系。在哈萨克族的共识中,如果无法背诵自己的7代家谱,会被嘲笑为孤儿。

私下的背诵,是为了在正式场合有良好的发挥,哈萨克孩童会在五岁或七岁这样的单数岁时进行割礼,割礼会邀请亲朋好友一起观摩,割礼前哈萨克的孩童要背诵自己的家族世系,而后由亲朋好友们送上祝福与礼物,鼓励他勇敢。

哈萨克族男女结婚前,更需要背诵自己家的7代世系,以核对是否是近亲。在哈萨克族的道德观念中,7代之内属于近亲,是不可以结婚的,如果强行结婚,就会被视为道德不端,受到家族成员的歧视。正式婚礼上,背诵家谱也是重要的一环,新郎新娘一般会邀请各自家族的小娃娃背诵7代家谱,向来宾们证明他们的婚姻是正当的。

云南地区佤族保留逆推反连口传家谱的习俗与他们同族不能结婚的族规有密切关系。佤族男女相亲,要背自家的家谱,从本人算起,一代一代往上延伸,追溯到最老的始祖,如果老祖宗是同一人则不能结婚,如果老祖宗不是同一人就可以结婚。

2017年4月14日,课题组对正在普洱市开会的西盟县文体副局长岩峰进行了采访。他介绍说,佤族基本上每家都会背家谱,这与佤族同姓不能结婚的习俗有关。男女双方订婚时,双方要背家谱,如属于不同姓则可结婚,若属于同一家族就不能结婚。我们请他背自己家谱,他脱口顺利背了下来,计29代。他说,他们家与当地的文化名人岩聪家是一个家族,按辈分算,他要称岩聪为叔叔。按佤族规矩,他们家与岩聪家是不能通婚的。

2018年11月22日,课题组在四川汶川县对羌族采访时,也发现口传家谱对家族之间能否结婚有直接的关系。

我们在汶川县茨里村采访了羌族两位老先生,一个正在抽烟的叫毛运富,今年76岁。一个正在打铁的叫毛清富,今年60岁。在采访中,我们得知,毛运富和毛清富虽然同居一地而且都姓毛,但却不属于同一个毛氏家族。听闻我们的来意后,毛运富虽不识字,但也能通畅地背诵自己家族的字辈排行:守举明鸿启,万世本泰安,太运庆昌龙,安帮思治国。毛运富为运字辈。这一家族至今仍然按照字辈命名,现在已经传承到安字辈。毛清富是当地的铁匠,用传统手艺专职打造农具,他的家族另有来历。在我们询问他为什么知道他和毛运富并非一个家族时,毛清富说道:"我家也有字辈,我们的字辈是志鸿福寿发,林登清怀胜,与毛运富家不一样,所以我们两家是可以通婚的。"由此可见,羌族即便是同姓,但只要是字辈不同,非是一个家族也可以通婚。

三、重要史料价值

少数民族原始形态的家谱,特别是其中的谱单和碑谱,保存了许多独一无二的资料,具有重要的史料价值。

如保存在辽宁喀左县档案馆的蒙古族《喀喇沁左旗王爷乌梁海氏家谱》谱单,长约8米,宽约1.8米,原件已被封存,复制品足足占了档案馆一整面墙。2016年9月21日,课题组到达喀左县档案局时,副局长计晓丹(蒙古族)就在谱单展品旁向我们作了介绍:《喀喇沁左旗王爷乌梁海氏家谱》谱单以蒙古文按宝塔形写于宣纸上。记录喀喇沁左旗王爷乌梁海氏家族时间从清朝天聪九年(1635)起,至道光十一年(1831)止,谱单上可辨认的共有14代,计1 920人,其中,塔布囊(蒙古语,意为驸马)1 049人、扎萨克(旗长)13人、郡王1人、贝勒3人、贝子2人、镇国公4人、卓索图盟盟长4人、内务府大臣1人、理藩院大臣8人,此外,还有御前行走、协理、辅国公、喇嘛,等等。《喀喇沁左旗王爷乌梁海氏家谱》是成吉思汗黄金家族末代驸马图琳固英家族的谱单,因此也叫《图琳固英族谱》。计晓丹兴奋地说,该谱单不仅记载了一个家族近三百年的历史,由于图琳固英系成吉思汗黄金家族末代驸马,因此也折射反映了近三百年的蒙古历史,从而完善了蒙古族1 000年的历史追踪,填补了蒙古政权及元顺帝之后蒙古王朝沿革研究的某些空白。这份家谱现已列为《中国档案文献遗产名录》。

2016年11月19日,课题组一行来到云南大理市东北郊的凤仪北汤天村,前往参观"法藏寺"中的"董氏祠堂",搜集收藏在该祠堂的《董氏族谱》(白族)的有关资料。《董氏族谱》是一部"碑谱",所谓"碑谱",就是镌刻在石材上的家谱,"刻谱于石,以垂永久"。法藏寺比丘住持释惟实向我们介绍了《董氏族谱》的有关情况。相传,董氏为国师,向为南诏、大理国统治阶级重用。《董氏族谱》共五块,大理石质,每块均高91厘米,宽91厘米,直行楷书,前四块于清光绪十八年(1892)刻立,第五块石碑则是1991年续修镌刻的,五块石碑非常完整地记载了从唐代董伽罗尤至1991年的43代族人。《董氏族谱》以碑文形式记载家族世系,是迄今发现记载家族世系最长的碑谱之一。《董氏族谱》不仅简介了董氏43代世系详尽确凿的传承情况,而且因为董氏是大理白族典型的佛教密宗世家,这就为研究佛教密宗自唐代开始的一千多年来如何在云南大理等地区传播情况提供

图6-4　法藏寺比丘住持释惟实介绍《董氏族谱碑》

了重要资料。

2017年4月11日午后，在云南西双版纳州图书馆周杨鑫馆长等陪同下，我们驱车1个半小时，到达景洪县勐龙镇曼飞龙村，采访傣族86岁的文化名人波岩敦调研傣文家谱。

据波岩敦的孙女玉夯罕介绍，爷爷生于1931年，10岁进佛堂当小和尚，修习傣文和佛学，17岁还俗。后来在景洪勐龙公社农科站工作。波岩敦非常热爱农科站本职工作，经常从农科站下到各村寨的田间地头研究推广农业技术，对附近乡镇的傣文文献颇有兴趣，十分喜欢搜集傣文历史资料。在其50岁时，遇到了一位还俗和尚康朗罕，他手头保存了一些傣文历史资料，波岩敦就向他借了这些资料，一个字一个字抄录下来，形成了三本珍贵的傣文历史资料：

1.《召法龙磨罕》。意思是戴着金色帽子的召法龙，召法龙为一个王的名字。

2.《傣泐历史》。介绍了清迈、清莱、景栋、景洪、清盛五座城的历史。

3.《大勐龙历史》。介绍了大勐龙地区的历史。

以上三本均为十分珍贵的傣文历史文献，尤其是《召法龙磨罕》，不仅描述了傣族的很多神话传说故事，而且保存了几份重要的傣族世系资料：《召勐龙土司世系》《橄兰坝土司世系》《朗丝本勐龙》，揭示了从1160年（佛历228年）第一代傣王帕雅真开始，至1950年末代傣王刀世勋，共有39代列入西双版纳召片领（车里宣慰使）的世系表，包括每一代傣王的姓名、担任土司岁数、在位时间、去世岁数、传承方式等都有详细的记载。第一代傣王帕雅真统治的景陇金殿国疆域广阔，北至今元江流域，南至泰国北部的清莱、清迈及缅甸北部掸邦一带，东至老挝琅勃拉邦、丰沙里、万象及今越南北部一带，西至今临沧、保山一带，人口844万，国势强盛一时。傣文《召法龙磨罕》的世系传承，无疑对研究800年傣王景陇金殿国的历史有着重要的史料价值。傣族文化名人波岩敦为保存、传承傣族文化作出了重要贡献。

图6-5　采访86岁的傣族文化名人波岩敦（左）调研傣文家谱

四、珍贵文物价值

少数民族原始形态家谱，数量众多，源远流长，不少谱单、碑谱有着珍贵的文物价值。

2016年9月12日上午，课题组一行来到内蒙古呼和浩特市大学东街129号内蒙古社科院图书馆，采访流通部主任伯苏金高娃研究馆员接待了我们，并在古籍库向我们展示了"镇馆之宝"——伊克昭盟鄂尔多斯左翼前旗（现在的鄂尔多斯市准格尔旗）《巴图蒙克达延汗三子巴斯博罗特始十九代家谱》，共72幅散叶的谱单，每幅高88厘米、宽46.4厘米，各幅之间用骑缝章相连，防止拼接错误。谱单刊载：凡新生的子孙名字用红字写在谱单上，去世后则用墨笔描成黑字。改名时，用黑笔将新名写于纸条上贴在旧名之上，表示此人已改名。由72幅谱单构成的《巴图蒙克达延汗三子巴尔斯博罗特始十九代家谱》，在数量上称得上是中国谱单之冠了。该谱单已列为国家一级文物，有重要文物价值。

图6-6 伯苏金高娃(右)介绍由72幅谱单构成的《巴尔斯博罗特始十九代家谱》

在云南禄劝县摩崖上有一块摩崖石刻《罗婺盛世贤代碑》,镌刻于明嘉靖十二年(1533),是目前最完整的一块彝文石刻。2016年11月18日,课题组访问云南大理彝族文化研究院时,该院研究人员欧丽向我们介绍了用玻璃框罩着的古彝文碑谱拓片《罗婺贤代铭》,长3米,宽1米有余,581字,记载了罗婺部世袭土司凤氏从先祖阿珀阿俄到凤昭(汉名)共14代约350年的历代承袭、祭祀、征战等史事,是一部重要的彝文碑谱,反映了彝族土司融入中央朝廷、接受汉族文化的过程。《罗婺贤代铭》不仅对了解彝族历史有重要的资料价值,作为一块有着四百余年历史的完整的彝文碑谱,其文物价值更是弥足珍贵。

2019年11月9日,为调研云南禄丰县红彝乃苏人的服饰绣品族谱,课题组成员访问了禄丰县非物质文化遗产传承人张兰仙在县城开设的红咪兰秀坊。在店里,我们见到了各式各样的彝族刺绣服饰,或挂满墙上,或重重叠叠地摊在桌子上,琳琅满目,色彩鲜艳。这些绣品服饰,类别多样,但有共同特点,即各种类别、各种色彩的服饰绣图的花边图案式样是完全一致的,他们可以根据是否有此花边图案确认是否为红彝乃苏人。数百年来,禄丰县红彝乃苏人都依此同一图案来缝绣各种服饰,这个图案成为禄丰县红彝乃苏人区别于其他地区彝族服饰的标志,为此,禄丰县红彝乃苏人骄傲地称自己的服饰为"族谱"。陪同采访的禄丰县文旅局副局长李应聪从众多的服饰中挑出一件告诉我们:这件服饰是清代绣的,已有两百多年了。我们看到这件服饰色彩要暗淡一些,但服饰边的图案与当今数以千百计的服饰花边是完全一致的。这件两百年前,由禄丰县红彝同胞一针一线刺绣出来的服饰,保存至今颇为不易,也称得上是件服饰类的重要文物了,理应得到更好的保护与展示。

总之，由原始形态家谱构成主体的中国少数民族家谱与汉族家谱一起，是中华优秀历史文化的重要组成部分。包括少数民族家谱在内的十万种以上的中国家谱，为遍布全世界的海内外华人指明了寻根问祖的路线途径；具有五千年历史的中国家谱保存了55个少数民族与汉族在历史上是如何交流、交往、交融从而发展形成"多元一体"中华民族的极其珍贵的第一手资料；中国数以千万计的家族保持的持续编修家谱的文化习俗，是中国成为世界上唯一没有中断文明古国的重要文化基因。简言之，包括少数民族家谱在内的中国家谱是老祖宗留给我们的一笔"何以中华"的独特而珍贵的历史文化遗产。

第二节　抢救和整理少数民族原始形态家谱的紧迫性

中华人民共和国建立后，特别是改革开放以来，各级政府和文化教育等部门大力加强对少数民族历史文化的抢救、搜集、整理工作，少数民族历史文化的整理和研究工作取得了令人瞩目的巨大成绩。从课题组赴各少数民族地区调研，看到少数民族原始形态家谱的整理和研究工作也取得重要进展。诸如：

已出版《中国彝族谱牒资料选编》等资料集，主要搜集整理彝族口传家谱。

已出版《哈尼族口传文化译注全集》，计三十余卷，其中第10至第21卷为红河州哈尼族谱牒，计有三千余种口传家谱。

已出版《阿坝州碑刻资料辑录》《天柱古碑刻集释》等碑刻资料，其中辑录了部分碑谱。

有些重要谱单原件，如蒙古族《喀喇沁左旗王爷乌梁海氏家谱》谱单已由辽宁喀左县档案馆收藏，《历代宗图》等四件有关傣族谱单的原件已由云南盈江县档案局收藏。

鄂温克族于2015年，在1945年编修的《鄂温克族武力斯哈拉族谱》谱单基础上进行了谱单续修工作。达斡尔族于2018年召开续谱大会，在原来二十余米长的谱单上进行了续修工作。

赴贵州天柱县蓝田镇都甫村调研"杨氏宗派碑"，看到在旧碑旁重立一复制的新碑，文字相对清晰。

新疆对阿勒泰地区福海县哈萨克族的非物质文化遗产传承人——哈孜木·阿勒曼（1932年出生）的口传文化资料进行整理，其中包括他背诵的口传家谱，已由新疆人民出版社整理出版《哈孜木演唱精髓》一书,计四册,等等。

但另一方面,由于少数民族原始形态家谱比较原始、单薄、粗糙、直观、分散,因此容易被人忽视,对其重要价值认识不足,更缺乏顶层的整体的全面整理规划,当下,少数民族原始形态家谱面临几将失传消亡、亟待抢救整理的紧迫境地。

一、口传家谱几将失传

正如前述,我国至今仍有二十余个少数民族保持了口传家谱的文化习俗,特别是哈尼族、彝族、哈萨克族、苗族、佤族、纳西族等,保持口传家谱文化习俗的人较多,比较普遍。但近几十年来都出现了能背诵口传家谱的人越来越少的趋势,从年龄上来说,年岁大的人能背诵的较多,年轻人能背诵的较少;从地区分布来说,居住在农村的人能背诵的较多,居住在城镇的人能背诵的较少。

2019年3月22日,我们访问贵州凯里学院,座谈会上,86岁的退休教师苗族顾永昌教授能非常通顺地背诵14代家族世系。顾老师介绍自己的第一语言是汉语,第二语言是苗语。顾有一女儿1964年出生。儿子顾军1966年出生,现在凯里学院任教。但他们都不会苗语,当然也不会背连名家谱。

同年3月23日,我们上午8点半从凯里出发,驱车2个小时前往台江县反排村2组采访台江县报效小学教师唐卿。唐卿,苗族,贵州台江县反排苗寨人,1989年生,2014年贵州民大艺术系毕业,现为台江报效小学老师,已婚。

在唐家屋后的空地上,赫然立有一块碑谱《酉家家谱碑》,高约2米,宽1米,列有酉家家族世系共19代,是2018年春节列的碑。唐卿,苗名往,列其中第18代。子沙,为第19代。谱碑无女性族人。

我们当场考唐卿:你能背几代?唐卿当即背:沙—往—偶—但—报—捏—古,再上去就忘记了。他又说:最初几代:生—偶—匠—酉—雅……也能背,但中间的忘记了。唐卿介绍村里年轻人口传家谱传承情况:家族中并未强求族人背诵,年轻人一般都能背四五代。这里年轻人能背诵的情况明显高于城市,这与反排苗寨环境封闭、民风淳朴显然有关。

2019年11月11日上午,课题调研组一行有幸在云南楚雄彝族文化研究院与院内研究彝族文化的研究人员进行座谈,出席的有分别研究彝族北部方言、彝族东部方言、彝族中部方言、彝族南部方言的研究人员,年龄在四五十岁上下。座谈中,我们请他们分别背诵一下各地彝族的口传家谱。遗憾的是,只有何定安副研究员表示能背诵外,其他几位均表示不能背诵。专门研究彝族文化的研究人员尚且如此,遑论他人!

数十年后,数千年来老祖宗留给我们的口传家谱的文化习俗将趋向失传消亡!这不是危言耸听!

二、祭司后继乏人

祭司,智者,彝族称"毕摩",纳西族称"东巴",哈尼族称"摩批",拉祜族称"摩巴",佤族称"巴猜",苗族称"释比",哈萨克族称"谢吉列西",等等。

祭司是各民族的宗教祭司和高级知识分子,职责主要有主持节日祭祀、主持葬礼、祭祖、驱邪招魂、算卦占卜、观测天象、保护古籍和背诵家谱等项,为各族文化的承继者和传播者,经常应邀参加各种类型的礼仪活动,穿法衣,行法事,朗读各种经本,背诵内容丰富的民族文化,传承各家族的口传谱系。

祭司是世袭的。如纳西东巴和丽军介绍自己:我是三四岁的时候,爷爷就培养我做他的接班人。爷爷是家族第16代"东巴"传人,于是我就成了第17代传人。祭司年龄一般在四五十岁以上。就我们调研接触到的,年龄最高的,如哈萨克族谢吉列西哈孜木·阿勒曼是1932年出生的,苗族释比银雷是1940年出生的,都已八十多岁;最年轻的,是纳西东巴和丽军,1972年出生,四十多岁。

当前,祭司找不到接班人是个突出问题。鲁成龙系彝族"罗罗颇毕摩",为楚雄市树苴乡依七么村鲁氏第13代"毕摩"传承人。按规定,"毕摩"是世袭的,我们问年近花甲的鲁"毕摩",第14代"毕摩"接班人定下来没有?他说,自己的儿子不愿意继承,他指了指立在身边的5岁孙子,说准备把他培养成第14代"毕摩"。这个尚未成年的小孩,真能成为他的接班人吗?我们心存疑虑。

2018年11月,我们在四川汶川县羌锋村采访羌族祭师"释比"王治升。王已85岁,管辖一个地区礼仪祭祀工作。尽管目前王治升精神很好,能胜任"释比"的工作,但他已考虑自己的接班人。但确定接班人有一定难度,王治升只得试图教他的侄子——七十余岁的汪清福学习"释比"的技能,来做他的接班人。

最年轻的纳西"东巴"和丽军也遇到这个问题。2017年2月18日,和丽军应邀来到上海图书馆,我们采访他时,他介绍了自己当前面临的困境:几十年前,纳西社会很闭塞,"东巴"地位很高,能与神打交道,是纳西族最有文化的人,受人尊敬,参加法事活动的报酬也较高。现在纳西族继续"东巴"工作的人少了,地位也低了。现在人们生病去医院,不来请我们念经文了。我虽然也应邀参加法事活动,多的给几百元,或数十元,或给些食物,有的不给。所以我平时还要参加农业生产等,才能维持生活。我有两个小孩,大的女儿已读大学,小的儿子已读高三,我虽然挂名为西南民族大学的客座教授,但儿子就反对我从事"东巴"活动。我今后将"东巴"接力棒传给谁呢? 真是一件揪心的事。

图6-7　纳西族"东巴"和丽军在上海图书馆为读者书写东巴文条幅

祭司后继乏人是个普遍现象。

三、分散在民间的谱单、实物家谱等濒临散失

　　尽管有些重要谱单已由档案馆、博物馆、图书馆等文化单位收藏,个别少数民族的谱单已整理归入古籍总目出版,但数量众多的谱单仍分散地收藏在各少数民族民间,既无相应机构通盘进行规划,负责搜集、整理,作为重要少数民族重要历史文化资料来加以保存,更为严重的是,这些谱单大多为各少数民族的一些农村民间老人所收藏,随着岁月流逝,老人收藏的谱单得不到及时传承保护,加以年轻人纷纷走出原来居住的地方,到城市寻求发展,这些数量众多、类别多样、有着重要资料价值的谱单面临流落散失的局面。

　　实物家谱如子孙绳等,尽管有些重要的子孙绳等已由档案馆、博物馆等文化单位收藏,但数量众多的子孙绳等仍分散收藏在各少数民族民间,面临的是与谱单类似的命运。

　　猪下颌骨是一种很有特色的实物家谱。四川黑水县色尔古藏寨的嘉绒藏人都有在门楣顶上悬挂猪下颌骨的文化习俗。据了解,色尔古藏寨一百五十多户人家中,就曾有数十家门楣上首挂有猪下颌骨。但由于没有得到重视,其中有些人家因地震损毁了房屋,门楣上悬挂的猪下颌骨没有重新安置,至2015年4月课题组调查时,尚有16家挂有猪下颌骨。2021年4月28日,课题组成员再次来到色尔古藏寨时,门楣上挂有猪下颌骨的只剩下两家了。可见,如再不对猪下颌骨等实物家谱采取切实有效的保护措施,几将散失殆尽,绝不是危言耸听!

又如"无字精制布家谱",也是很有特色的一种实物家谱。据2000年湖北民族学院周兴茂教授主持的"苗族课题组"调查,在湖北恩施土家族苗族自治州宣恩县的小茅坡营村、苗寨村和湖南湘西土家族苗族自治州花垣县的夯寨村等苗族居住地,都保留着这样的文化习俗:苗族人将一块无字的精制青布或黑布密封在一个小竹筒内,苗语称"表"。每逢人口出生或死亡,都要举行隆重的入"表"、出"表"仪式。这件被苗语称为"表"的信物起到了家谱的作用,这块被称为"表"的精制布,实际上就是一件"无字精制布家谱"。

图6-8　湖南湘西花垣县董马库乡夯寨村石绍宗收藏的"无字精制布家谱"——"表"

2021年3月25日,课题组飞往重庆拜访了周兴茂教授。在周老师介绍下,课题组前往湖北的小茅坡营村,希望可以一睹"表"的真容。在小茅坡营村,村支书冯大华向课题组介绍苗族确有这样的习俗,在冯大华引荐下,我们采访了村民冯有德。冯有德说他家曾有一个竹筒,原由其父冯发益保存。十几年前,冯发益过世以后,冯有德感到竹筒等法器没有用处,于是就烧毁了。这件"无字精制布家谱"文物的烧毁,真是无法弥补的重大损失。

四、分散在各地的碑谱缺乏管理,处境危急

当今已有部分碑谱经整理被搜集到碑刻资料集中正式出版,但还有相当部分碑谱尚未搜集编辑,需要深入调研、发掘,进一步加以整理。

即使已被整理入目的碑谱,有些尚缺乏有效的管理。如2018年11月22日,我们据《阿坝州碑刻资料辑录》,请汶川博物馆前馆长汪友伦、汶川图书馆周川副馆长和《汶川文博》的羌族编辑王小荣陪同,一起驱车前往茨里村找寻《汶川威州茨哩沟毛氏谱碑》。汽车在狭窄的山路中打转,几次在悬崖上转向、掉头、倒车,在耗费了两个多小时以后,我们终于在茨里村的山坡上找到了毛氏家谱碑。此事说明,此碑主家属与碑已无联系,当地文管部门对此碑也疏于管理。

图6-9　倒卧在李氏宗祠内的断裂碑谱

有些碑谱虽已整理编辑入目,但保存条件极差。如2019年11月13日,课题组依据资料前往云南大理凤仪镇采访碑谱,但该村村委会负责人不知此碑。我们走了一段山路来到了李氏宗祠,发现宗祠已经年久失修,可称是危房。打开宗祠正门,院内杂草丛生,我们披荆斩棘,终于见到了数块倒卧断裂的石碑,擦拭上面的泥土,才看到这是块李杨氏合谱碑。此类碑谱如不及时抢救、保存,前景实在堪忧。

第三节　提高抢救和整理少数民族
原始形态家谱的自觉性

一、提高认识,将抢救和整理工作摆到重要议事日程

十八大提出:"建设优秀传统文化传承体系,弘扬中华优秀传统文化。"(胡锦涛《坚

定不移沿着中国特色社会主义道路前进 为全面建成小康社会而奋斗——在中国共产党第十八次全国代表大会上的报告》,《人民日报》2012年11月18日)2017年1月,中共中央办公厅、国务院办公厅印发了《关于实施中华优秀传统文化传承发展工程的意见》,明确提出:"要开展少数民族特色文化保护工作,加强少数民族语言文字和经典文献的保护和传播,做好少数民族经典文献和汉族经典文献互译出版工作。"

由口传家谱、实物家谱、谱单、碑谱构成的少数民族原始形态家谱,具有寻根认宗、家族优生、资料价值、文物价值等多种重要文化价值,是老祖宗留给我们的一笔重要的精神财富,是中华民族优秀传统文化的重要组成部分,需要我们建立一套有关少数民族原始形态家谱的传承体系,在新时代的条件下,将少数民族原始形态家谱这笔优秀传统文化加以弘扬发展。但当今,由于种种原因,无论是口传家谱、实物家谱,还是谱单、碑谱,都面临在我们这一代人手中消亡失传的危险境地,如不及时加以抢救与整理,将上对不起列祖列宗,下对不起子孙后代。因此,我们必须及时将抢救、整理少数民族原始形态家谱的历史重任担当起来。

话又要说回来,将历史上形成的少数民族原始形态家谱如口传家谱,在今天的条件下,要求一代一代人再传承背诵下去,这也是不现实的,因大环境变了。为此,我们应该审时度势,从当代的实际情况出发,采取切实可行的措施,将各种类型的原始形态家谱整理好,保存好,保护好,建立一套适合少数民族原始形态家谱特点的传承体系,才能将老祖宗留给我们的少数民族原始形态家谱这笔重要的精神财富保存下来,传承下去,发扬光大。

二、加强规划,制定切实可行的抢救和整理措施

各级民族宗教委的古籍整理机构和相关的文化、文物管理机构,义不容辞地担当了抢救和整理少数民族原始形态家谱的重要历史责任。建议将抢救和整理少数民族原始形态家谱的工作列入本地区、本系统、本部门的工作规划,分析少数民族原始形态家谱现状,肯定成绩,找出差距,实事求是,制订措施,有计划、有步骤地将抢救和整理少数民族原始形态家谱工作开展起来。

首先,要对本地区、本系统、本部门少数民族原始形态家谱的现状进行认真地调研,掌握第一手资料,为开展抢救整理少数民族原始形态家谱做好基础性的前期准备工作。要组织人力,到保存和收藏原始形态家谱的单位、个人处普查,特别是要深入农村少数民族家中进行调研,搜集有关原始形态家谱的信息,及时做好登记工作,掌握最原始的资料

信息。

在全面普查的基础上,鉴于口传家谱、实物家谱、谱单、碑谱等尽管都属于原始形态的家谱,但又属不同类别,且各有特点,因此,要分门别类地做好抢救和整理工作。

1. 做好口传家谱的抢救和整理工作。针对当下能背诵口传家谱的人越来越少的现实情况,更要抓紧组织专人进行抢救工作。要对有口传家谱文化习俗的家族进行专访,按统一规范要求,笔录口传家谱的世系传承情况,按族别或按地区进行整理,分类入档。有些少数民族有口传家谱文化习俗的人较多、较普遍,如哈萨克族、哈尼族、彝族、苗族、佤族、纳西族、怒族、羌族等,可参照彝族编辑口传家谱正式出版的方式,将整理入档的口传家谱资料,按地区或按族别正式出版。也可将有代表性的族别口传家谱人背诵家谱时的情形及时录像,配以文字,并以规范的著录格式将视频资料保存下来,整理编辑目录,便于查阅。这样,尽管时下会背诵口传家谱的人越来越少,但口传家谱这份珍贵的文化遗产能得到长久的保存,而不致消亡失传。

2. 做好祭司口传文化资料的抢救和整理工作。正如上述,祭司作为各民族的文化集大成者,不仅能背诵口传家谱,而且是各民族丰富多彩的历史文化的承继者和传播者,但祭司是世袭的,传承方式仅是口传,当前担任祭司的人越来越少,且后继乏人,因此祭司掌握的数千百年流传下来的历史文化资料也面临消亡失传的危险。由于祭司在各民族传承文化中居重要地位,因此,我们要更加重视做好祭司口传文化资料的抢救和整理工作。新疆对阿勒泰地区福海县哈萨克族非物质文化遗产传承人哈孜木·阿勒曼的口传文化资料进行抢救和整理,为我们提供了成功的经验。我们要选择各民族中有代表性的祭司,仿照对哈孜木口传文化资料进行抢救和整理的做法,进行专人专题采访,整理采访资料,或整理入档,或正式出版。当然,也可同时将采访口传文化资料情形及时录像,配以文字,并以规范的著录格式将视频资料保存下来,整理编辑目录,便于查阅。这对于保存数千百年来流传在祭司手中的各民族的历史文化资料是非常必要的,也是非常及时的。

3. 做好实物家谱的抢救和整理工作。实物家谱,如结绳类的满族子孙绳、锡伯族的丝绳、鄂伦春族的马鬃绳等,由于分散收藏在民间,加以此类家谱比较简单、直观、粗糙,更容易被人忽视。其实,结绳家谱有着悠久历史,是文字产生以前古代人用结绳记事的方法来统计家族世系的具体运用,是颇具特色的一种原始形态家谱。我国北方的满族、锡伯族、鄂伦春族等少数民族在家中保存类别多样的结绳家谱用作祭祀对象还是比较普遍的,现在也面临着消亡的危险。要组织人力,到保存和收藏结绳家谱等实物家谱的家中进行采访,摄以录像,登记有关信息,按统一的著录方式,做好实物家谱的资料整理工作。有些重要的实物家谱可以复制等方式,由文物局、博物馆等单位统一收藏,并向观众进行展示。这对于保存结绳家谱等一批颇具特色的实物家谱也是十分必要的。

4. 做好谱单的抢救和整理工作。尽管当前已有部分谱单收录进有关古籍或家谱的资料整理中间,但仍有数量众多的谱单散落在民间,如不及时加以搜集整理,势必会造成无法弥补的重大损失。要对保存有谱单的家族进行普查,特别是保存谱单数量较多的满族、蒙古族、达斡尔族、锡伯族、傣族、回族等少数民族,更要重点进行普查调研,要按统一规范要求拍摄录像,登记笔录谱单的具体情况,按族别或按地区进行整理,分类入档,有条件的按地区或按族别正式出版。

5. 做好碑谱的抢救和整理工作。碑谱数量众多,特别是贵州、云南、四川、广西等省区,在清代、民国时期,刻碑记谱非常普遍。当前要做好碑谱的抢救和整理工作,一方面,要对碑谱进行普查,虽然部分碑谱已收录进碑刻资料集中,但尚有很多碑谱散落在荒山野岭,或深藏破败的祠庙里,需深入调研,及时搜集拓片原件,或摄制图片,在广泛调研的基础上,可专题出版碑谱资料集;另一方面,要对现有碑谱加强保护工作,落实管理措施,改善保存条件。有条件的,可将碑谱移址到文物局、博物馆单位,集中统一管理,这对向群众宣传碑谱的文化价值无疑也是十分有益的。

三、大力弘扬,加强宣传教育工作和理论研究工作

上面主要从工作层面就如何加强少数民族原始形态家谱的抢救和整理工作建议采取的一些措施,涉及的主要是少数民族家谱的一些行政管理和文化教育部门,显然,要真正做好这方面工作,还是很不够的。

要大力加强有关少数民族原始形态家谱的宣传教育工作。通过各种新闻媒体,生动形象地介绍少数民族原始形态家谱的类型,重要的历史文化价值,当前面临失传消亡的危急局面,抢救和整理少数民族原始形态家谱的重要性和紧迫性等,从而引起社会各界人士特别是少数民族地区各界人士的重视,了解这项工作,关注这项工作,支持这项工作,群策群力,集思广益,从而将抢救和整理少数民族原始形态家谱的工作向广度方向扩展。

要大力加强有关少数民族原始形态家谱的理论研究工作。近几十年来,学界已开始关注少数民族原始形态家谱这一领域,发表了一定数量的论文,但大多只是从介绍各种类型的原始形态家谱的角度进行论述,缺乏理论深入探讨的高度。要发动从事少数民族理论研究的学者、从事少数民族工作的管理人员等深入少数民族地区,调研原始形态家

谱收藏现状，进一步论述开展抢救和整理少数民族原始形态家谱工作的重要性、必要性，举行经验交流会、学术研讨会，从宏观上探讨少数民族原始形态家谱的特点、功能、价值等理论问题，从而将抢救和整理少数民族原始形态家谱的工作向深度方向提升。

由口传家谱、实物家谱、谱单和碑谱构成的少数民族原始形态家谱，是数千百年来老祖宗留给我们的一份优秀的文化遗产，保存了许多为正史、地方志等古籍没有收录的珍贵资料，对数以千万计的少数民族原始形态家谱进行抢救与整理，进行整体开发，不仅能为研究少数民族的渊源、姓氏来源、家族迁徙、历史人物、婚姻制度、宗族制度、民俗文化、民族文化、民族交往，以及经济、政治、教育等诸多少数民族历史重要问题，乃至为整个中国历史研究（如中国移民史、中国疆域史等）提供其所特有的第一手资料，而且对中国这一地域辽阔、历史悠久、民族众多、关系复杂、社会发展不平衡、生态环境差异极大的多民族、多元文化的国家如何在历史发展中形成的，能提供许多有价值的文献史料。

习近平总书记对加强少数民族文化的保护和传承，曾作过许多重要指示。如2019年7月15日上午来到内蒙古赤峰博物馆时指出："要重视少数民族文化保护和传承，支持和扶持《格萨（斯）尔》等非物质文化遗产，培养好传承人，一代一代接下来、传下去。"16日上午，习近平来到内蒙古大学图书馆，进一步强调："要加强对蒙古文古籍的搜集、整理、保护，挖掘弘扬蕴含其中的民族团结进步思想内涵，激励各族人民共同团结奋斗，共同繁荣发展。"（《人民日报》2019年7月18日）

今天，我们在社会主义时代条件下，积极贯彻习近平总书记关于"加强少数民族文化保护和传承"的指示，从当代的实际情况出发，建立一套有关少数民族原始形态家谱的传承体系，对这份遗产进行抢救、整理和研究，进行科学总结，给予现代化解释，赋予时代特征，这对于丰富少数民族历史文献宝库，完善中国家谱学理论，促进中国特色民族理论研究的发展，加强中华民族的凝聚力、向心力，推动中华民族大家庭的融合，从而铸牢中华民族共同体意识等，均有着重要的意义。

附　录

一、上海图书馆家谱课题组实地调研少数民族原始形态家谱日记

陈建华整理

为实施"中国少数民族家谱的整理与研究"课题（2011年列为上海市哲学社会科学规划重大课题），特别是为实施"少数民族原始形态口传家谱的抢救与整理"课题（2017年列为国家社科基金重点课题），自2011年起，上海图书馆家谱课题组即有计划有重点地对少数民族居住地区进行调研，采访当今仍保存在少数民族民间或有关单位的口传家谱、实物家谱、单页家谱和石碑家谱等原始形态家谱的情况。兹将课题组实地调研少数民族原始形态家谱的日记整理如下。

赴吉林调研

时间：2012年9月18日至24日

调研人员：王鹤鸣、陈建华

9月20日，我们赴吉林四平，访吉林师范大学满族研究所，与副所长许淑杰商谈有关编撰少数民族家谱专著事宜。许介绍了满族至今保存的结绳家谱、谱单等历史文化习俗的情况，并陪同参观吉林师范大学"满族谱牒馆"。馆内陈列的结绳家谱实物色彩鲜艳；陈列的谱单种类繁多，有垂丝型谱单、树根型谱单、辐射型谱单等；书写谱单的文字，有以满文编修的，有以汉文编修的，或以满汉两种文字合璧编修的；有些谱单绘有精美图画，图文并茂。

赴云南调研

时间：2012年11月15日至23日

调研人员：王鹤鸣、周秋芳、冯凤珍

11月20日，我们一行3人赴丽江市玉龙县图书馆。馆长李瑞山（纳西族）陪同我们参观东巴文献陈列室。纳西东巴文献以原始的图画象形文字书写，是纳西族原始宗教祭司（东巴）使用的宗教典籍，东巴自制土纸，用墨和竹笔书写，线装。东巴文献有近1 000种古籍，分别应用于东巴教各种仪式，分为祈福类、禳灾类、丧葬类、占卜类等。李馆长介绍玉龙县图书馆馆收藏纳西东巴文献达四千余册，为收藏中国纳西族东巴文献最多的单位。

11月21日，在宁蒗县图书馆馆长杨跃（纳西族）陪同下，我们到达了摩梭人居住地永宁乡泸沽湖（女儿国）。这里延续的是母系社会的习俗，由老祖母掌权，传女不传男，婚姻实行走婚制。在杨馆长安排下，我们走访彩塔家族，老祖母宾玛拉姆已七十多岁，由其在丽江旅游部门工作的37岁女儿甲茨玛接待我们。我们请甲茨玛介绍摩梭人有无家谱的情况。据她介绍，摩梭人一般家庭都没有文字家谱，包括最原始的家谱。我们问她："那你们如何记住自己的老祖宗呢？"她回答得很快："口耳相传呗！"于是，我们就请她与其母一起回忆，并由我们笔录了她家族的世系：《云南省宁蒗县永宁乡摩梭彩塔家族世系表》。由此世系表可看出：尽管摩梭人一般没有形成文字的家谱世系，但他们在崇先尊祖心理支配下，"口耳相传"，对自己的直系亲属记忆非常清晰，因此能在短时间内将本家族的成员姓名、相互关系，包括每个人的生卒年龄等都能一五一十地回忆出来。这份世系表辈分最高的是一位老祖母斯给甲，系甲茨玛祖母，世系表共记载了5代21人，家族传女不传男，是一份十分稀见的母女口传家谱世系表。

赴台湾调研

时间：2012年11月19日至12月2日

调研人员：顾燕、徐潇立

11月21日，我们参观了台湾"中央研究院"民族学研究所博物馆，该博物馆是以台湾少数民族为专题的相关介绍与文物展示，使我们对当地少数民族的情况和分布有了大致的了解。

后拜访台湾"中央研究院"民族学研究所副所长、民族学研究所博物馆馆长黄宣卫教授。黄所长介绍了台湾地区少数民族的基本概况和现状。从中了解到，台湾少数民族的家谱基本以口传、口述等形式为主，实物家谱比较少见。

11月26日上午，我们参观了台湾大学图书馆台湾少数民族"图书资讯中心"，并获知了今年6月刚翻译出版的台湾少数民族的研究著作《台湾高砂族系统所属的研究》中文翻译本。是书共两册，内容详述泰雅、赛夏、布农、邹、鲁凯、排湾、卑南、阿美、雅美等九族及亚群的地域、神话传说与系谱，更将部落、氏族和族群间互动、迁徙的整个动态场景清晰呈现。该书系20世纪初期对台湾少数民族调查研究非常宝贵的第一手资料，在当下台湾少数民族家族世系研究资料非常有限的情况下，对于我们研究台湾少数民族的家族世系、迁徙、分布、婚姻等有着重要的参考意义。

当天下午，我们拜访了台湾"中央研究院"台湾史研究所所长谢国兴研究员。谢所长回顾了台湾地区的历史以及少数民族的历史源流，并分析了台湾少数民族口述家谱的历史原因。谢所长还赠送了由大陆渡台的汉族家谱《芳苑沟子墘陈栋房系族谱》给上海图书馆。

访台期间，我们还先后在台湾"中央研究院"傅斯年图书馆和台湾大学图书馆等机构对台湾少数民族的家谱资料进行了检索与查询。结果显示，这些公藏机构对家谱资料的搜集主要集中于汉族家谱，而台湾少数民族的家谱资料由于其口传的性质，存世鲜见。这一结果虽然比较遗憾，但对目前存世的台湾少数民族的家谱有了一个初步的了解。

赴山东调研

时间：2013年6月3日至11日

调研人员：王鹤鸣、周秋芳、冯凤珍

期间，我们先后赴济南市市中区麟趾巷30号市伊斯兰教协会采访马寿慈，赴青州市民委采访李红伟，并采访《青州回族溯源》主编赵潜等，了解回族编修族谱的情况，搜集《济南回族家谱选辑（一）》《济南回族家谱选辑（二）》《山东回族谱序集注》等资料。

赴新疆调研

时间：2013年9月12日至27日

调研人员：王鹤鸣、陈建华、周秋芳、冯凤珍

9月13日，我们一行4人赴新疆维吾尔自治区图书馆。馆长历力介绍本馆收藏少数民族文献简况，并带领我们参观有关书库。区馆书记艾尔肯·买买提是维吾尔族人，他将本家族刚编修出版的用维吾尔文书写的家谱《穆罕默德·尼牙孜家史》捐赠给上海图书馆。《穆罕默德·尼牙孜家史》是一部融家史与家谱为一体的维吾尔著作，为中国少数民族家谱园地增添了新的品种。历力馆长听说我们要赴有关州市采访少数民族家谱，于是就一一打电话给有关州市图书馆，保证了我们以后采访活动的顺利进行。

9月16日，我们赴新疆最北端的阿勒泰市图书馆。馆长杨映介绍本馆收藏少数民族文献简况，并带领我们参观有关书库。访问阿勒泰市古籍整理办公室，古籍办赠送上海图书馆他们组织编修出版的用哈萨克文书写的族谱《阿巴克克列依—伊铁力家谱》。哈萨克族是个有着悠久历史的民族，各部落都保存有口头背诵或用本族语言记载家族世系的文化习俗，《阿巴克克列依—伊铁力家谱》就是阿勒泰地区哈萨克族用哈萨克文书写的记载克列部落伊铁力氏族的一部族谱。

9月24日，我们赴新疆西南端的喀什地区图书馆。馆长孙秋景介绍本馆收藏少数民族文献简况，并参观有关书库。副馆长尤丽玛斯·买买提是维吾尔族人，他将自己撰写的记载有"香妃"家谱内容的著作赠送上海图书馆。参观喀什景点"香妃墓"，其共埋葬香妃家族5代172人。

赴四川调研

时间：2015年4月15日至27日

调研人员：王鹤鸣、周秋芳、冯凤珍

4月17日，我们一行3人赴都江堰采访四川岷山机械厂高工、原副厂长郭勇基先生（羌族）。郭氏祖籍陕西，原为汉族，因中原动乱迁入四川汶川县，与当地人婚配融入羌族，郭勇基为入川第18代传人。郭氏先祖十分重视历代世系资料的积累，郭勇基在前辈鼓励下，自2001年起，即赴各地搜集家谱资料，经近二十年整理，终于总纂完成书稿《汶阳郭氏族谱》（羌族）。郭勇基将打印好的《汶阳郭氏族谱》给我们翻阅，粗翻一下，该书稿资料丰富，文字通顺，在世系延续、民族融合、家风传承方面均有特色，且具一定规模，我们当即约稿，请他撰写一篇关于羌族《汶阳郭氏族谱》的文稿，拟收进我们已在筹划编撰的《中国少数民族家谱通论》著作中。

4月23日，在黑水县旅游局副局长张杰陪同下，我们访黑水县色尔古藏寨。色尔古藏寨位于青藏高原的东南边，横断山脉中段的黑水县境内，寨子依山而建，是座神秘的军事要塞。全寨157户人家590多人，为嘉绒藏民，其祖先大部分来自西藏，已有千年以上历史。色尔古藏寨嘉绒藏民保存了在门楣顶上悬挂猪下颌骨来牢记本族世系传承的文化习俗，挂几块猪下颌骨，表示本家族传承已经历多少代。

我们采访色尔古藏寨土司的后人白金头，他家门楣上首挂有两排共38块猪下颌骨，表明他家族从西藏阿里地区迁到色尔古藏寨已有38代，他是家族第38代传人。色尔古藏寨一百五十多户人家中，早些时期有数十家门楣上首挂有猪下颌骨，其中有些人家因地震损毁了房屋门楣上悬挂的猪下颌骨没有重新安置，至今尚有16家挂有猪下颌骨。色尔古藏寨保存的这种反映家族世系的猪下颌骨属实物家谱,我们的发现为中国少数民族原始形态家谱增添了新品种。

赴内蒙古、吉林、辽宁调研

时间:2016年9月11日至22日

调研人员:王鹤鸣、王洪治、冯凤珍、付鑫鑫(《文汇报》记者)

9月11日上午10时,我们一行4人从上海飞往内蒙古呼和浩特市。

9月12日上午9时,我们准时到达内蒙古呼和浩特市大学东街129号内蒙古社科院图书馆,采访流通部主任伯苏金高娃研究馆员在古籍书库阅览室热情接待我们。

伯苏金高娃是个典型的蒙古族人。伯苏金高娃说,蒙古人在有文字以前,就有"世系事迹、口相传述"的习俗。她介绍:内蒙古社科院图书馆共收藏蒙古文文献达七千多件,其中约一百一十多件为家谱。

高娃向我们介绍了一份蒙、汉文对照版的谱单,这也是该图书馆一百一十多份家谱中唯一一份蒙汉对照的蒙古族家谱:《哲里木盟奎蒙克塔斯哈喇诺颜始十六代家谱》。该家谱分刊在两份卷轴上,两份卷轴展开、拼接以后,宽约1米,长约3米,世系传承从上到下呈宝塔形,为毛边纸写本,左边为蒙古文、右边为汉字,名字前面还有职爵名号等。

课题组人员在仔细查看谱单时,惊讶地发现家族第5代长子纯诚亲王"齐桑卜合诺颜"右侧有"孝仪纯皇后"字样,其后的第6代有"孝康章皇后"字样,第8代有"孝惠章皇后"字样,也就是说,这个家族出了三位清代皇后。伯苏金高娃见状,惊讶地说:"我以前也没发现,这份谱单上居然有三个皇后!"

在这份谱单上,这个家族出了三位清代皇后,表明这个家族地位异常显赫,这份谱单有着重要史料价值。

令人不解的是,这份谱单上三位皇后的原名或封号被小纸贴去,仅露出皇后二字,而"孝仪纯""孝康章""孝惠章"都是写在小纸上再贴上去的,与原稿文字存在明显区别。

经查,"孝仪纯""孝康章""孝惠章"三位为清代著名皇后,均非出自哲里木盟奎蒙克塔斯哈喇诺颜始家族,为什么要用她们三人的名字覆盖在本族的谱单上呢?这里留下了历史悬念。

在图书馆,高娃还向我们展示了"镇馆之宝"——伊克昭盟鄂尔多斯左翼前旗(现在的鄂尔多斯市准格尔旗)《巴图蒙克达延汗三子巴斯博罗特始十九代家谱》,为72幅散叶的谱单,每幅高88厘米、宽46.4厘米,各幅之间用骑缝章相连,防止拼接错误。这件由72幅散叶构成的谱单,在幅数上称得上是中国谱单之冠了。

高娃告诉我们,现在蒙古族人自己新修家谱的人越来越多。

下午2时,高娃陪同我们来到内蒙古大学图书馆,了解该馆收藏谱单情况。

9月13日上午9时,我们自呼和浩特乘飞机至长春,下午自长春坐火车到吉林四平市,住吉林师大留学生招待所。吉林师大满族文化研究所所长许淑杰等与我们共进晚餐,讨论了采访满族家谱的具体安排。

9月14日上午9时30分,我们在吉林师大满族研究所会议室对许淑杰进行采访。

吉林师大满族研究所收集到的千余种家谱中,既有满族汉化的家谱,又有汉军旗人的家谱。许淑杰说:"清朝道光、咸丰以前,纯粹满文家谱较多;咸丰以后,满汉合璧的家谱逐渐增多;清末民国以来,大多是汉文家谱。满族家谱汉化后,逐渐具备汉族家谱的特征。文字形态的演变基本反映了满人入关后在汉文化影响下,满汉民族文化日益融合发展的大趋势。"

采访结束后,我们参观了满族文化研究所的"满族谱牒馆",该馆正在装修重新布置,我们拍摄了部分展品。

下午我们在满族文化研究所博士生于洋陪同下,由四平坐火车到长春市,采访满族纳齐布录后裔——赵东升。赵为满族文化研究所的兼职教授,任吉林省民俗学会名誉理事长,虽年至耄耋,但精神矍铄,侃侃而谈。

赵先生说,他家原有7部家谱:6部满文谱单和1部汉文谱书,最早可追溯至清顺治年间。"文化大革命"时期"破四旧"毁了6部,如今剩下唯一的满文谱单是光绪末年所修,记有15世代200多人。

9月15日上午6时,我们在于洋陪同下,坐火车由长春到九台市。早餐后,租了一辆小面包车,至9时20分到达长春郊区九台市胡家乡小韩村,石氏宗族理事会的三位负责人石文继、石文学、石清友接待我们。

石文继是位复员军人,是石氏宗族理事会的"总穆坤达"(族长),他向我们介绍:九台石氏宗族,满族老姓锡克特哩氏,满洲正黄旗,是世居清代打牲乌拉地区的古老家族。石氏宗族较为完整地保存了萨满文化的祭祀礼仪,被誉为"中国萨满文化的活化石"。

课题组采访时,石文继、石文学等专门为我们从"索口袋"中取出"子孙绳",向我们作了展示。从这条"子孙绳"上可以看出石氏宗族有多少男子,有多少女子,若用猪后膝骨隔开,则还可看出石氏宗族经历了多少代,这条"子孙绳"就是石氏家族祭祖的实物家谱。

除了"子孙绳"外,石氏宗族还以文字来记载祖先的世系、人名。与其他满族家族类似,石氏宗族以文字来记载祖先的世系、人名的,最早就是谱单。

石文继告诉我们,在龙虎年亮谱、立谱、上谱,是一个家族的大事,居住在各地的族人都要回到胡家乡小韩村参加续谱祭祖活动。

9月17日上午9时,邀满族家谱专家尹郁山到汉庭酒店,他介绍了本家族编修家谱简况和满族家谱的特点。下午坐火车由吉林市赴延吉市。

9月18日上午9时,在延边大学博物馆,我们采访了馆长崔红日。崔为朝鲜族人。2014年,在韩国海外韩民族研究所的帮助下,延边大学博物馆开设了朝鲜族谱馆。通常不对外开放的族谱馆有五十多平方米,四面书架上摆满了各式印刷成套的家谱,书架底层也有少数发黄的韩纸(类似宣纸)线装家谱。

崔红日高兴地介绍说:"族谱馆内收有两千五百多册朝鲜族的族谱和相关资料,其中少数是手写本,更多的是印刷本。""朝鲜族的本源共有二百七八十个姓氏,族谱馆收藏的约有七八十个姓氏的家谱。"在族谱馆,比较多的是用中文繁体字印刷的家谱,也有少数是用中文简体字印刷本家谱,其中汉文中间夹杂着朝鲜文,还有的是汉文、朝鲜文对照印刷的家谱。

下午,我们乘火车赴边境城市图们市。当晚赶回延吉市。

9月20日,我们上午坐火车4小时,自延吉市到达辽宁沈阳。下午自沈阳坐6小时长途汽车到达辽宁西部朝阳市喀喇沁左翼蒙古族自治县,简称喀左县。

9月21日上午9时,我们到达朝阳市喀喇沁左翼蒙古族自治县档案馆,档案局副局长计晓丹(蒙古族)接待我们。

在档案馆,我们看到了《喀喇沁左旗王爷乌梁海氏家谱》谱单。这份谱单的原件已被封存,复制品足足占了档案馆一整面墙。《喀喇沁左旗王爷乌梁海氏家谱》是成吉思汗黄金家族末代驸马图琳固英家族的谱单,因此也叫《图琳固英族谱》。计晓丹兴奋地说,该族谱不仅记载了一个家族近三百年的历史,由于图琳固英系成吉思汗黄金家族末代驸马,因此该族谱也折射反映了近三百年的蒙古历史,从而完善了蒙古族1 000年的历史追踪,填补了蒙古政权及元顺帝之后蒙古王朝沿革研究的某些空白。这份家谱现已列入《中国档案文献遗产名录》。

下午,我们又坐了6小时的长途汽车回到沈阳。虽然身体比较疲劳,但深感赴喀左采访收获颇丰,真是不虚此行。

9月22日下午,我们乘飞机自沈阳回上海。

付鑫鑫报道本次调研的文章《我国现存少数民族家谱6 796种》刊2016年12月28日《文汇报》;《龙虎年晾谱修谱》刊2017年1月20日《中国民族报》。

赴云南调研

时间：2016年11月15日至25日

调研人员：王鹤鸣、陈建华、王洪治、顾燕、付鑫鑫

11月15日上午10时，我们一行5人自虹桥机场坐飞机赴昆明，采访云南地区少数民族家谱。

下午4时，在云图古籍阅览室，课题组首先对云南图书馆馆长王水乔研究馆员进行采访。王水乔指出：西南少数民族家谱载体方面的特点，一是石碑家谱，白族中的许多世家大姓常把家庭世系镌刻在石碑上，存立于宗祠内或墓碑上，彝文谱牒还有镌刻在石壁上的；二是纸质家谱，不仅有用汉文撰写的，也有用少数民族文字撰写的，因生成方式不同，可分为手写的、雕版印刷的、排印的；三是口述家谱，一般是连名家谱，云南有12个少数民族曾流行甚至保存着连名的家族谱牒。

云南省图书馆收藏有一些内容较丰富、体例较规范的少数民族家谱。

11月16日上午9时，我们驱车来到省博物馆，副馆长戴宗品和从云图调任省博书记的马云川接待了我们。在云南省博物馆的展厅里，我们看到了一幅傣族《刀氏十九世谱单》，书写在白布上，高2米、宽1米，谱单上首书写家族渊源，自上而下以宝塔形式列出家族十九代世系名单。

11月17日上午9时，我们乘坐租来的面包车离开昆明，中午抵达楚雄市。下午，我们采访楚雄市图书馆。在西南地区各少数民族家谱中，存世比较多的是彝族家谱，达一千四百余种，大多为连名家谱。副馆长华胜刚和李燕鸿介绍：该馆于2006年正式成立"中国彝族文献图书馆"，是专门搜集整理彝族文献的单位。至今已达两千多件，其中有10种是用彝文书写的家谱，如《双拍县安龙堡文施氏宗谱》（三册）、《德布母系史》《毕摩谱系经》等手抄本。

11月18日上午，我们采访了楚雄彝族文化研究院。该院是1982年创建的专门从事彝文研究的学术机构，首任院长为著名民族学专家刘尧汉先生。三十余年来，彝文研究成果累累。副院长杨建林和几位在院内工作的"毕摩"与我们进行了座谈。

座谈会上，毕摩何定安（彝名曲木约质）首先向我们介绍了大小凉山彝族地区的文化简况。彝族"罗罗颇"毕摩鲁成龙也向我们介绍了滇东、滇西地区彝族文化的简况，称自己的先祖曾居四川西北，系阿皮玛罗的子孙，他边讲边唱了起来。

在楚雄彝族文化研究院的文献库房，研究人员欧丽向我们介绍了用玻璃框罩着的古彝文碑谱拓片《罗婺贤代铭》，长3米，宽1米有余，581字，记载了罗婺部世袭土司凤氏从

先祖阿珀阿俄到凤昭(汉名)共14代约350年的历代承袭、祭祀、征战等史事,是一部重要的彝文碑谱,反映了彝族土司融入中央朝廷、接受汉族文化的过程。

下午5时,鲁成龙毕摩还应邀在自己开设的酒店门前草地上,内穿黑衣,外披毛皮斗篷,头戴法笠,手持法铃,口中念念有词地为我们背诵了他自己家族的连名家谱。

11月19日,早餐后我们一行由楚雄奔赴大理市。

上午11时,我们来到大理市东北郊的凤仪北汤天村,前往参观"法藏寺"中的"董氏祠堂",搜集收藏在该祠堂的《董氏族谱碑》(白族)的有关资料。法藏寺比丘住持释惟实向我们介绍了《董氏族谱碑》的有关情况。相传,董氏为国师,向为南诏、大理国统治阶级重用。《董氏族谱碑》共五块,大理石质,每块均高91厘米,宽91厘米,直行楷书,第五块石碑是1991年续修镌刻的,五块石碑非常完整地记载了从唐代董伽罗尤至1991年的43代族人,是大理白族典型的佛教密宗世家。《董氏族谱碑》以碑文形式记载家族世系,是迄今发现记载家族世系最长的碑谱之一。

11月20日上午,在大理市图书馆,大理白族文化研究所原所长赵寅松介绍白族家谱的编修情况。赵说:每年农历七月十四是白族民间祭祖的"烧包节"。小孩跪着念"烧包",念完一个烧一个。"烧包"的过程就是让子孙记住家谱,记住祖先的姓名。

接着,大理市图书馆刘丽(白族)介绍了该馆收藏的白族家谱。

白族家族的谱系有的保存在"墓志铭"中。刘丽建议我们访问大理市博物馆的"碑林",那里陈列有三百多块石碑,其中"墓志铭"占了一半以上。

到了大理市博物馆"碑林",该馆馆长段进明热情地为我们讲解了"故善士赵公墓志铭""太原郡卜篮王公墓志"这两块"碑林"的内容,上面均有谱系记载。

下午,我们驱车离大理市赴丽江市。

11月21日上午9时,我们准时来到丽江市玉龙县图书馆。玉龙县图书馆是中国收藏东巴文献最多的单位。这是课题组第二次来到玉龙县图书馆。

李瑞山馆长将纳西族的"毕摩"和国伟请到了馆里。和国伟今年66岁,是纳西族的"东巴",被称为"智者""活佛",是纳西族的祭司和高级知识分子。和国伟讲,在玉龙县十多万纳西族人中,约有十个"东巴",他每年参加各种祭祀礼仪活动达二三十场。

紧接着,我们驱车来到了和国伟的家里。和国伟向我们展示了他在纳西族各种礼仪场合吟诵的诸多经本。我们请和国伟在自己家里吟诵本家族的口传连名家谱。到和国伟,共计18代。

下午,我们参观了雄伟壮丽、规模宏大的木府博物院。

　　11月22日上午,我们造访了位于丽江黑龙潭公园内的东巴文化研究院。会议室里,当我们表明调研意向时,李德静院长说:巧了,近几天我们院里正对一位纳西摩梭"经师"阿公塔进行采访,整理摩梭经文。于是当场就请这位摩梭经师来到会议室。

　　摩梭人阿公塔,丽江宁蒗县拉伯乡加泽村委会油米村人,44岁。

　　应我们要求,阿公塔背诵了油米村自己家族阿氏的8代世系。

　　丽江东巴文化研究院院长李德静分析说:用东巴文写就的家谱多半藏匿于东巴经中,与家属迁徙的历史糅合在一起。在丽江城里,纳西族人已改用汉字来修家谱;只有在偏远的山区才用东巴文写家谱。

　　下午3时,我们如约来到位于丽江古城木府后人开设的茶店,木光老人已在茶几边等候我们。作为木府嫡系传承人的木光,系云南省政协第七、第八届常委,虽已88岁,但精神矍铄,思维清晰。

　　木光老人概述了木氏家谱的情况,回答了我们的一些问题。

　　访谈结束后,木光女儿木志玲赠送了我们两册《木府风云录》。

　　11月23日上午8时半,我们坐车由丽江赴宁蒗县,中午赶到宁蒗县。这是课题组第二次来到这里采访泸沽湖女儿国的母系谱牒资料。

　　宁蒗县文管局局长张达峰(彝族)、图书馆馆长杨跃(纳西族)热情地接待了我们。交谈时,张达峰介绍了自己家的连名口传家谱,说他家是属于大小凉山的黑彝,从四五岁开始就学习背诵本家族的世系,凉山彝族男子将背诵本族系谱作为立足于社会的基本条件之一。然后他背诵了自己的18代家谱。

　　下午4时半,我们来到了仰慕已久的泸沽湖女儿国。放下行李,我们就在泸沽湖边对两位摩梭人进行采访。一位是汝亨家族的老祖母汝亨·宾玛拉错,已七十多岁,另一位是被称为泸沽湖"能人"的格则·多吉,五十多岁。

　　我们请她俩介绍家族世系传承情况时,她们说:这里由老祖母掌权,传女不传男。虽然没有文本式的家谱,但口耳相传,一般都能记住本家族世系的传承。于是我们就请她们回忆,笔录了她们两个家族的母系世系传承表:《云南省宁蒗县永宁乡摩梭格则家族母系世系表》和《云南省宁蒗县永宁乡摩梭汝亨家族母系世系表》。

　　这两份世系表和2012年赴女儿国调研的《云南省宁蒗县永宁乡摩梭彩塔家族世系表》,是当今存世的三份十分珍贵的母女口传家谱世系表。

　　11月25日上午,我们由丽江机场坐飞机返回上海。

　　付鑫鑫报道本次调研的文章《彩云之南,民族交融自古有之》刊2017年1月4日《文汇报》。

邀云南丽江市玉龙县图书馆李瑞山馆长等来上海图书馆进行文化交流活动

时间：2017年2月16日至20日

来沪访问人员：王水乔（云南省图书馆馆长）、李瑞山、和丽军（纳西"东巴"）、玉龙县图书馆馆员4人

2月17日上午10时，由上海图书馆、云南省图书馆和云南丽江市玉龙县图书馆在上图目录大厅共同主办的《圣灵之光——纳西族东巴古籍文献与丽江古代绘画展》开幕。云南省图书馆馆长王水乔和上海图书馆副馆长周德明先后讲话，热烈祝贺展览开幕。开幕式上，纳西族"东巴"和丽军抑扬顿挫地朗诵了《祈福经》。

展览会上，共展出17幅东巴字画、20件实物、40多块展板，琳琅满目，内容丰富，充分展现了东巴文化的科研价值和艺术价值。

玉龙县图书馆馆长李瑞山介绍了"东巴"和丽军。和丽军是家族祭司第17代传人，他将书法、舞蹈、绘画、歌唱融为一体，一直传下来。他的汉名叫和丽军，纳西东巴名为阿恒东塔。他会背诵各种经文。和丽军现场背诵了本家族的《颂祖先经》，也即口传家谱，共35代。

开幕式上，和丽军将用5天时间书写的东巴文《祈福经》赠送给上海图书馆。和丽军还应接不暇地书写东巴文书法作品，赠送给现场读者，让上海人民领略东巴文化的独特魅力。

2月18日上午9时半，我们来到上海图书馆目录大厅，进一步对和丽军进行采访。

和丽军介绍自己：我是1972年出生的，三四岁的时候，爷爷就培养我做他的接班人。爷爷是家族第16代"东巴"传人，我就成了第17代传人。照理，爷爷应该传给我父亲一辈，但当时处于"文化大革命"，于是就跳过一辈，传了我。我从三四岁起，爷爷就教我识东巴文，写东巴字，还要学手艺，如用泥捏着做菩萨像，学习很辛苦。我长大后，就成为第17代"东巴"传人，应邀参加各类法事活动。包括红白喜事、祭祖、祈福、医病等，有时还要祭祀神灵、祭祀大自然神灵等。几十年前，纳西社会很闭塞，"东巴"地位很高，能与神打交道，是纳西族最有文化的人，受人尊敬，参加法事活动的报酬也较高。现在纳西继续"东巴"工作的人少了，地位也低了。现在消息灵通，人们生病去医院，不来请我们念经文了。我虽然也应邀参加法事活动，多的给几百元，或数十元，或给些食物，有的不给。所以我平时还要参加农业生产等才能维持生活。我有两个小孩，大的女儿已读大学，小的儿子已读高三，我虽然挂名为西南民族大学的客座教授，但儿子就反对我从事"东巴"

活动。我今后将"东巴"接力棒传给谁呢？真是一件揪心的事。

付鑫鑫报道本次活动的文章《东巴文：活着的象形文学——纳西族东巴古籍文献与丽江古代绘画展在上图举行》刊2017年2月20日《文汇报》。

赴云南调研

时间：2017年4月9日至21日

调研人员：王鹤鸣、陈建华、王洪治、吴建伟、王祎、冯凤珍、付鑫鑫

4月9日，我们一行7人赴云南调研，约下午2时抵达西双版纳。晚上6时，与州图书馆馆长周杨鑫等共进晚餐。席间，周馆长介绍了近几天的安排，重点介绍了傣族家谱的编修情况。

4月10日上午8时半，州馆周杨鑫馆长、依旺叫副馆长（傣族）等前来皇冠大酒店，我们一起前往州政府内的档案局查阅家谱。

接着，我们来到位于市中心的州图书馆。周杨鑫馆长在阅览室与我们进行了座谈。

下午我们前往州民族博物馆参观，并对馆长岩坎翁（布朗族）进行了采访。

4月11日午餐后，在州馆周馆长等陪同下，驱车1个半小时，到达景洪县勐龙镇曼飞龙村波岩敦（傣族）家。

波岩敦，86岁，身份证上名字为岩罕叫。退休前在景洪勐龙公社农科站工作，是农科站站长。波岩敦对附近乡镇的傣文文献颇有兴趣，十分喜欢搜集傣文历史资料，抄录有三本珍贵的傣文历史资料（《召法龙磨罕》《傣泐历史》《大勐龙历史》）。从家谱角度言，最重要的是《召法龙磨罕》，该书保存了有关傣王的世系资料。

4月12日上午10时，我们离开了皇冠大酒店，坐长途汽车，下午近6时才到达西盟，车上坐了整整7个小时。途中以昨天超市购买的面包、牛奶、香蕉充饥。

普洱市图书馆馆长李光泽（彝族）和西盟县图书馆馆长李有兰在车站候接我们。

4月13日上午，两位李馆长与我们一起驱车奔赴勐卡镇娜妥坝村。约11时半，我们到达了位处边境的娜妥坝村。

午餐后，我们来到云南省佤族历史文化传承人岩聪的家里进行采访。

岩聪是佤族的"巴猜"（祭司）。他是个能人，住所房墙四周挂的锣、鼓、笛、琴等76件乐器均为他本人制作。

我们说明采访意图后，岩聪坐在沙发上，为我们先后演奏了独弦琴、口琴、横笛、竖笛、佤笛、竖笛（另一种）、胡琴（佤族称"司格罗"）等7种乐器，吹奏的是祭祀的曲子。

接着，岩聪介绍了自己家族的情况，说佤族十分重视家族世系的传承，佤族没有文

字,有自己的语言,几乎每个家庭都会背诵自己的家族世系。于是我们请他背自己的家谱。岩聪非常流畅地背诵了自己29代的家谱。

岩聪告诉我们,他是1960年出生的,到5岁的时候他爸爸就开始教他背家谱。

他有一个女儿,今年12岁;一个儿子,今年11岁。女儿8岁时就开始教她背家谱。应我们邀请,他女儿来到我们采访现场,坐在爸爸岩聪旁边,也非常流利地背出了29代家谱。

岩聪告诉我们:佤族男女都要背诵本家族的谱系,本村有两百多户人家,其中佤族人家大多会背自己的家谱,老人都会背,有的年轻人就不会背了。

下午5时,在西盟李有兰馆长安排下,我们又采访了佤族著名乐师岩兵。

4月14日上午8时45分,我们坐租来的面包车向普洱方向前进,下午1时半到达普洱市。简单用餐后,我们对正在普洱市开会的西盟县文体局副局长岩峰进行采访。

他介绍说,佤族基本上每家都会背家谱,这与佤族同姓不能结婚的习俗有关。男女双方订婚时,双方要背家谱对谱,如属于不同姓则可结婚,若属于同一家族就不能结婚。我们请他背自己家谱,他脱口顺利背了下来,计29代。

4月15日上午9时,我们驱车离普洱赴红河地区。

4月16日下午2时半,我们来到了红河州图书馆。马慧副馆长接待了我们。退休的绿春县人大副主任卢保和从事哈尼族谱研究已十余年,重点向我们介绍了哈尼族口述家谱有关情况。

卢介绍:哈尼族有200万人,分布三大方言区。其中哈雅方言区和豪白方言区约占哈尼族人口的百分之九十,他们保留了口述家谱的习俗,几乎家家都会口述家谱,多的八十多代,少的十余代、二十余代。哈尼族都是父子连名家谱。现在四五十岁以上的老人一般都会背自己的家谱。

4月17日上午9时,我们驱车参观了西南联大。

下午3时,在州博物馆采访了红河州绿春县大兴镇龙丁村哈尼族"摩批"(祭司)龙元昌。

龙元昌,1956年出生,红河州绿春县大兴镇龙丁村人,是土生土长的哈尼族人,高中学历。平时喜爱哈尼族传统文化。

龙元昌说:我们哈尼族几乎家家都有家谱。我十二三岁读小学时,父亲就教我背家谱。我家家谱:神谱有12代,人谱有48代。他说,神谱只有举行一定的仪式才能背,今天我只能背48代人谱。

约下午4时,我们接着采访红河州绿春县大兴镇广吗村哈尼族"摩批"(祭司)白阿明。

白阿明,1944年出生,今年73岁,是当地的"摩批"、歌手。

白阿明介绍说:三十多岁开始背家谱。我家家谱有六十多代,其中神谱8代,人谱60代。家谱平时是不能念的,只有家中老人去世时,要举行仪式,邀请摩批到场,才能念。今天要我在这里背,我先要告诉一下先祖:因为有远方的客人来,请你们原谅,同意我在这里背诵家谱。

白阿明背诵了自己的60代家谱。

白阿明是个歌手,接着他唱了几段哈尼歌,反映了他的家族是如何从成都地区一路跋涉来到红河地区的。

4月18日上午8时10分我们离开了蒙自,坐租来的面包车到达昆明机场,然后乘下午3时飞机于4时半到达德宏州芒市。州图书馆副馆长杨丹和杨芳(傣族)前来候接。

4月19日上午9时,我们带上行李离酒店,约9时半到达德宏州原州长助理龚能政家里。

龚今年63岁,曾任瑞丽市市长、德宏州州长助理,已退休。他穿了金色的傣族服装,在园子内接受我们采访。

他介绍:龚氏的远祖,可追溯到远古时代的共工。龚氏祖先由中原大地迁到南京。龚氏讲究辈分,有字辈42代,定辈分起名,不会发生叔侄颠倒等混乱现象。一般傣族人家没有家谱,但能背上数代家族世系。

4月20日上午9时,我们在盈江县图书馆馆长冯乾宁等陪同下来到盈江县档案局,万云华局长出来接待我们。

根据我们要求,档案局管档案的同志先后取出了四件有关傣族家谱的档案:1.《历代宗图》;2.《盏达历代刀思忠家谱》;3.《盏西孟氏祖籍顶辈宗图履历家谱序》;4.《干崖宣抚司刀氏傣文家谱》。

11时我们离开档案局,在盈江县午餐后即与杨丹副馆长等一起坐车回芒市。

4月21日中午我们乘12时东航飞机,经停昆明再飞,下午6时半到虹桥机场。

付鑫鑫报道本次调研的文章《滇西南家谱:传承还得过语言关》刊2017年5月28日《文汇报》。

赴浙江调研

时间:2017年4月25日至27日

调研人员:王洪治

4月26日,我在浙江省云和县图书馆对畲族文化传人蓝观海先生进行了采访。

蓝观海生于1943年,"文化大革命"以前的高中毕业生,是县政协委员,也是云和、景宁两县最有名气的畲族文化传人。

蓝先生展示了亲手绘制的畲族祖图。祖图长约15米,由39幅画组成,记述了畲族祖先发祥以及从广东潮阳凤凰山迁徙到浙江云和、景宁一带定居的故事。蓝先生还当场用畲语抑扬顿挫地背诵了畲族的重要古籍《高皇歌》。

赴内蒙古调研

时间:2017年6月7日至18日

调研人员:王洪治

期间,我在内蒙古莫力达瓦达斡尔族自治旗和海拉尔市采访达斡尔族家谱并观看了萨满活动仪式及各民族祭敖包活动。

6月11日下午,我在莫旗鄂嫩哈勒都日浅采访了77岁的鄂英祥和他的孙女鄂玲平(内蒙古民族大学大一学生)。鄂英祥展示了他们新编修的族谱。

6月12日下午,我听鄂纳新讲鄂嫩哈勒都日浅的族谱。

6月12日下午,我到沃银柱(绰号老丁)的养马场,沃银柱从保险柜里拿出了家族传下来的用满文书写的原始家谱。

6月17日中午,我在海拉尔会见呼伦贝尔市达斡尔学会会长苏福荣。苏为转业军人,非常干练活跃,担任过旗县的领导,目前担任海拉尔市老龄体协主席。此次采访,获赠《玛布岱家族史》。此书有很高的文献价值,书中有达斡尔玛布岱家族400年17代的满文家谱和汉文家谱。

赴西藏调研

时间:2017年7月23日至29日

调研人员:王洪治

期间,我在西藏米林县查访了珞巴族口传父子联名家谱。旅游局林勇主任全程陪同,先后采访了四位珞巴族朋友,他们背诵了自己家族的口传家谱。

7月24日下午,我在米林县南伊珞巴民族乡才召村采访了副村长达隆玛西(藏名扎西)。他说:我们珞巴族虽然没有文字,但从阿巴达尼开始文化历史悠久,就以我们的族姓来说,祖祖辈辈传承口传家谱。我可以背诵7代家谱。

7月25日下午,我去工布迭牧场,林东(自称82岁,副村长说不实)用珞巴语背诵了自己的家谱。

7月27日是牧人节,上午我应邀到给卢牧场参加活动。当牧场主人达鲁得知我是来搜集珞巴族家谱的,就一口气背诵了自己家族的父子连名家谱,有14代。

7月28日,我在米林县政府职工之家采访了林勇。珞巴族是中国少数民族中人口最少的民族,有三千多人。珞巴族有很多部落,林勇属于博嘎尔部落,族姓炅尼—加勇,生于1974年。林勇说珞巴族没有文字,所以家家户户只能通过口传将家谱延续下去。林勇背诵了自己的10代父子联名家谱。

赴新疆调研

时间:2018年9月19日至27日

调研人员:王洪治

9月20日上午,我来到了木垒县哈萨克族朋友毛凯家。毛凯,62岁,木垒县统计局退休干部。他家是哈医世家,擅长骨科。他向我展示了近年参与编写的哈萨克文书本家谱。该家谱记载了他们扩尼萨达克(匡斯达)家族两百多年前从阿勒泰搬迁至木垒县后14代人的繁衍状况。毛凯说他小时候父亲就教他背家谱,他会背诵7代。

9月27日,我在察布查尔锡伯自治县孙扎齐乡与几位老人聊天谈起家谱,他们都说经常能见到。他们指的家谱就是"子孙绳"(或叫"喜利妈妈"),后来我在锡伯族风情园里看到了"子孙绳"。下午我采访了锡伯族贺文君。贺文君,76岁,退休教师。他花了几年工夫对察布查尔锡伯自治县的6个锡伯族乡挨家挨户调研理清家族脉络,参与编写《锡伯族家谱》(主编贺忠德)。当我问起民间是否有人会背诵家谱,他说锡伯族一般后代不能呼叫前辈的名字,所以乏有背诵家谱之人。

赴四川调研

时间:2018年11月19日至27日

调研人员:王鹤鸣、王洪治、沈思越

11月19日下午,我们三人飞抵成都。

11月20日上午9时半,我们步行至位于市中心的四川省图书馆新馆。在川图七楼的会议室,会见了何光伦馆长等省馆的领导。

10时,四川省民委古籍办公室龙彦主任(藏族)来到川图会议室。龙向我们介绍了全省古籍整理简况,向上图赠送了关于四川彝族、回族家谱资料各一套。

11时,四川省藏文编务院院长降洛堪布应邀来会议室。堪布是讲佛经的老师,在藏传佛教中有较高的地位。他用藏语介绍了该院一套藏传佛教萨迦派家谱。西南民大研究生泽熊拥交翻译。

下午4时,西南民大阿旺老师由其侄儿降措陪同前来在七楼会议室接受采访。

阿旺介绍：青海出版社拟出版《郎氏家族史灵奇宝卷》，其中涉及郎氏家谱。另，他自己编了一套"嘉绒藏族历史文化丛书"，其中涉及八九个土司家族的家谱。

11月21日上午8时半，我们在成都租一辆九座面包车，由川图工会主席姜海陪同，驱车前往四川省藏文古籍搜集保护编务院，约10时到达。编务院院长降洛堪布带我们参观了编务院，并取出昨天谈及的萨迦派世系家谱一含（藏族古籍由藏纸叠成，不装订，两块木板一夹，是为一含）。降洛堪布介绍，一含家谱即写有藏文四十万字，而整套家谱有七、八含之多，记载了8世纪至15世纪该萨迦派的历史。

下午2时半，我们到达汶川图书馆。与易庆馆长、县博物馆馆长罗进勇、文化馆老馆长洪友伦等一起座谈。罗馆长介绍了羌族的历史文化，明清以来，羌族开始修家谱。罗赠《阿坝州碑刻资料辑录》。

座谈会上，我们发现藏族、羌族均有口传字辈排行的习俗。巧的是，参加座谈会的县图书馆的沈铭珠（藏族）、县博物馆的王小荣（羌族）就会背诵口传字辈家谱。

11月22日上午9时，我们在汶川博物馆老馆长汪友伦、汶川图书馆周川副馆长、《汶川文博》的羌族编辑王小荣的陪同下，一起前往茨里村找寻《汶川威州茨哩沟毛氏谱碑》。

费了两个多小时，我们终于找到这块石碑。碑立在一块长方形青石板上，左右有石块围砌而成的土坟包。石碑本体呈长方形。此碑清光绪十三年立，正面记载了毛氏十二世的世系。

在石碑前拍照记录后，我们在茨里村另一头的一间民宅中找到了毛氏后人进行了采访。毛运富是毛氏家谱碑的第十五代传人，本人不识字，但他能背诵本族的字辈排行。笔录字辈为：手举明洪启，万世本泰安。太运庆昌龙，安帮思治国。毛运富为运字辈。

下午，《汶川文博》杂志的编辑王小荣带我们进入了他的老家羌锋村，采访了他的爷爷王治升。王大爷已85岁，是羌族的祭师"释比"，管辖一个地区礼仪祭祀工作。

接着，我们又去王小荣家，对王小荣做了采访。

采访结束，我们又回到汶川图书馆，采访沈铭珠口传字辈。沈铭珠，汶川图书馆馆员，藏族，老家在四川省阿坝州的金川县。沈铭珠的始迁祖沈国俊是由湖北省麻城县来到金川的，在金川定居后，繁衍至今有20代。据沈讲，她15岁时，父亲就教她背字辈：国登玉发正，金文怀慧铭，众诚孝义重，云祖传世坤。沈铭珠的铭字辈正好是第十代，她表示虽然自己和自己的兄弟都还年轻，暂时没有后代，但是仍然愿意遵从祖先的遗制，为小孩按照字辈命名，同时她的旁系家族也是按照字辈命名。现在她的家族正在撰修新的家谱。

11月23日上午9时,我们对阳光谷地酒店保安尚贤义先生进行采访,请其背诵口传字辈,介绍家族渊源。

接着,我们驱车离汶川前往桃坪羌寨。寨内居民住房皆石头建筑,且住房相连,互有暗道相通,整个羌寨像个大堡垒。我们首先采访了羌族妇女周琼花(64岁,本名周育琴),请她背诵口传字辈。

在采访完周琼花以后,村民告诉我们私立羌族文化博物馆的筹建人王嘉俊回来了。王嘉俊,77岁,知识分子,经历比较坎坷,但深受当地居民的爱戴,曾经获得过许多荣誉。他介绍了自己家族的历史,并取出了他保护多年的《王氏族派》向我们作了展示。这是宣统三年由其祖父编写的手抄本。

下午我们回到县城采访董加福。董加福的家是一栋三层楼四百平方米的小楼。董加福向我们展示了《董氏宗谱——郭主簿支系续谱》,这是一本羌族的董、郭两姓同源谱,为打印本。

11月24日上午9时半,我们驱车赶到了三江乡的照壁村,寻找《三江刘氏百代兴隆碑》。这块碑在当地很有名气,位置在大路边的小山包上。《三江刘氏百代兴隆碑》西坐山而东面水,碑身呈长方形。在石碑的正中央,用大字书写"本音刘氏门中历代先祖昭穆宗亲之墓百代兴隆",周围则用小字写下了家族源流与世系。采访碑址所在责任地的户主周茂海老先生,今年79岁,是农村会计师,现在三江镇政府工作,住照壁村二组。据周茂海老先生介绍,照壁村历史上为汉藏交处,周为嘉绒藏人,这块刘氏百代兴隆碑系属于藏族的石碑。

下午1时,我们驱车来到都江堰市,在一茶座里采访了蒋永志。蒋70岁,都江堰市非物质文明办主任、编剧、作家,是研究羌藏族文化的专家。

11月26日上午9时半,在川图七楼会议室我们采访了阿坝州地名办、宗教局负责人李茂。李75岁,藏族人。他说,藏族土司有家谱,一般百姓无。羌族有口传字辈习俗,与其作为游牧民族从北方迁来有关。与李一起接受采访的还有马尔康市草登寺院拉麻石高让。

上午11时我们乘车来到省古籍办,向龙彦主任介绍赴汶川调研情况。

下午4时10分,省国土资源厅处长、藏族专家红音来到金河酒楼接受采访。

11月27日下午我们乘飞机回上海。

付鑫鑫报道本次调研的文章《藏羌家谱里的民族融合》刊2019年1月6日《文汇报》;《羌族家谱中发现汉族文化元素》刊2019年3月8日《中国民族报》;《藏族土司家

谱：为国家服务的见证》刊2019年4月5日《中国民族报》。

赴贵州、广西调研

时间：2019年1月26日至2月8日

调研人员：王洪治

早在2016年，我在黔东南州寻访时认识了贵州大学水族大一学生潘先作，他告诉我其堂兄潘先文家里有水族家谱，所以这次到贵州首先奔着水族的家谱。1月27日午后，我在贵州剑河县南加镇潘先文家见到了《潘氏族谱》。此谱共7册，完成于民国二十二年（1933），记录了潘姓55代人的传承关系。此谱把宋朝潘仁美奉为先祖，所以谱中有文为潘仁美辩诬。

潘先文还告诉我，他们水族各个家庭都非常重视家族的传承关系，所以多数人会背诵家族的字辈排行，随即他给我背诵他们的字辈表。

1月29日，我住到了贵州省黎平县平架村侗族文化传人杨昌奇的家里，受邀参加他侄女的婚礼。（来贵州前，我与杨昌奇联系，他说侗族有记背家族辈分的习惯）婚礼后，我和杨昌奇来到鼓楼，用摄像机记录杨昌奇背诵14代字辈谱。当时鼓楼里坐满了人，看到我的采访，纷纷表示他们也会背字辈谱并且跃跃欲试，于是我又请了3位来背诵：吴学良（58岁）背吴姓7代谱，石开运背石姓10代谱，龙万昌（56岁）背龙姓8代谱。贵州黔东南主要少数民族为侗族、苗族等，他们相互影响，保持了背诵自己家族字辈排行的文化习俗。

2月1日，我到广西环江毛南族自治县拜访博物馆谭家乐馆长（毛南族，兼文管所长）。当他得知我的意图后，非常热情地给我拷贝了电子版《毛南族谭氏碑谱》的照片和拓片。

2月2日下午，我通过下南乡政府找到了波川小学谭志德校长，请他介绍校园内的《谭氏碑谱》，并拍照和录像。

2月4日，我来到广西罗城县。5日（大年初一）仫佬族朋友带我去串门找碑谱。我们来到东门镇下凤立屯，村长潘林著很熟练地绘制出7代塔形图和14代辈分表。之后又用车拉着我们到红珠山脚下看潘姓下凤立屯分支第一代仲攀的墓。墓碑立于咸丰五年（1855），上面刻有7代人的谱表，与潘林著的7代谱一致。

2月6日，我到罗城县东门镇中石村采访仫佬族银宏智。他参与编写过《银氏族谱》，正在续编新版。

2月7日，我到四把镇新村屯探望复员军人谢福平（十多年前曾经采访过他），他带我爬上山头看祖坟，并告诉我祠堂里有谱碑。因天色已晚，祠堂也不能随意开门，只能无功而返。

赴贵州调研

时间：2019年3月20日至30日

调研人员：王鹤鸣、王洪治、吴建伟、冯凤珍

3月20日，我们一行4人搭乘吉祥航空班机飞赴贵阳。

3月21日上午，我们拜访了贵州省图书馆领导。

下午，我们借贵州省图书馆会议室召开专家座谈会。出席者有贵州民族大学李锦平，贵州大学杨志强，贵州师范学院胡展耀、宋汉瑞、胡雪芳，贵州民族大学研究生文波6人。大家就贵州少数民族家谱文化各抒己见，为调研工作建言献策。

3月22日上午，我们乘高铁赴凯里市。10时下车后即至黔东南民盟工委会议室，参加"黔东南地区少数民族原始形态家谱抢救与整理研讨座谈会"。出席座谈会的有州图书馆馆长肖伟、凯里文物局局长徐德海、民盟工委黔东南工委专职副主委唐荣成以及天柱县吴、杨、顾、王、罗五姓氏会负责人。

我们下午至凯里学院，与凯里学院教师李斌、顾永昌、龙泽江、吴才茂、姜明等进行交流。李、龙、吴、姜等对清水江区域的民族情况和存世家谱提供了若干线索。86岁的退休教师苗族顾永昌教授不顾年事已高，花了十多年时间，整理出顾氏相关资料，并当场流利背诵了本家族的字辈排行和子父两代并列逆推的14代连名家谱。顾介绍：十多岁时，由大伯父向其传承口传连名谱，一直牢记至今日。

3月23日上午8点半，我们从凯里出发，驱车2个小时前往台江县反排村采访台江县报效小学教师唐卿。同行的有协助我们采访的贵民大两位苗族研究生文波与李玲。同时前往的还有唐荣成和州图的两位工作人员。

反排苗寨，地处台江县城东南面，距县城26千米。有413户10个村民组，是全国第一批入选中国传统村落的苗族古村落，拥有木鼓舞艺术之乡的称号。

在唐家屋后的空地上赫然立有一块碑谱《西家家谱碑》，是2018年春节立的，列有西家家族世系共19代。

听说唐卿爷爷辈银雷是反排的巫师，于是我们就赶往巫师所在村庄进行采访。

银雷是苗名，汉名杨通祥，是当地的巫师（鬼师）。

银雷介绍，他的家族已有三千多年历史了，经历了一百多代。说着，他当场熟练地将口传家谱背了下来，计38代。

银雷说：家谱口授心记是从父亲那里学来的，7岁时，其父就要他背家谱，一直牢记

到今天。苗家口传家谱平时一般不背,到兄弟分家时,就请他出场背家谱,使分家兄弟能记住自己的老祖宗。

3月24日上午8点半我们从凯里出发,驱车前往丹寨县南皋乡竹留村,这是文波的家乡。就读贵民大的文波,其硕士论文就是《竹留苗族口传家谱研究》。

竹留苗寨,苗岭山脉深处一个苗族群体聚集而居的传统村落,位于丹寨县东北部,距丹寨县城50千米,距凯里市区30千米,由上寨、中寨、下寨三个自然寨组成。

接受我们采访的是文波的伯父文开荣及叔父文开明。

文开荣是竹留小学的校长,已66岁。他是搜集编修本族家谱的热心人,编撰完成了竹留文氏家族世系表。应我们的要求,他当场背诵了本人一支共计16代的世系。

文开明,苗族,竹留苗寨村民,背诵了14代口传家谱。

他们介绍说,家谱平时一般不背,只是祭祖时背,也只背诵两三代,追溯至祖父而已。

3月25日上午8时半,我们驱车来到雷山县风景区西江千户苗寨,参观雷山苗族博物馆。该馆为北京中央民族博物馆的分馆。侯馆长赠《蚩尤魂系的家园》《西江溯源》《西江苗寨的传说》。

下午1时许,我们访问了86岁的小学教师宋光和,获赠《西江轶事拾掇》。

采访宋结束后,无意中从陪同我们采访的宋的孙子宋黔华得知在附近山上有一块碑谱,遂同往勘察。该碑立于2007年3月27日(农历二月初九),系你、顾、龙三家共立。你姓后改为李姓。碑谱世系中包括女性。

我们接着驱车来到雷山县文化馆,馆长龙世忠请研究苗族文化的专家唐千武(《蚩尤魂系的家园》一书作者,苗族)来与我们见面。唐今年76岁,退休前为雷山县民族中学教师,苗名“喜农往”。唐介绍了雷山地区苗族家谱文化的有关情况。由唐千武主编的《蚩尤魂系的家园》(贵州人民出版社2005年版)第一次向世界公布苗族始祖蚩尤与其后裔长达285代的子父连名世系谱等许多宝贵资料。

3月26日上午8点半,我们离开凯里前往天柱县调研苗侗碑谱。天柱县人大副主任王兴友,政协副主席潘英,文史委员会主任吴国才、秦秀强等陪同前往蓝田镇都甫村现场查看杨氏宗派碑。

在旧碑旁重立一复制的新碑,文字相对清晰。据实地考察,纠正了《天柱古碑刻集释》中3处录文错误。

天柱县其余两块碑谱则因山路崎岖,我们请秦秀强主任寄送拓片。

我们下午前往社学乡田心村考察王氏宗谱和宗祠。接待我们的王瑞钺,1983年生。

"王氏总祠"始建于道光五年,后毁于兵燹,光绪三十一年重修,2003年又再次修缮。与安徽徽州、江浙地区庄严肃穆的祠堂不同,这座"王氏总祠"巍峨壮观,门墙画有精美彩图,麒麟、各种花草鱼虫及历史人物均惟妙惟肖,逼真传神,带有明显的南方祠堂文化特色。"王氏总祠"被列为第七批全国重点文物保护单位。

王氏也能背字辈口传世系。71岁的王氏总祠族长王家湘应我们要求,比较通顺地背了44代字辈谱。

3月27日上午8点半我们出发到坌处镇考察祠堂文化。到了坌处镇三门塘,镇党委副书记胡国锦和吴国才、秦秀强等陪同采访。

三门塘为清水江畔一古老侗寨,相传数千年前王、严、谢三姓迁入此地,各立门户,故名三门塘。此地祠堂建筑很有特色,有1908年建造的"王氏太原堂",中西合璧的"刘氏宗祠"更引人注目。

餐后我们返天柱县,乘高铁到安顺市。

3月28日下午,我们参观了安顺文庙、武庙、王若飞纪念馆,均为全国重点文物保护单位。

3月29日下午我们到安顺市。

3月30日我们乘大巴到贵阳机场,再乘吉祥航空返上海。

赴辽宁、吉林调研

时间:2019年5月24日至31日

调研人员:王洪治、沈思越

5月24日上午11点50分,我们乘坐飞机从上海浦东机场飞往沈阳。

5月25日上午9点30分,我们出发前往位于沈阳市北郊的锡伯族博物馆。

这座博物馆有三个主要展厅。第二展厅的"家族家谱"展区,展品有两张谱单和一些谱书,大多都是当代新修的。

接下来,我们看到了锡伯族的"喜利妈妈"索绳。这根索绳悬挂在展示锡伯族民居室内景象的模型上,是由新疆察布查尔方面捐赠的。整根索绳长17.64米,象征了1764年锡伯族自家庙出发开始西迁的年份。虽然这根索绳是仿品,但是仍然有一定的参考价值。

离开锡伯族博物馆后,我们立刻赶到位于市中心皇寺路的锡伯族家庙。

锡伯族家庙,又名太平寺。是康熙年间由居住在盛京的锡伯族人集资修建的。据说这里就是锡伯族西迁的始发地,当时迁往新疆的锡伯族人就是在这锡伯族家庙中拜别祖先出发前往新疆的。但由于该家庙正处在扩建开发阶段,陈列室十分狭小逼仄,展品中没有谱单,仅展出一个曾经藏有谱单的木盒子,也未见"喜利妈妈"索绳。

5月26日,因午后有阵雨,我们趁上午天晴走访了位于沈阳南部浑南新区的辽宁省博物馆、图书馆新馆。

5月27日上午,我们从沈阳出发赶往四平,于下午3点30分来到了位于四平的吉林师范大学。在该校于洋老师的带领下,我们参观了位于该校园十一号教学楼地下一层的满族博物馆。

展馆的萨满文化区中存放着一根"子孙绳",这根"子孙绳"约有五米长,可以清晰地看到布条、小弓箭、嘎啦哈等指示物。

接着于洋老师陪我们观看了一些有特色的谱单。其中有三件谱单颇具代表性:第一件是满族吉林徐氏谱单;第二件是九台董氏谱单;第三件是九台张氏谱单。

十一号教学楼七楼是吉林师范大学馆藏家谱的书库。书库规模相对不大,约五十平方米,所藏家谱大部分是复印件和新谱,但也有部分老谱和谱单的原件。

5月28日早晨6点40分,满族研究所许淑杰所长趁早上开会之前先来与我们一晤。由于时间比较紧张,我们只能就"子孙绳"的问题向许淑杰老师请教。

下午4点,我们赶到长春市赵东升教授家。赵东升老先生是一名满族教授,对满族谱单十分了解。

据赵东升了解,满族谱单主要分布在辽宁和黑龙江,吉林地区极少。

但是赵东升的家族是一个例外,在赵家中就藏有一张谱单。赵家本姓乌拉纳喇氏,祖居吉林,从始祖传至如今已经有二十余代了。这张乌拉纳喇氏谱单系满文布制谱单,是光绪年间以1比1比例仿制顺治老谱单,约长3.2米,宽2.2米,制作华美。这块谱单主要分为两个部分,上半部分是彩绘谱头,下半部分是世系。

5月29日中午,我们自长春出发前往九台,下午与石文继先生碰面。石先生向我们赠书一本《九台锡克特哩氏家祭掠影》。

5月30日上午我们前往小韩屯,参观石氏(锡克特哩氏)新建谱房"双喜老宅"。该房虽然是新建的,却保留了很多老谱房的建筑风格。新谱房子计划修建成一个四合院,目前只修了其中三面,其中南面为照壁及大门,北面为谱房主体建筑,东面与西面未建成的部分为厢房。

下午,我们到达吉林市拜访汉族八旗后人张荣波先生。

张荣波的家族本来是汉族,因贩卖人参迁入关东,后因作战有功,加入了汉八旗编制。张荣波作为老谱续修的参与人和新谱续修的主持者,对续修谱单的整个一套工作流程和习俗有全面的了解。

5月31日下午,我们乘坐飞机返回上海。

赴内蒙古调研

时间:2019年6月15日至18日

调研人员:王洪治

6月16日,我经内蒙古莫力达瓦旗经达斡尔族朋友巴雅尔老师介绍,采访旗人大退休干部武黎明先生。武黎明,63岁,鄂温克族。他家藏有1945年重修的《鄂温克族武力斯哈拉族谱》谱单。此谱记录了自清朝顺治年间至1945年共14代816人。

6月17日,经巴雅尔老师的联系,一早鄂温克族萨巍巍(莫旗退伍军人事务局工作人员)带着自家的族谱谱单(新版)来到我住宿的宾馆,向我介绍他们编修的《萨玛依热都拉斯勒哈拉族谱》,并将该书赠上海图书馆。

邀上海市民委一处阿扎提处长来上海图书馆与课题组成员座谈

时间:2019年6月18日上午

地点:上海图书馆贵宾室

参加座谈人员:王鹤鸣、陈建华、吴建伟、沈思越

为做好8月下旬赴新疆调研准备工作,我们邀上海市民委一处阿扎提处长来上图与课题组成员座谈。

阿扎提先生是哈萨克族人,原在新疆民委古籍办工作,五年之前调任上海市民委工作。在编写《中国少数民族家谱通论》时,曾请其撰写哈萨克族家谱一文。他向我们提供了哈萨克族普遍能背诵7代口传家谱的信息。

阿扎提了解了我们调研的主要需求后,向我们推荐了一位知名的非物质文化遗产传承人——哈孜木·阿勒曼。这位老先生已90岁高龄,居住在新疆阿勒泰地区福海县库克阿哈什乡,据说可以背诵一百多首哈萨克族的文化长诗,其中包括一些哈萨克家族的历史与家谱。

阿扎提又向我们推荐了新疆民委古籍办工作的胡安。其父是当地知名作家,所以他和许多文化人士有过接触。阿扎提和胡安很相熟,约定如我们定下日程,他就先通知胡安做好接待准备。

交谈中,我们突然问道:"既然哈萨克族每个人都能背诵祖上7代家谱,那阿扎提先生,您是不是可以背诵一下你的家谱?"阿扎提稍微推辞一番就背诵了。我们请阿扎提

把他背诵的家族祖先名字写在纸上,方便我们记录。于是阿扎提就将他背诵的祖上9代人的姓名写了下来。

阿扎提解释道,口传家谱很容易忘记或记错,为了防止这样的情况,就把祖先的名字编成了一首便于朗读背诵的诗,只要记住了这首诗,就不会忘记自己祖先的名字了。

赴新疆调研

时间: 2019年8月20日至31日

调研人员: 王鹤鸣、陈建华、王洪治、沈思越、冯凤珍

8月20日上午,我们一行5人乘坐吉祥航空由上海虹桥机场出发,飞抵乌鲁木齐地窝堡机场。入住之后,我们立刻联系了新疆维吾尔自治区民宗委古籍办公室副主任胡安。胡安当晚即在乌鲁木齐南公园与我们会面,商量了本次在新疆调研的相关事宜。

8月21日11时,我们赴新疆维吾尔自治区图书馆参观。图书馆古籍部的田晓丽带领我们参观了该馆的古籍收藏。参观之余,我们与该馆员工进行了一些交流。他们给我们提供了一些家谱的线索。自治区图书馆新馆仍在建设当中,离开馆试运行还有12天。

下午5时,我们赶到位于青年路270号的新疆维吾尔自治区民委(宗教局)。胡安邀请了和民委有联系或者在民委工作的各个民族的代表与我们座谈。

胡安全名胡安德克·阿布旦拜,生于当地的文化世家,与很多哈萨克族的文化名人有联系。他的父亲经常教他背诵家族的一百代世系,胡安小时候可以背出其中的50代,如今虽时日已久,但仍然可以背诵十多代世系。

在哈萨克族的传统中,背诵世系是一件很常见的事情,成为家庭教育的一部分。哈萨克族的小孩三四岁的时候,他们的父母就开始教子女背诵家族世系,所以一般的哈萨克人在他们五六岁时便可以背诵至少7代世系。

哈萨克族男女结婚前,也需要背诵自己家的7代世系,以核对是否是近亲。

哈萨克族在很长一段时间中只有语言没有文字,直到20世纪80年代才根据阿拉伯文创造了哈萨克文,所以家谱以及许多哈萨克的民间文学都是靠口传来延续的。

参加座谈的嘎力敦是胡安的领导,蒙古族。他说,新疆的蒙古族与哈萨克族相交融,习惯以口传的方式记录家谱和历史。据嘎力敦所言,背诵自己的家谱一方面是防止近亲结婚,一方面还用于验证亲戚的身份。

富永生是乌鲁木齐达斡尔文化交流协会会长,今年56岁,是达斡尔金科尔部落的一员。他主要向我们介绍了达斡尔族的东归历史。

富永生说,他们家原有一张谱单,书写在黄色的丝绸上,可惜在"文化大革命"中被

毁坏了。所幸富永生的爷爷很有文化,凭布票购买了一幅大白布,将谱单的内容默写在白布上。富永生根据这一张谱单,重新制作了他们家的家谱。

为了使自己的家族谱系更为完整,富永生前往内蒙古莫力达瓦达斡尔族自治旗,找寻自己的家谱,结果在莫力达瓦的达斡尔大谱单中,找到了他们家族的一世祖,将家族的历史往上推进了6代。

葛维娜是自治区民委(宗教局)古籍办的员工,本身是锡伯族,也是锡伯古籍的研究员。她直接向我们赠送了她的论文——《锡伯家谱,民族遗珍》。论文中讲述了她下乡走访时见到的锡伯族家谱与听到的关于锡伯族家谱的故事。

8月22日上午,我们参观了新疆维吾尔自治区博物馆。

8月23日,我们整理了采访资料。

8月24日上午7点,我们从乌鲁木齐市出发,乘坐南航航班飞至阿勒泰市,随后参观了阿勒泰地区图书馆。在返回宾馆的公交车上,我们遇到了一位哈萨克老人。经过简单的交谈,老人说他就可以背诵自己祖上7代的家谱,手机中还存有一些祖先画像的照片。与老人的交谈引起了周围乘客的注意,乘客们纷纷表示自己可以背诵自己的7代家谱,其中还包括一名二十来岁的哈萨克青年,足见哈萨克族背诵7代口传家谱的文化习俗在当地非常普遍。

8月25日,经过胡安的联络,我们与阿勒泰地区福海县统战部取得了联系,采访了福海县当地的非物质文化遗产传承人——哈孜木·阿勒曼。

哈孜木自称是1926年出生(身份证登记是1932年),他的父亲是一位宗教人士,十分重视子女的文化教育。

哈孜木简要介绍了他的经历后,向我们讲述了哈萨克族的口述诗歌。

随后,哈孜木给我们背诵了一段关于阿勒泰历史的黑撒节选。据陪同翻译的福海县教育局干部,也是替哈孜木申报非遗的扎曼别克补充说,当时为了抢救非物质文化遗产,中国社科院曾经派人来找哈孜木,记录他背诵的口传诗篇。工作小组请哈孜木每天背诵8小时,结果哈孜木连续背诵了29天,还没有将他所记的诗篇背完。新疆人民出版社也曾经整理出版了《哈孜木演唱精髓》一书,一套四册。

结束采访前,哈孜木应我们的邀请熟练地背诵了自己的7代世系。

8月26日,我们走访了当地博物馆,整理了采访资料。

8月27日,我们乘坐华夏航空由阿勒泰起飞,经停塔城飞抵伊宁市。访问伊犁哈萨克自治州图书馆。马静馆长接待了我们,为我们接下来在伊犁的采访作了安排。

8月28日上午9时半,我们从图书馆附近出发,到了察布查尔县的图书馆。等候我们的除了赵亚玲馆长,还有文化馆的顾明丽老师。此行的第一站是孙扎齐镇。孙扎齐镇,原名孙扎齐牛录。此地是当年锡伯族西迁新疆的第五营地。我们在孙扎齐镇找到了关文明。

关文明,1938年出生,已83岁,原在伊犁州新华书店工作,业余的兴趣爱好是搜集锡伯族家谱,并为锡伯族修编新家谱,至今已经搜集了六十多种锡伯族家谱。

关文明向我们展示了他的收藏,一共是几本大书和七叠文件袋。几本书中,有一本是关文明搜集到的关于锡伯族的《清实录》摘抄;一本是关文明的《锡伯族文化志》书稿。七叠文件袋的每一个文件袋都有几种锡伯族家谱。收藏的锡伯族家谱少部分为谱单复印件,大部分是关文明自己抄录甚至是修编的手抄本。旧谱单仅有一件。

我们还向关文明了解了锡伯族修谱的有关习俗以及"喜利妈妈"索绳的相关情况。

关文明向我们出示了一本匈牙利文的书籍《锡伯族的家谱》的样书,这本家谱由匈牙利女学者查耶客(Sarkozi)编著,预计于明年在匈牙利出版。关文明介绍,他有很多关于锡伯族家谱的资料,但是是用锡伯文撰写的,国内出版极其不方便。恰巧这位女学者对锡伯族有很深的了解,更精通锡伯文字,于是就将自己的书稿交给她,让她翻译并整理成书在匈牙利出版。

访谈后,我们参观了位于锡伯古城锡伯文化风情园内的锡伯族文化博物馆。

8月29日早晨,根据自治州图书馆提供的线索,我们在伊宁市下辖清水河镇采访了郭山林。

郭山林,今年80岁,原在粮食局储备库工作,十几年前退休后,骑上自行车,在伊犁当地挨家挨户地寻访达斡尔族人,编写达斡尔家谱,耗时两年编修了伊犁地区的达斡尔族谱。郭说,他们家族原本有从东北带来的谱单,但是在"破四旧"时被毁了,他也没有看到过。所以他所编写的达斡尔族谱,完全是由他个人调查而新修的。

8月30日,我们走访了当地博物馆。

8月31日,我们从伊宁返回了上海。

赴云南调研

时间:2019年10月13日至18日

调研人员:沈思越

2019年10月13日至18日,我参加了上海图书馆工会组织的赴云南丽江疗养团,顺道对少数民族原始形态家谱进行采访。

14日下午，我来到云南丽江古城以北的黑龙潭公园，公园内有丽江市博物馆、纳西东巴文化博物馆和东巴文化研究所三所机构。当天我随队参观了丽江市博物馆。在第二部分丽江古城中，我见到了清道光年间《木氏历代宗谱》碑拓片。拓片的最上方是这块碑谱的题名《木氏历代宗谱》，接下来是一组奇怪的文字，虽然是汉字，但是意义不明，应该是纳西族东巴文的音译。

16日上午9时，我单独前往黑龙潭公园，参观丽江东巴文化博物馆，出乎我意料的是，这座博物馆有很多纳西族家谱的馆藏。其中《木氏历代宗谱》原石碑即藏于此处。

在东巴文化展厅中，我惊喜地发现一张纳西族谱单。这件名为《东巴祖谱》的谱单，用传统东巴纸制作，用东巴文书写，为东巴和学文家族21代父子连名祖先谱系，非常珍贵。这张谱单明显具有父子连名的特点。

赴贵州、云南调研

时间：2019年11月7日至14日

调研人员：王鹤鸣、吴建伟

11月7日，应贵阳师范学院邀请，王鹤鸣、吴建伟两人乘坐MU9457航班参加8日在贵州举办的第四届哲学社会科学智库名家贵州学术年会暨中国山地民族家谱文化研究前沿论坛。此次学术会议由贵州省社会科学界联合会、中国人类学民族学研究会山地民族研究专业委员会主办，贵州省高等学校人文社会科学研究基地贵州师范学院中国山地文明研究中心、贵州师范学院历史与档案学院等单位承办。

11月8日，来自上海图书馆、复旦大学、东北大学、南开大学、广东嘉应学院、贵州大学、贵州民族大学、贵州应用技术工程学院、贵州凯里学院等十余家学术机构的二十多名专家学者，以及贵州师范学院约30名师生代表参加了会议研讨。王鹤鸣研究员做了主旨演讲《少数民族家谱为中华民族形成提供第一手资料》。主旨演讲后，会议进入分场讨论环节。吴建伟主持了第一场讨论"中国山地民族家谱文化研究的回顾与展望"，并在第二场讨论中发表了《民国以前白族碑谱概述》。

11月9日早上5时40分，我们乘坐贵阳师范学院送站的汽车前往贵阳北站，乘由贵阳开往昆明的G2969次列车。抵达昆明南站后，立即乘坐汽车赶往云南考察的第一站禄丰。大约1点半，顺利抵达了禄丰浚琪琳大酒店。禄丰县图书馆馆长陈丽燕已在酒店大堂等候。安顿完行李后，2点由陈馆长指引，我们与禄丰县文旅局副局长李应聪见面，一起驱车前往中村乡峨山村委会。我们经过将近一个半小时的车程，一路颠簸，终于抵达了海拔2 200米以上的峨山村委会德古老村李金美女士所开设的杂货店。

李金美今年37岁。在门口桌子上,我们就看到了李女士所绣的服饰绣件。她说,她从小学时就跟随母亲学习刺绣。据陪同采访的禄丰县文旅局副局长李应聪介绍,禄丰县所居住的彝族属于红彝人,绝大多数居住在禄丰、元谋、武定三县的交界处。在此三县结合部比较完整地保留了服片家谱。

从中村乡回到县城,我们去了李应聪妻子张兰仙开设的红咪兰秀坊。张于2012年被评为禄丰县非物质文化遗产传承人。在店里,我们见到了各式各样的彝族刺绣服饰。我们请李局长背诵自己的家谱,李表示自己只能背4代左右。

通过调研,我们认识到,以前所谓的绣片家谱其实应该称为彝族刺绣"族谱",因为禄丰彝族服绣上的勾连线的图案是同样的,据此勾连线的图案可以区分是否是红彝乃苏人。红彝乃苏人是一个把本族共同标记绣在服饰、绣件上的族群,也可称彝绣是红彝乃苏人穿在身上的"族谱"。

11月10日早上我们启程前往楚雄。中午入住雄宝宾馆。我们与楚雄彝族文化研究院毕摩文化研究所所长何定安联系,约定下午1点半会面。

会面时,何所长向我们详细介绍了彝族系谱文化,称彝族的系谱文化发达而广泛存在。彝族关于人的系谱有先人和圣人的系谱、母系的系谱和父系的系谱。在祭祖大典和驱邪反咒等场景时背诵口传家谱。何所长属于四川凉山彝族。他说凉山彝族必须会背父母家系系谱才能生存,否则寸步难行。他自己可熟练背诵自己的家族家谱,到何的孙子辈为96代。

11月11日上午9点30分,我们有幸在楚雄彝族文化研究院,见到前一天邀约的杨建林副院长、何定安(彝族北部方言)、朱琚元(彝族东部方言)、钱丽云(彝族东部方言)、李福云(彝族中部方言)、施选(彝族南部方言)、楚雄州图书馆华胜刚副馆长等彝族文化研究专家。据何定安介绍,凉山地区公开出版了不少家支谱系书籍。朱琚元介绍了楚雄地区所存彝族碑刻。彝族碑刻最普遍的是将死者的世系人名简单地刻在墓碑上。楚雄地区彝族碑刻主要集中在武定、元谋、禄劝、双柏等地。李福云介绍中部方言有彝文家谱文字流传。钱、施也分别介绍了一些情况。我们去研究院陈列室拍摄了著名的《罗婺盛世贤代碑》拓片。与研究院各位领导、专家道别后,我们立即前往大理。

下午3点多,我们和大理州图书馆馆长李义见面,商量在大理州的采访活动安排。

在李馆长的陪同下,在大理大学旁的寓所,我们拜访了《弥渡古代碑刻辑释》一书的作者黄正良教授。

11月12日上午,我们前往祥云。在祥云县城,我们见到了文管所钱所长,在其指引下，大约将近11点，终于在大波那村敬老院见到了《永垂不朽》碑。

在上溯村王氏祠堂，我们看到了《王氏宗谱》碑。根据现在访查，纠正了一些出版物中录文的错漏。

在城北村西岳庙，我们考察了《木本水源杨姓宗谱源流碑序》。与出版物中的录文进行了对校。

下午5点左右，在弥渡县文管所毕所长的陪同下，我们到达了弥渡县寅街镇头邑村沈氏宗祠，看到了《沈氏宗谱》碑。该碑共八方，记录了11代世系。

到寅街镇武邑村老年活动中心时已接近6点，中心已经关闭。在没有灯光的老式二层木质建构的二楼，我们看到了《师氏宗谱》碑。此系云南弥渡县人师范（1751—1811）家谱。

匆匆告别弥渡，我们在夜色中赶往巍山。与该县文管所字所长见面，请教巍山有关碑谱情况。回到大理城里已经是晚上11点多了。

11月13日上午，我们去本次大理访碑的最后一站凤仪镇。

首先去大丰乐村，在李氏宗祠院内，见到了数块倒卧断裂的石碑，擦拭上面的泥土，可以看到系李杨氏合谱。

在上迎凤村，我们穿越过水塘和杂草，见到了同样破败的赵氏宗祠，拍摄了《德垂后裔》和《赵氏门中历代老幼昭穆宗亲之灵位》碑。

在芝兰村正在修建中的梵净寺中，我们见到了张氏、董氏、万氏灵位碑。据实碑核对了书本录文。

在芝华村汉白二姓子孙殿中，我们目验了康氏灵位碑、各姓门中灵位碑、《教谕康公墓志》三方碑。

11月14日上午，我们去大理市图书馆查阅了明万历七年《李氏祠堂家谱书院义田集录》拓片。可惜未能目睹。下午4点多乘车去机场回上海。

赴广西调研

时间：2020年8月21日至25日

调研人员：王洪治

8月22日，我来到罗城县，当晚与县文联摄影家协会主席张琪琪先生见面，拟定采访计划。

8月23日，张琪琪先生驾车带着我来到罗城东门镇凤立屯潘姓祠堂，见到了祠管会潘保荣和潘国明先生。得知我们的意图后，两位潘先生引领着我们前往乌崆山。

潘才珍墓坐落在罗城县城北十千米的乌岽山上。墓碑立于道光二十二年,碑文讲述墓主是东门镇凤立屯潘姓的始祖,由广东南海番禺县辗转迁来,碑上刻有7代族谱。

完成了潘才珍的墓碑调研之后,张琪琪先生驾车带我来到了罗城东门镇上勒蒙屯潘氏祠堂。祠堂也是屯里小学的所在地,潘常泌先生是小学唯一的老师,他热情地接待了我们。在祠堂里我们找到了潘氏族谱碑。潘老师讲,这块石碑"文化大革命"时被人扔到河沟里当作洗衣石,是好心人找回来的。

2019年春节我在罗城县与银宏智先生交流过,知道他正在编辑银氏族谱,而且他们有碑谱,所以这次来到广西罗城决定再次采访他。他说,银氏是金国完颜氏的后裔,后来避嫌改成了银姓。他们的族规很严,一般不愿意给外族人看家谱,更不让看碑谱。我参观了他们的祠堂。祠堂里有两块石碑,一块是1996年《重修银姓四冬字辈诗碑记》,另一块是2015年重立的《银氏宗祠碑记》,这两块石碑上都刻有60代的字辈表。

赴重庆、湖北、湖南调研

时间:2021年3月25日至31日

调研人员:王洪治、沈思越

3月25日,我们乘坐飞机前往重庆,并在当日下午采访了周兴茂教授。周兴茂,1954年11月生,湖北省利川市人,土家族,重庆邮电大学退休教授。周教授曾在湖北民族学院民族研究所工作,参与了2000年由湖北民族学院副院长龙子建主持的"湖北苗族课题组",跟随课题组对湖北苗族进行了长期全面的观察与研究。

3月26日上午9时,我们在周兴茂教授家中继续对周教授采访。周教授赠送了由其编撰的《土家学概论》。随后,周教授向我们详细地介绍了苗族谱书——"表",还提供了分刻在五张光盘中的四部纪录片——《中国土家族》《土家族跳丧》《苗族椎牛》和《湖北苗族》。其中《湖北苗族》用视频的方式实录了出表入表的仪式。

周老师补充说,"表"这个字是苗语,音近于biao(音近夒,第二声),由他音译为表,同时表即族谱这个概念是由他提出来,苗族本身对此并没有说法。

3月27日,我们乘坐10点26分的火车前往恩施。下午参观了恩施土家族苗族自治州博物馆。该馆为最大的土家族苗族博物馆。

3月28日上午9时,我们由当地教师杨佐忠与感恩中国创办人张仁杰陪同,驱车前往恩施宣恩县。在宣恩县与宣恩当地联系人陈宏超汇合,前往县辖高罗乡的小茅坡营村,会见了村支书冯大华。

冯大华在看了有关"表"的图片和论文后确认,苗族确有这样的习俗,且延续到了今日。

在冯大华引荐下,我们采访了村民冯有德。听说我们想调查的"表"与竹筒有关,冯有德马上说他家曾有一个竹筒,但目前已烧毁了。竹筒是冯有德父亲的遗物,父亲告诫冯有德,竹筒内部封印了那些没有善终的人的魂魄所化成的妖魔鬼怪,以防他们为祸世间。故此,这个竹筒一般只有每年的正月初五才能打开,将其中的鬼怪释放出来,在外界活动一天,或者由掌握法术能沟通神鬼的苗先生开启。当我们问及竹筒内是否有东西时,冯有德说:因为他的父亲告诫他,不允许他打开那个神秘的竹筒,所以他从来没有打开过那个竹筒。但是听说里面有他们家的家谱,不是书,没有字。

3月29日,我们乘坐下午3时的长途汽车前往花垣县。该车是恩施与花垣之间的唯一一趟班车。

3月30日,我们于上午10时半到达周兴茂教授论文中提到的花垣县董马库乡夯寨村。该乡该村现已和周围的乡、村合并,改名为双龙镇鼓戎湖村夯寨片区。

经该村支书引荐,我们在一间民居的火炕房中见到了石绍宗老先生。石绍宗今年85岁,上过学,能识字会书写。"文化大革命"时期,曾担任当地的革委会主任,因此保护了家族中所藏的"表"。

石绍宗知道我们来意后,介绍说,"表"可以说是苗族人的无字族谱,对苗族人而言,无字族谱有三个含义:第一是象征着一代接一代的血脉传承;第二是辈分的大小;第三是把祖宗和老太太装在里面,就如同汉族的祠堂一样。石又介绍了举行出"表"、入"表"仪式的相关情况,随后取出了一些资料供我们翻阅。

石绍宗说,"表"是村中共用的,一村只有一个,如哪家要用,就需要到苗先生处借用。他的弟弟今年76岁的石绍文学了客老师和苗老师的本领,"表"如今就保留在石绍文家中。不一会儿,石绍文来到石绍宗家中,带我们前往自己家中,从法坛上取出了一个竹筒。

竹筒长约二十厘米,筒口大小如一元硬币,通体呈现棕色,外面刻画了竹子的图样,竹筒开口的一端塞了一小团青布将竹筒封住。石绍文从竹筒中取出了"表"。"表"和周兴茂拍摄的很像,也是一长条青布,不过石绍文手中的这张"表",一端缝有小竹篾,方便将青布卷起。青布上也有花纹,这些花纹很有规律。

随后,石绍文穿上客老师的衣冠,手持整套法器,向我们表演了客老师作法时的一段舞蹈动作。我们离开前,又随石绍宗兄弟俩看了他们的始迁祖墓。

3月31日,我们乘长途客车返回恩施,转乘由恩施许家坪机场起飞的航班经停武汉后返沪。

赴四川调研

时间：2021年4月25日至30日

调研人员：王洪治

4月25日我飞成都。

26日到汶川会见县图书馆易庆馆长，感谢他们在2018年11月协助我们完成藏族、羌族家谱调研。

28日，羌族朋友驾车送我来到黑水县色尔古镇，住藏寨宾馆。当老板娘得知我来寻找猪下颌骨家谱后，立刻说寨子里有，并且联系景点讲解员带我去查看。

讲解员泽朗拉姆，女，藏族。她说：藏寨目前只有两家老房还在门楣上保留着猪下颌骨家谱，一家是色尔古村下寨78号的白金头，另一家是色尔古村下寨48号保生。在泽朗拉姆的带领下我先后来到白金头家和保生家。

2015年4月23日，课题组曾在黑水县旅游局副局长张杰陪同介绍下，来色尔古藏寨访问了保留着猪下颌骨家谱的45岁的白金特。

时过6年，我再次来到色尔古藏寨采访白金特。但泽朗拉姆据身份证介绍：白金头，生于1959年7月15日。与我们原来掌握的资料，一称白金特，一称白金头，名字有别，尚可以理解，但年龄相差了整整11岁。据查，张杰在《神秘的藏寨 原始的谱系》一文中，曾言之凿凿："白金特今年45岁，他是色尔古藏寨土司的后人。"（《中国少数民族家谱通论》，第294页）年龄何以相差11岁？经联系，张已调离黑水县旅游部门，此事只能存疑了。

白金头的房屋低矮，门厅狭窄，光线极差，他没有住在这里。虽然用了手电照明，但拍摄效果不佳。在保生家我看到了保生夫妇，他们非常热情，分别与我进行了交流。保生家的猪下颌骨显示8代，保生是第7代。

29日，我又到两家拍摄，由于增加了一台手机照明，效果明显改善。庆幸的是，在返回宾馆时，我到白金头的新住处（色尔古村2组下组11号）见到了他。白金头正在摘樱桃装箱。我说明来意后，他欣然接受了我的采访。

白金头今年61岁，初小文化，身体健康，他很自豪三个子女都有出息。白金头一再强调劳动致富才能过上幸福的生活，他除了种地照看果树，还兼做保安。谈起猪下颌骨家谱，他说旧时寨子里只有那些有地位的家庭才有。

4月30日晚6点，我再次来到白金头家中采访，凑巧白金头的儿子白明富（29岁）自驾车从马尔康回到色尔古家中，他在马尔康广播电视供职。他快人快语，当看到我带去的有关猪下颌骨家谱资料时,立刻说把他父亲的名字写错了。他还说,他自己是第39代,而猪下颌骨家谱只有38代。按规矩,要等他的父亲去世后举行一定的仪式,他才能入谱。

色尔古藏寨有1 300年历史,现在开发成了旅游景点,达到了2A级,正在争取3A级。他们已经把猪下颌骨家谱作为民族文化的一个热点向外界展示,希望他们取得更大进步。

二、少数民族原始形态家谱报刊目录

丛佩远、张晓光:《乌拉哈萨虎贝勒后辈档册与满文谱图初探》,《满族研究》1986年第3期。

马熙运:《马佳氏源流纪略》,《满族研究》1987年第1期。

李巨炎:《满族家谱小议》,《满族研究》1987年第2期。

李林:《本溪县满族考察报告》,《满族研究》1987年第2期。

石文炳:《吉林满族办家谱述略》,《吉林师范学院学报(哲学社会科学版)》1987年第2期。

王清华:《哈尼族父子连名制谱系试探》,《云南社会科学》1987年第2期。

毛佑全:《哈尼族的父子连名制》,《中国民族》1988年第1期。

申成信:《〈巴雅喇氏家谱〉浅探》,《满族研究》1989年第3期。

张应和:《苗族谱牒钩沉》,《吉首大学学报(社会科学版)》1989年第4期。

张锡禄:《白族家谱及其研究价值》,《思想战线》1990年第4期。

盖兴之:《云南少数民族父子连名制新探》,《云南民族学院学报》1991年第3期。

余宏模:《播勒彝文谱牒与罗殿王族遗裔》,《贵州文史丛刊》1991年第3期。

韩启昆:《喜利妈妈崇拜及其与佛朵妈妈的区别》,《满族研究》1992年第4期。

王亚南:《悠远的生命之源——云南民族口承文化中的崇祖观念》,《民族文学研究》1994年第4期。

宇晓:《中国苗族亲子连名制初探》,《民族研究》1994年第5期。

王亚南:《云南民族的民间口承古谱系》,《云南社会科学》1995年第2期。

乌丙安:《满族发祥的摇篮——新宾满族家族民俗背景探查》,《民间文学论坛》1995年第3期。

华林:《傣文历史谱牒档案研究》,《思想战线》1996年第4期。

赵阿平、张晓光:《萨布素家族与〈付察哈拉家谱〉的初步调研报告》,《满语研究》1997年第2期。

张政:《略论"喜利妈妈"从家谱到女祖神的演变》,《北方文物》1997年第2期。

华林:《彝文历史谱牒档案探析》,《思想战线》1997年第3期。

包大力、王晓梅:《成吉思汗家族末代驸马〈图琳固英族谱〉》,《兰台世界》1997年第8期。

包大力、王晓梅:《奇世珍宝:图琳固英族谱》,《民族团结》1997年第9期。

包大力:《成吉思汗黄金家族末代驸马〈图琳固英族谱〉》,《中国档案》1997年第11期。

张雷军:《锡伯族的"喜利妈妈"》,《中外文化交流》1998年第3期。

路伟:《哈尼族父子连名制的结构形式及文化内涵》,《职大学报》1999年第3期。

陈子丹:《纳西族石刻档案探析》,《西南民族学院学报(哲学社会科学版)》1999年第3期。

和力民:《丽江木氏谱牒版本源流考》,《中央民族大学学报(社会科学版)》1999年第3期。

杨艺:《现存白族谱牒档案述评》,《中央民族大学学报(社会科学版)》2000年第3期。

韩启昆:《边台哈什胡里氏(韩)家谱研究》,《沈阳教育学院学报》2001年第1期。

韩启昆:《边台哈什胡里氏(韩)家谱研究》,《满族研究》2001年第1期。

李娜:《锡伯族的"喜利妈妈"和"海尔堪"》,《新疆地方志》2002年第2期。

郝翠彬:《独具特色的锡伯族家谱》,《兰台世界》2002年第9期。

吴雪娟、吴卫:《满族家谱调查与研究》,《满语研究》2003年第1期。

李强:《雅尼人父子连名制谱系新说》,《云南社会科学》2003年第1期。

祁建庄:《250年前京城八旗子弟的一场大迁徙》,《石油知识》2003年第5期。

郑伟强:《彝族谱牒之研究》,《江西财经大学学报》2004年第1期。

马志华:《锡伯族的"喜利妈妈"及其生育观念》,《伊犁师范学院学报》2004年第2期。

周兴茂:《湖北苗族的"无字族谱"》,《贵州民族学院学报(哲学社会科学版)》2004年第4期。

李宣林:《"摩匹"在哈尼族社会中的文化功能》,《云南民族大学学报(哲学社会科学版)》2004年第4期。

陈子丹:《丽江木氏土司档案文献评述》,《古籍整理研究学刊》2004年第6期。

陈子丹:《少数民族谱牒档案探析》,《学术探索》2004年第6期。

肖敏:《试论藏缅语族的父子连名制》,四川大学2004年硕士学位论文。

王晶:《寻京旗遗物遗风——五常满族村探访》,《学理论》2005年第9期。

王文丽:《父子连名与西江苗族文化》,上海师范大学2005年硕士学位论文。

李少军:《哈尼族连名谱系的哲学解读》,《中央民族大学学报(哲学社会科学版)》

2006年第1期。

达力扎布：《〈喀喇沁左翼旗乌梁海氏家谱〉评介》，《清史研究》2006年第4期。

董国胜、董沛涓：《大理凤仪北汤天董氏族谱整理及研究》，《大理文化》2006年第5期。

马经：《关于赛典赤·赡思丁身世事迹的碑志谱牒》，《第二次回族学国际学术研讨会论文汇编》，2006年版（内部发行）。

段世琳：《佤族"父子连名"制考》，《临沧师范高等专科学校学报》2007年第2期。

龚强：《黑龙江冰雪文化礼赞（十四）——更识弯弓射大雕的锡伯族（下）》，《黑龙江史志》2007年第2期。

薛柏成、姜小莉：《满文〈那氏谱单〉及神本述评》，《吉林师范大学学报（人文社会科学版）》2007年第6期。

赵维和、邢宝峰：《满族谱牒研究中相关问题的剖析》，《满族研究》2008年第1期。

郭盛：《我国少数民族谱牒文献的特点和类型》，《档案》2008年第1期。

于鹏翔、许淑杰：《东北地区满族族谱的收集整理及其史料价值》，《满族研究》2008年第2期。

陈英：《彝族古代史分期与父子连名记时考证》，《毕节学院学报》2008年第3期。

林德春、聂有财、张丹丹：《满族家谱述略》，《吉林师范大学学报（人文社会科学版）》2008年第4期。

于鹏翔、赵丹：《略论满族字辈谱的形成》，《吉林师范大学学报（人文社会科学版）》2008年第4期。

谭玉秀、崔婷婷：《从八旗谱牒看满族萨满教与祭祀的关系》，《吉林师范大学学报（人文社会科学版）》2008年第4期。

农辉锋：《万承土司的世系、墓碑及其民族学意义》，《广西地方志》2008年第6期。

王清华：《哈尼族社会中的摩匹》，《学术探索》2008年第6期。

王恩春：《浅谈锡伯族"喜利妈妈"崇拜》，《西北第二民族学院学报（哲学社会科学版）》2008年第6期。

普珍：《彝族谱牒的史学研究价值》，《楚雄师范学院学报》2008年第11期。

马锦丹：《中国明清及近代回族家谱研究》，北方民族大学2008年硕士学位论文。

刘正爱：《黑龙江省三家子村追踪调查》，《满族研究》2009年第1期。

韩旭、吕浩月、宋冰：《五常营城子村京旗满族文化调查》，《满语研究》2009年第2期。

郭德兴:《锡伯族家谱及其价值》,《中共伊犁州委党校学报》2009年第2期。

陈海玉:《珍贵的云南白族石刻历史档案及其保护对策》,《兰台世界》2009年第2期。

孙明:《东北地区民间汉军旗谱单形制研究》,《满族研究》2009年第3期。

张松:《黑龙江畔大五家子一带满族的穆昆祭祀和丧葬》,《满族研究》2010年第2期。

孙明:《东北地区的满族谱单形制》,《历史档案》2010年第2期。

翁乾麟:《一份珍贵的族谱——广西回族〈白氏族谱〉考略》,《回族研究》2010年第3期。

张杰:《黑龙江富察哈拉满文家谱述论》,《满族研究》2010年第4期。

孙明:《东北地区民间满族谱牒原始形态考》,《黑龙江民族丛刊》2010年第4期。

于鹏翔、许淑杰:《中国东北满族谱牒特点研究》,《社会科学战线》2010年第4期。

李薇:《基诺族的命名制》,《全球化背景下的云南文化多样性》,云南人民出版社2010年版。

王霞蔚:《金元以降山西中东部地区的宗族与地方社会》,南开大学2010年博士学位论文。

李云霞:《锡伯族文化探微》,中央民族大学2010年博士学位论文。

张杰:《满族富察哈拉家谱初探》,黑龙江大学2010年硕士学位论文。

卢载鹤:《满族与朝鲜族的远祖及祖先崇拜比较研究》,中央民族大学2010年硕士学位论文。

孙明:《东北地区民间满族谱牒形制源流考》,《东北师大学报(哲学社会科学版)》2011年第1期。

杨丽娟:《本溪地区的满族家谱》,《兰台世界》2011年第1期。

张杰:《阿城富察哈拉满文谱单人名浅析》,《满语研究》2011年第2期。

韩晓梅:《马佳氏满文家谱研究》,《满语研究》2011年第2期。

张杰:《黑龙江富察哈拉满文谱单人名语音变化浅析》,《满族研究》2011年第3期。

王俊昕:《喜利妈妈祭祀的文化研究》,辽宁大学2011年硕士学位论文。

许淑杰、于鹏翔:《吉林九台满族萨满文化调查与思考》,《吉林师范大学学报(人文社会科学版)》2012年第3期。

于洋:《满族石姓家族壬辰龙年办谱烧香活动的观察与思考》,《满族研究》2012年第4期。

何作庆、白克仰:《哈尼族祖先崇拜的口传记忆》,《宗教学研究》2012年第4期。

杨林军:《〈木氏宦谱〉诸版本源流新考》,《云南社会科学》2012年第5期。

白玉宝:《论神人一体的哈尼族连名谱系》,《玉溪师范学院学报》2012年第5期。

高歌、佟有才:《长白佟氏考》,《科技信息》2012年第8期。

陈明宏、陈昊:《活态,精彩,深邃的萨满特色文化传承——以吉林九台锡克特里氏(石姓)家族龙年春节祭祀为例》,《戏剧文学》2012年第12期。

周伟、孙明:《浅论满族"索罗条子"的谱牒文化意义》,《兰台世界》2012年第24期。

刘正爱:《祭祀与民间文化的传承——辽宁宽甸烧香》,《宗教信仰与民族文化》2012年第4辑,社会科学文献出版社2012年版。

于鹏翔:《满语和满族谱牒:萨满研究新钥匙》,《中国社会科学报》2012年4月2日。

孟慧英:《满族文化象征的当下实践——以龙年续谱、祭祖为例》,《宗教信仰与民族文化》第5辑,社会科学出版社2013年版。

于洋:《返回祖荫:满族石姓家族龙年办谱习俗的观察与思考》,《宗教信仰与民族文化》第5辑,社会科学出版社2013年版。

龙宇晓、秦秀强:《清水江下游苗侗碑刻文献遗产的人类学田野考察》,《中国山地民族研究集刊》2013年卷,社会科学出版社2013年版。

马爱杰:《浅论民族文化的发展——以辽宁岫岩满族文化为例》,《经济研究导刊》2013年第1期。

赵维和、苗润田:《满洲八旗与汉军八旗民俗礼仪比较研究》,《满族研究》2013年第2期。

邵凤丽:《当代乌拉街满族春节祭祖仪式现状及其价值》,《广西师范大学学报(哲学社会科学版)》2013年第2期。

刘金德:《满洲瓜尔佳氏文献概观》,《满族研究》2013年第3期。

钱杭:《论"结绳家谱"——中国谱牒史研究之一》,《江西师范大学学报(哲学社会科学版)》2013年第3期。

王敌非:《黑龙江民间满族家谱现状与研究》,《黑龙江民族丛刊》2013年第3期。

孙明:《论东北民间满族谱牒的历史演进及其特征》,《哈尔滨工业大学学报(社会科学版)》2013年第3期。

孟慧英:《满族文化象征的当下实践——以龙年续谱、祭祖为例》,《东北史地》2013年第3期。

李咏梅:《白先勇回族家世溯源及文化性格探析》,《民族文学研究》2013年第4期。

吕欧:《满汉族家谱对比研究——以黑龙江省五常地区为例》,《东北史地》2013年第4期。

王鹤鸣：《探访摩梭女儿国》，《寻根》2013年第4期。

李天翼、李天翔：《"短裙苗"口传家谱人名的文化意义探析》，《贵州民族大学学报（哲学社会科学版）》2013年第4期。

孟慧英：《试论满族的两个祖先信仰系统》，《辽宁大学学报（哲学社会科学版）》2013年第5期。

张杰、李秀莲、杨勇、彭赞超：《黑河市富察哈拉满文家谱调查——江东六十四屯后人叙事缩影》，《黑龙江史志》2013年第6期。

苗丽：《传统文化变迁中的当代辽宁满族家祖崇拜》，《戏剧之家（上半月）》2013年第11期。

孙明：《论满族"口传"与"结绳"谱牒的文化特征》，《兰台世界》2013年第21期。

吴留戈、赵杨：《韩国吴氏渊源及其族谱考》，《兰台世界》2013年第27期。

叶香：《哈尼族与佤族父子连名制差异之初探》，《科技信息》2013年第36期。

孙伟：《丽江木氏土司谱牒档案探析》，云南大学2013年硕士学位论文。

吕萍：《简析吉林乌拉陈汉军萨满"烧官香"仪式》，《满族研究》2014年第1期。

李佳佳、徐晓东：《浅析东北地区满族家谱》，《齐齐哈尔师范高等专科学校学报》2014年第1期。

钱杭：《"口述世系"与"口述家谱"略论》，《上海师范大学学报（哲学社会科学版）》2014年第1期。

李小文：《锡伯族家谱面面观》，《寻根》2014年第2期。

孙明：《论满族家谱序言的内容及其史料价值》，《满族研究》2014年第4期。

王立、李德山：《黑龙江宁安满族关氏谱单研究》，《古籍整理研究学刊》2014年第5期。

关鑫：《法社会学视野下的满族祭祖活动》，《中央民族大学学报（哲学社会科学版）》2014年第5期。

何俊伟：《白族家谱研究现状及价值探析》，《大理学院学报》2014年第5期。

薛柏成：《〈那桐谱单〉及所附家世资料述论》，《东北师大学报（哲学社会科学版）》2014年第6期。

薛柏成、朱文婷：《叶赫那拉氏族谱与满族集体历史记忆研究》，《吉林师范大学学报（人文社会科学版）》2014年第6期。

何俊伟：《白族家谱的特色及价值》，《大理学院学报》2014年第11期。

叶清：《满族的"祖宗板"与"子孙绳"》，《新长征（党建版）》2014年第11期。

潘洪钢:《从家谱看清代驻防八旗族群社会及其变迁》,《满族研究》2015年第1期。

郑德、王晏:《汉军旗萨满文化研究概述》,《黑龙江民族丛刊》2015年第1期。

刘明新、马莲:《散杂居满族家谱功能探析——以山东省青州市北城满族社区为例》,《满族研究》2015年第2期。

赵心愚:《杨慎〈木氏宦谱·序〉的初步研究》,《云南社会科学》2015年第2期。

王鹤鸣:《从麻纸谱单到历史图籍的达斡尔族家谱(一)》,《寻根》2015年第3期。

饭山知保:《金元时期北方社会演变与"先茔碑"的出现》,《中国史研究》2015年第4期。

姜媛:《基诺族"连名制"及文化内涵探析》,《普洱学院学报》2015年第4期。

王鹤鸣:《从麻纸谱单到历史图籍的达斡尔族家谱(二)》,《寻根》2015年第4期。

辽宁省档案馆编研展览处:《图琳固英族谱》,《兰台世界》2015年第5期。

徐立艳:《吉林满族伊尔根觉罗赵氏谱单初探》,《黑龙江民族丛刊》2015年第6期。

何俊伟:《白族家谱有关南诏大理国"名家大姓"史料探析》,《大理学院学报》2015年第11期。

王鸿莉:《那桐研究综述及其展望》,《"满洲民族共同体及其文化"学术研讨会论文集》,2015年版(内部发行)。

鲁旭:《家族意识与文化空间》,上海师范大学2015年硕士学位论文。

赵彦龙、孙小倩:《西夏谱牒档案探析》,《西夏学》2016年第1期。

綦岩:《满洲扎拉里氏再思考——以依克唐阿满文谱单为例》,《满族研究》2016年第1期。

马勋建:《乌蒙山地区回族字辈排行的自我教育因子探究——以马家屯马氏家族为例》,《昭通学院学报》2016年第1期。

顾燕:《高山族家谱初探》,《寻根》2016年第3期。

高荷红:《在家族的边界之内:基于穆昆组织的满族说部传承》,《民族文学研究》2016年第4期。

杜家骥:《清代满族家谱的史料价值及其利用》,《吉林师范大学学报(人文社会科学版)》2016年第5期。

沈峥、王新、李大鹏:《云南少数民族文字碑刻数字化保护与利用探析》,《玉溪师范学院学报》2016年第5期。

王鹤鸣:《中国家谱的沿革与特点》,《中华魂》2016年第5期。

周伟、孙明:《基于跨媒体技术的满族文化信息资源体系框架构建——以谱牒为例》,《黑龙江民族丛刊》2016年第6期。

王立、李德山:《满族家谱研究刍议》,《古籍整理研究学刊》2016年第6期。

綦岩:《满洲扎拉里氏依克唐阿满文谱单初探》,《陕西学前师范学院学报》2016年第6期。

朱天梅、赵局建、宋梦青:《民族文化传承视角下的满族口述档案保护研究》,《云南档案》2016年第6期。

戴辉:《明代大理土官与帝国西南边疆统治的互动关系研究——以邓川土知州阿氏家族为例》,中国明史学会、昆明学院编:《明代云南治理与开发国际学术研讨会论文集》,云南人民出版社2016年版。

付鑫鑫:《我国现存少数民族家谱6796种》,《文汇报》2016年12月28日。

文波:《竹留苗族口传家谱研究》,贵州民族大学2016年硕士学位论文。

孙泽宇:《八旗谱牒中的满族伦理道德生活研究》,吉林师范大学2016年硕士学位论文。

王鹤鸣:《少数民族家谱为中华民族的形成提供了第一手资料》,《安徽史学》2017年第1期。

孟令法:《口述、图文与仪式:盘瓠神话的畲族演绎》,《湖北民族学院学报(哲学社会科学版)》2017年第1期。

王明贵、王小丰:《彝族父子连名制谱系研究》,《四川民族学院学报》2017年第2期。

王鹤鸣:《彩云之南聆谱音》,《寻根》2017年第2期。

朱佳艺:《锡伯族"喜利妈妈"与满族"佛托妈妈"信仰新论》,《民间文化论坛》2017年第4期。

石林、黑洁锋:《多学科视角下的侗族家谱研究》,《贵州师范学院学报》2017年第11期。

付鑫鑫:《彩云之南,民族交融自古有之》,《文汇报》2017年1月4日。

王鹤鸣:《少数民族家谱见证中华民族大家庭的形成》,《中国民族报》2017年1月20日。

杨永琴:《家谱的意义与价值何在?》,《中国民族报》2017年1月20日。

付鑫鑫:《龙虎年晾谱修谱》,《中国民族报》2017年1月20日。

付鑫鑫:《东巴文:活着的象形文字》,《文汇报》2017年2月20日。

付鑫鑫:《龙虎年晾谱修谱》,《中国民族报》2017年3月1日。

付鑫鑫:《黄金家族后裔方可修谱》,《中国民族报》2017年3月1日。

付鑫鑫:《儒家文化影响下的朝鲜族》,《中国民族报》2017年3月1日。

付鑫鑫：《彝族家谱文化的传承者》，《中国民族报》2017年3月1日。

付鑫鑫：《浓浓文化滋养下的白族》，《中国民族报》2017年3月4日。

付鑫鑫：《东巴文化浸染下的纳西族》，《中国民族报》2017年3月10日。

付鑫鑫：《家人团结，才能过上好生活》，《中国民族报》2017年3月28日。

付鑫鑫：《傣王、土司世系表中记载的历史兴衰》，《中国民族报》2017年5月27日。

付鑫鑫：《滇西南家谱：传承还得过语言关》，《文汇报》2017年5月28日。

付鑫鑫：《口耳相传的哈尼族家谱》，《中国民族报》2017年6月16日。

付鑫鑫：《佤族：地可以荒，祖宗不能忘》，《中国民族报》2017年6月23日。

袁艳伟：《大理白族碑谱研究》，大理大学2017年硕士学位论文。

郭亚云：《凤仪北汤天董氏与明代大理阿吒力教研究》，大理大学2017年硕士学位论文。

王立：《东北地区八旗满族著姓家谱研究》，东北师范大学2017年博士学位论文。

朱玉福、张学鹏：《珞巴族命名方式变迁研究——以西藏米林县南伊珞巴民族乡为考察对象》，《西藏民族大学学报（哲学社会科学版）》2018年第1期。

孟慧英：《满族家族祖先祭祀考察体会浅谈》，《宗教信仰与民族文化》2018年第2期。

于洋：《吉林九台满族罗关家族续谱祭祖调查》，《满族研究》2018年第2期。

赵心愚：《杨慎〈木氏宦谱·序〉及其资料价值》，《天府新论》2018年第2期。

马超、侯马文静：《近代河南回族报刊与碑刻史料调查概述》，《回族研究》2018年第3期。

林梁婧：《中国古代谱牒档案源流探析》，《兰台世界》2018年第S2期。

兰燕晓：《一家两族》，兰州大学2018年硕士学位论文。

陈鹏：《中古谱牒的类型、层级与流变》，《古代文明》2019年第2期。

郭胜溶、赵局建：《民族文化生态变迁视角下少数民族口述档案保护研究》，《档案与建设》2019年第9期。

罗婧：《家谱编纂与身份认同建构——以贵州省安顺市龙青寨罗氏家族为例》，《北极光》2019年第9期。

徐芳：《满族喜塔腊氏家族研究》，《现代交际》2019年第16期。

景雪峰、宵夜、阿辉：《4米长族谱写出400年历史》，《今日辽宁》2019年第C1期。

王鹤鸣：《丰富多彩的少数民族原始形态家谱》，《文汇报》2019年1月4日。

付鑫鑫：《藏羌家谱里的民族融合》，《文汇报》2019年1月6日。

付鑫鑫：《羌族家谱中发现汉族文化元素》，《中国民族报》2019年3月8日。

付鑫鑫：《藏族土司家谱：为国家服务的见证》，《中国民族报》2019年4月5日。

张建松：《生动见证中华民族多元一体的形成》，《新华每日电讯》2019年2月14日。

李婷：《我国少数民族家谱首次摸清"家底"》，《文汇报》2019年4月2日。

徐翌晟：《歌谣 丝绳 绣片都能"记"家谱》，《新民晚报》2019年4月2日。

钱杭：《中国少数民族有家谱传统吗》，《中华读书报》2019年4月17日。

范并思：《中国少数民族家谱研究的新台阶》，《社会科学报》2019年5月9日。

吴龙安：《我从哪里来》，广西师范大学2019年硕士学位论文。

袁帅：《非物质文化遗产保护实践的"标准化"》，沈阳师范大学2019年硕士学位论文。

徐俊六：《族源、制度与家国：丽江〈木氏宗谱〉美藏整理本的人类学研究》，《西北民族大学学报（哲学社会科学版）》2020年第1期。

曹芸芳、朱德贤：《人类学视野下哈尼族父子连名制再阐释——以云南省金平县普玛村为例》，《红河学院学报》2020年第5期。

邱尼姑、叶宏：《彝族谱系文化初探——以沙色四子（吉尼曲木）谱系为例》，《红河学院学报》2020年第6期。

潘洪钢：《驻防八旗满族家谱述论》，《地域文化研究》2021年第4期。

王鹤鸣：《中国少数民族原始形态家谱调研报告》，《安徽史学》2021年第5期。

三、就抢救少数民族原始形态家谱致国家民族事务委员会古籍整理办公室领导的信函

王鹤鸣

国家民族事务委员会古籍整理办公室领导：

兹将我们上海图书馆家谱课题组为实施上海哲学社会科学规划重大课题"中国少数民族家谱的整理与研究"，特别是为实施国家哲学社会科学基金重点项目"少数民族原始形态口传家谱的抢救与整理"，自2011年起，历时十余年，赴东北内蒙、西北、西南和中南东南四大地区，以少数民族口传家谱、实物家谱、单页家谱和石碑家谱等原始形态家谱为重点，进行有计划、有重点调研工作的有关情况，向你们作一汇报。

上海图书馆新馆于1996年12月正式对外开放。新馆建筑面积83 000平方米，是国内仅次于国家图书馆的特大研究型图书馆，拥有1 000万册图书3 000万件资料，其中历史文献370万册（件）。顾廷龙老馆长等历届领导十分重视家谱文献的搜集工作，至新馆开放时，家谱数量达1.2万种10万册，成为馆藏的特色文献之一，是全国收藏家谱数量最多的单位。

上海图书馆新馆开放时，专门开放了家谱阅览室，这是大陆第一家对外开放的家谱专题阅览室，受到海内外读者的热烈欢迎，数以万计的海峡两岸同胞前来查阅家谱，寻根问祖。上海图书馆新馆开放5年来，三十余位党和国家领导人先后前来视察上海图书馆新馆，参观家谱阅览室。"查家谱，到上图"，成为业内人士的口头禅。与此同时，大力加强对家谱文献的整理、搜集、开放和研究工作，使上海图书馆成为中国家谱文献的收藏中心、服务中心和研究中心。

自2001年至2010年：上海图书馆家谱课题组重点调研汉族文献家谱，主要取得以下研究成果。1. 编纂《中国家谱总目》。于2008年12月，由上海古籍出版社出版，凡10册1 230万字，收录全世界收藏的中国家谱52 401种608个姓氏，是迄今为止揭示海内外收藏中国家谱最完整的提要式专题目录。该书先后荣获上海市优秀著作和国家新闻出版总署等多项奖项。2. 编纂《中国家谱资料选编》。于2013年11月由上海古籍出版社出版，分11卷，共18册，计1 930万字，为一部具有较高利用价值的家谱原始资料集。该书荣获2013年度全国古籍图书整理一等奖，2014年上海市哲学社会科学优秀著作二等奖。3. 撰写专著《中国家谱通论》。2010年1月，专著《中国家谱通论》（60万字）由上海古籍

出版社出版。该书为系统论述中国家谱五千年来发展沿革的重要学术专著,荣获上海市优秀著作和国家新闻出版总署等奖项。2018年《中国家谱通论》列为中华学术外译项目,译为英文、韩文出版。

2011年至现在:上海图书馆家谱课题组重点转入田野调研少数民族家谱,抢救与整理少数民族原始形态家谱。所谓少数民族原始形态家谱,指的是:少数民族除书本家谱外,尚保存了大量的比较简单、比较粗糙、比较原始的记述家族世系的载体,已具备家谱最重要的元素,即血缘世系,我们统称之为原始形态家谱,主要有口传家谱、实物家谱、单页谱单、石碑家谱等类别。

口传家谱,也称口述家谱,就是心授口传流传下来的反映家族世系的家谱,这是中国家谱文化中形态最原始、最古老的家谱。

实物家谱,也称实体家谱,就是以某个物体作为记载家族世系的载体,这是少数民族家谱中最具特色的一类家谱。

单页家谱,简称谱单,就是从本家族始祖或始迁祖开始,将历代家族成员按世系先后次序或按分支世系先后次序用文字平列记载在一幅或数幅纸、布上,包括姓名、任职等内容。

石碑家谱,简称碑谱,就是将家族世系、人物、事迹等宗族资料以文字镌刻在石碑上的家谱。

自2011年到现在的十余年时间,为实施"中国少数民族家谱的整理与研究"和"少数民族原始形态口传家谱的抢救与整理"两项科研项目,课题组前往东北内蒙地区"白山黑水稽谱源",奔赴西北地区"大漠风沙追谱踪",驱车西南地区"崇山峻岭聆谱音",来到中南东南地区"民族融合觅谱缘",先后有计划的前往少数民族地区调研共26次,每次调研人员,多的时候六七人,少的时候一二人,一般每次三四人。每次调研前,课题组对采访的重点、采访的对象、采访的路线等均充分做好功课,并事前与当地有关部门联系,得到他们的大力支持。每次调研时间,长的达十三四天,短的仅两三天,平均每次调研8天左右,累计采访调研时间达231天。期间,我们先后寻访了55个少数民族中的大多数少数民族,有些少数民族多次前往调研。按计划,我们重点访问保存或收藏有原始形态家谱的单位或个人,包括党政文教图书档案等部门的干部、教师、专家、知识分子和少数民族的祭司、族长、老人、能人以及热心少数民族历史文化的人士等,或座谈,或个别访问,或通讯采访,甚至邀请有关人员来上海图书馆座谈,共计四百余人次。采访时,对整个调研过程,我们都及时做记录、摄像、拍照片。调研结束返回上海,及时开会总结,整理资料,采访日记在课题组成员之间传阅。值得一提的是,《文汇报》记者付鑫鑫曾3次随课题组前往内蒙、东北、云南等地调研,并在《文汇报》《中国民族报》等报刊及时发表了十余篇报道。

通过调研,我们深感少数民族原始形态家谱历史悠久、数量可观,是老祖宗留给我们的一笔重要的精神财富。作为中国家谱文化宝库重要组成部分的少数民族原始形态家谱,尽管比较原始、比较简单、比较粗糙,但具有诸多独特而重要的历史文化价值。

首先,寻根认宗价值。

我的祖先是谁? 我的根在哪里? 这是包含56个民族在内的中华儿女共有的寻根情结。与作为炎黄子孙的汉族不同,少数民族由于历史上受压迫,地理上遭驱逐,文化上被歧视,往往生活居住在或崇山峻岭或深山老林等自然环境比较恶劣的地区,加上大多数少数民族虽有自己的语言,但没有自己的文字,因此,这种寻根情结只能以口传、实物、谱单、碑谱等比较原始、简单、粗糙的载体形式表达出来。

中国55个少数民族中,至今仍有二十余个少数民族保存、流传口传家谱的文化习俗。他们之所以千百年来一直保持了这种通过一代一代口传将世系流传下来的文化习俗,最重要的原因就是口传家谱具有寻根认宗的功能。

以彝族为例。彝族是我国少数民族人口较多的民族,达八百余万人,经过长期的历史发展,形成比较多的彝族支系。目前较大的几个支系是: 阿细、撒尼、阿哲、罗婺、土苏、诺苏、聂苏、改苏、车苏、阿罗、阿扎、阿武、撒马、腊鲁、腊米、腊罗、里泼、葛泼、纳若等。作为一个彝民,如何在繁多、繁杂的支系中寻找自己的祖先,辨别自属的支系呢? 口传家谱!

2016年11月23日中午,课题组一行与云南宁蒗县文化系统干部共进午餐,席间,谈到少数民族口传家谱等问题,在座的县文管局局长张达峰(彝族)脱口而说:他家是属于大小凉山的黑彝,姓瓦扎,他的彝名叫瓦扎马加,中华人民共和国成立初,瓦扎改为张姓,于是他起了个汉文姓名张达峰。瓦扎家族有70多代,他能背诵18代,说着就流畅地背了起来。

张达峰继续说:自己从四五岁开始就学习背诵本家族的世系,凉山彝族男子都将背诵本族系谱作为立足于社会的基本条件之一,认为具备了这个条件就能在社会中获得许多方便。张达峰说:"别人一听我们的始祖从'瓦扎'开始,就知道我们属于彝族哪一支了。"

据统计,彝族家谱数量达1 473种,主要是口传家谱的笔录。数百万的彝族同胞,正是依据流传至今的数以千计的口传家谱寻到自己的祖先,明辨自己的归属。

其次,家族优生价值。

由两百多个部落和部族组成的哈萨克族,普遍保留了口传7代家族世系的习俗,这与哈萨克族的婚姻观,特别是优生观念有着密切关系。哈萨克族男女结婚前,需要背诵自己家族的7代世系,以核对是否是近亲。在哈萨克族的道德观念中,7代之内属于近亲,是不可以结婚的,如果强行结婚,就会被视为道德不端,受到家族成员的歧视。正式婚礼上,背诵家谱也是重要的一环,新郎新娘一般会邀请各自家族的小娃娃背诵7代家谱,向来宾们证明他们的婚姻是正当的。

云南地区的佤族等背诵口传家谱也与同姓不能结婚的习俗有关。

再次,重要史料价值。

少数民族原始形态的家谱保存了许多正史、方志等古籍没有记载的独一无二的史料。如保存在辽宁喀左县档案馆的蒙古族《喀喇沁左旗王爷乌梁海氏家谱》谱单,长约8米、宽约1.8米,原件已被封存,复制品足足占了档案馆一整面墙。2016年9月21日,课题组一行到达喀左县档案局时,副局长计晓丹(蒙古族)就在谱单展品旁向我们作了介绍:《喀喇沁左旗王爷乌梁海氏家谱》谱单以蒙古文按宝塔形写于宣纸上。记录喀喇沁左旗王爷乌梁海氏家族时间从清朝天聪九年(1635)起,至道光十一年(1831)止,谱单上可辨认的共有14代,计1 920人,其中塔布囊(蒙古语,意为驸马)1 049人、扎萨克(旗长)13人、郡王1人、贝勒3人、贝子2人、镇国公4人、卓索图盟盟长4人、内务府大臣1人、理藩院大臣8人,此外还有御前行走、协理、喇嘛等。《喀喇沁左旗王爷乌梁海氏家谱》是成吉思汗黄金家族末代驸马图琳固英家族的谱单,因此也叫《图琳固英族谱》。计晓丹兴奋地说,该谱单不仅记载了一个家族近三百年的历史,由于图琳固英系成吉思汗黄金家族末代驸马,因此也折射反映了近三百年的蒙古历史,从而完善了蒙古族1 000年的历史追踪,填补了蒙古政权及元顺帝之后蒙古王朝沿革研究的某些空白。

最后,珍贵文物价值。

在云南禄劝县摩崖上有一块摩崖石刻《罗婺盛世贤代碑》,镌刻于明嘉靖十二年(1533),是目前最完整的一块彝文石刻。2016年11月18日,课题组访问云南楚雄彝族文化研究院时,该院研究人员欧丽向我们介绍了用玻璃框罩着的古彝文碑谱拓片《罗婺盛世贤代碑》,长3米,宽1米有余,581字,记载了罗婺部世袭土司凤氏从先祖阿珀阿俄到凤昭(汉名)共14代约350年的历代承袭、祭祀、征战等史事,是一部重要的彝文碑谱,反映了彝族土司融入中央朝廷、接受汉族文化的过程。《罗婺盛世贤代碑》不仅对了解彝族历史有重要的资料价值,作为一块有着四百余年历史的完整的彝文碑谱,其文物价值更是弥足珍贵。

中华人民共和国建立后,特别是改革开放以来,各级政府和文化教育等部门大力加强对少数民族历史文化的抢救和整理工作,少数民族原始形态家谱的整理和研究工作也取得了进展。

但另一方面,由于少数民族原始形态家谱比较原始、单薄、粗糙、直观、分散,因此容易被人忽视,对其重要价值认识不足,更缺乏顶层整体的全面整理规划,当下,少数民族原始形态家谱更面临几将失传消亡、亟待抢救整理的紧迫境地。

(一)能背诵口传家谱的人越来越少,在城镇的年轻人中几将失传。我国至今仍有20余个少数民族保持了口传家谱的文化习俗,特别是哈尼族、彝族、哈萨克族、苗族、佤族、纳西族等,保持口传家谱文化习俗的人较多,比较普遍。但近几十年来,都出现了能背诵口传家谱的人越来越少的趋势,从年龄上来说,年岁大的人能背诵的较多,年轻人能背诵的较少,从地区分布来说,居住在农村的人能背诵的较多,居住在城镇的人能背诵的较少。数十百年后,数千年来老祖宗留给我们的口传家谱的文化习俗将趋向失传消亡!这不是危言耸听!

(二)祭司后继乏人。祭司,智者,彝族称"毕摩",纳西族称"东巴",哈尼族称"摩批",拉祜族称"摩巴",佤族称"巴猜",苗族称"释比",哈萨克族称"谢吉列西",等等,是各民族的宗教祭司和高级知识分子,职责主要有主持节日祭祀、葬礼、祭祖、治病、驱邪招魂、算卦占卜、观测天象、保护古籍和背诵家谱等项,为各族历史文化的承继者和传播者,经常应邀参加各种类型的礼仪活动,穿法衣,行法事,朗读各种经本,传承内容丰富的民族文化,传承各家族的口传谱系等。

祭司是世袭的,找不到接班人是个突出问题。鲁成龙系彝族"罗罗颇毕摩",为云南楚雄市树苴乡依七么村鲁氏第13代"毕摩"传承人。2016年11月18日,课题组一行在云南楚雄彝族文化研究院采访鲁成龙时,我们曾问年近花甲的鲁"毕摩",第14代"毕摩"接班人定下来没有?他说,自己的儿子不愿意继承,他指了指立在身边的5岁孙子,说准备把他培养成第14代"毕摩"。这个尚未成年的小孩,真能成为他的接班人吗?我们心存疑虑。

(三)分散在民间的实物家谱、单页家谱、石碑家谱等濒临散失之忧。实物家谱如子孙绳等,尽管有些已由档案馆、博物馆等文化单位收藏,但数量众多的子孙绳等仍分散收藏在各少数民族民间,大多为一些老人所收藏,随着岁月流逝,这些数量众多、类别多样、有着重要资料价值的实物家谱面临流落散失的局面。

有些重要谱单尽管已由档案馆、博物馆、图书馆等文化单位收藏,有些少数民族的谱单且已整理归入古籍总目出版，但数量众多的谱单仍分散收藏在各少数民族民间，面临的是与实物家谱类似的命运。

当今已有部分碑谱经整理被搜集到碑刻资料中正式出版，但还有相当部分碑谱尚未搜集，更未得到有效的管理，即使已被整理入目的碑谱，有些保存条件也很差。

党的十八大提出："建设优秀传统文化传承体系，弘扬中华优秀传统文化。"由口传家谱、实物家谱、单页家谱、石碑家谱构成的少数民族原始形态家谱，具有寻根认宗、家族优生、资料价值、文物价值等多种重要历史文化价值，是老祖宗留给我们的一笔重要的精神财富，是中华民族优秀传统文化的重要组成部分。但当今，由于种种原因，无论是口传家谱、实物家谱，还是谱单、碑谱，都面临在我们这一代人手中失传消亡的危险境地，如不及时加以抢救与整理，将上对不起列祖列宗，下对不起子孙后代。因此，我们必须及时将抢救、整理少数民族原始形态家谱的历史重任担当起来。

话又要说回来，将历史上形成的少数民族原始形态家谱，如口传家谱，在今天的条件下，要求一代一代人再传承背诵下去，这也是不现实的，因大环境变了。为此，我们应该审时度势，从当代的实际情况出发，采取切实可行的措施，才能将老祖宗留给我们的少数民族原始形态家谱这笔重要的精神财富保存下来，传承下去，发扬光大。

各级民族宗教委的古籍整理机构和相关的文化、文物管理部门，义不容辞地担当了抢救和整理少数民族原始形态家谱的重要历史责任。遵照中共中央办公厅、国务院办公厅《关于实施中华优秀传统文化传承发展工程的意见》（2017年1月）关于"要开展少数民族特色文化保护工作"的精神，建议将抢救和整理少数民族原始形态家谱的工作列入本地区、本系统、本部门的工作规划，分析少数民族原始形态家谱现状，肯定成绩，找出差距，实事求是，制订措施，有计划、有步骤地将抢救和整理少数民族原始形态家谱工作开展起来。

要对本地区、本系统、本部门少数民族原始形态家谱的现状进行认真地调研。要组织人力，到保存和收藏原始形态家谱的单位、个人进行普查，特别是要深入农村少数民族家中进行调研，搜集有关原始形态家谱的信息，及时做好登记工作，掌握最原始的第一手资料，为开展抢救整理少数民族原始形态家谱做好基础性的前期准备工作。

在全面普查的基础上，鉴于口传家谱、实物家谱、单页谱单、石碑家谱等尽管都属于原始形态的家谱，但又属不同类别，且各有特点，因此要分门别类地做好抢救和整理工作。

针对当下能背诵口传家谱的人越来越少的现实情况，更要抓紧组织专人进行抢救工作。要对有口传家谱文化习俗的家族进行专访,按统一规范要求,笔录口传家谱的世系传承情况,按族别或按地区进行整理,分类入档。有条件的,按地区或按族别正式出版。针对当前祭司越来越少且后继乏人的情况,要选择各民族中有代表性的祭司,仿照新疆对哈孜木口传文化资料进行抢救和整理的做法,进行专人专题采访,整理采访资料,或整理入档,或正式出版。针对实物家谱面临消亡的危险,要组织人力,到保存和收藏实物家谱的家中进行采访,录像,登记有关信息,按统一的著录方式做好实物家谱的资料整理工作。有些重要的实物家谱,可以复制等方式,由文物局、博物馆等单位统一收藏,并向观众进行展示。针对当前仍有数量众多的谱单散落在民间,面临散失的危险,要对保存有谱单的家族进行普查,按统一规范要求,拍摄录像,登记笔录谱单的具体情况,按族别或按地区进行整理,分类入档,有条件的按地区或按族别正式出版。针对当前尚有很多碑谱散落在荒山野岭,或深藏破败的祠庙里的情况,要组织人力深入调研,及时复制拓片原件,或摄制图片保存,有条件的可以专题出版碑谱资料集;另一方面,要对现有碑谱加强保护工作,落实管理措施,改善保存条件,可将碑谱移址到文物馆、博物馆单位,集中统一管理,这对向群众宣传碑谱的文化价值无疑也是十分有益的。

同时,要大力加强有关少数民族原始形态家谱的宣传教育工作。通过各种新闻媒体,生动形象地介绍少数民族原始形态家谱的类型,重要的历史文化价值,当前面临失传消亡的危急局面,抢救和整理少数民族原始形态家谱的重要性和紧迫性等,从而引起社会各界人士特别是少数民族地区各界人士的重视,了解这项工作,关注这项工作,支持这项工作,群策群力,集思广益,从而将抢救和整理少数民族原始形态家谱的工作向广度方向扩展。

也要大力加强有关少数民族原始形态家谱的理论研究工作。近几十年来,学界已开始关注少数民族原始形态家谱这一领域,发表了一定数量的论文,但大多只是从介绍各种类型原始形态家谱的角度进行论述,缺乏深入探讨的理论高度。要发动从事少数民族理论研究的学者、从事少数民族工作的管理人员等深入少数民族地区,调研原始形态家谱收藏现状,进一步论述开展抢救和整理少数民族原始形态家谱工作的重要性、必要性,举行经验交流会、学术研讨会,从宏观上探讨少数民族原始形态家谱的特点、功能、价值等理论问题,从而将抢救和整理少数民族原始形态家谱的工作向深度方向提升。

由口传家谱、实物家谱、单页家谱和石碑家谱构成的少数民族原始形态家谱,是数千百年来老祖宗留给我们的一份优秀的文化遗产,保存了许多为正史、地方志等古籍没有收录的珍贵资料,对数以千万计的少数民族原始形态家谱进行抢救与整理,进行整体开发,不仅能为研究少数民族的渊源、姓氏来源、家族迁徙、历史人物、婚姻制度、宗族制度、民俗文化、民族文化、民族交往,以及经济、政治、教育等诸多少数民族历史重要问题,乃至为整个中国历史研究(如中国移民史、中国疆域史等)提供其所特有的第一手资料,而且对中国这一地域辽阔、历史悠久、民族众多、关系复杂、社会发展不平衡、生态环境差异极大的多民族、多元文化的国家如何在历史发展中形成的,能提供许多有价值的文献史料。

习近平总书记对加强少数民族历史文化的保护和传承曾作过许多重要指示。如2019年7月15日上午来到内蒙古赤峰博物馆时指出:"要重视少数民族文化保护和传承,支持和扶持《格萨(斯)尔》等非物质文化遗产,培养好传承人,一代一代接下来、传下去。"16日上午,习近平来到内蒙古大学图书馆,进一步强调:"要加强对蒙古文古籍的搜集、整理、保护,挖掘弘扬蕴含其中的民族团结进步思想内涵,激励各族人民共同团结奋斗,共同繁荣发展。"

今天,我们在社会主义时代条件下,积极贯彻习近平总书记关于"加强少数民族文化保护和传承"的重要指示,从当代的实际情况出发,建立一套有关少数民族原始形态家谱的传承体系,对这份遗产进行抢救、整理和研究,进行科学总结,给予现代化解释,赋予时代特征,这对于丰富少数民族历史文献宝库,完善中国家谱学理论,促进中国特色民族理论研究的发展,加强中华民族的凝聚力、向心力,推动中华民族大家庭的融合,从而铸牢中华民族共同体意识等,均有着重要的意义。

上海市哲学社会科学规划重大课题"中国少数民族家谱的整理与研究"、

国家哲学社会科学基金重点项目"少数民族原始形态口传家谱的抢救与整理"主持人

王鹤鸣(上海图书馆原党委书记、研究员)

2023年5月

图书在版编目（CIP）数据

中国少数民族原始形态家谱研究 / 王鹤鸣等著. —
上海：上海古籍出版社，2024.3
ISBN 978-7-5732-1044-9

Ⅰ. ①中…　Ⅱ. ①王…　Ⅲ. ①少数民族—家谱—研究
—中国　Ⅳ. ①K820.9

中国国家版本馆CIP数据核字（2024）第054842号

中国少数民族原始形态家谱研究

王鹤鸣　沈思越　等著

上海古籍出版社出版发行

（上海市闵行区号景路 159 弄 1-5 号 A 座 5F　邮政编码 201101）

（1）网址：www.guji.com.cn

（2）E-mail：guji1@guji.com.cn

（3）易文网网址：www.ewen.co

上海丽佳制版印刷有限公司

开本 787×1092　1/16　印张 19.5　插页 1　字数 347,000

2024 年 3 月第 1 版　2024 年 3 月第 1 次印刷

ISBN 978-7-5732-1044-9

K·3548　定价：198.00 元

如有质量问题，请与承印公司联系